县域政制中的
基层法院

刘磊 著

中国人民大学出版社
·北京·

本书为作者主持的教育部人文社会科学研究青年基金项目"人民法院的内部管理及其改革研究"（项目批准号：19YJC820037）最终成果。

总　序

谢富胜*

党的十八大以来，以习近平同志为核心的党中央高度重视县域工作。习近平总书记强调："要把县域作为城乡融合发展的重要切入点，推进空间布局、产业发展、基础设施等县域统筹，把城乡关系摆布好处理好，一体设计、一并推进。"① 实施乡村振兴战略，是党的十九大作出的重大决策部署，是新时代"三农"工作的总抓手。中共中央办公厅、国务院办公厅2022年发布《关于推进以县城为重要载体的城镇化建设的意见》，明确提出"以县域为基本单元推进城乡融合发展"。② 党的二十大提出，着力推进城乡融合发展，深入实施新型城镇化

---

* 中国人民大学出版社总编辑、中国人民大学经济学院教授。

① 习近平. 坚持把解决好"三农"问题作为全党工作重中之重 举全党全社会之力推动乡村振兴. 求是，2022（7）：16.

② 中办国办印发《关于推进以县城为重要载体的城镇化建设的意见》. 人民日报，2022-05-07（1）.

战略。如何以县域为单元推进城镇化建设,做好乡村振兴工作,需要在实践中和理论上进行长期的探索。

近年来,由于国内外形势的变化,我国原有的经济增长模式受到了冲击,国内大循环的重要性凸显,与此同时,一些地方社会展现出令世人瞩目的活力。一、二线城市不能完整反映中国的全貌,千差万别的县乡才更具"中国味"、更代表真实的中国。中国经济社会的韧性、潜力、活力在很大程度上源于县乡。县乡的繁荣、活跃、稳定不仅是县乡经济发展的需要,也是中国经济高质量发展的需要,更是县乡群众获得幸福感的需要。人口、人才、资金、教育资源、医疗资源等向大城市过度集聚会带来一系列负面效应。县乡与大中城市的发展并行不悖、相辅相成,县乡并不是大中城市的附庸,而有自己的主体性。在中国经济发展中,以大城市为核心的城市群是龙头,县乡是战略纵深,二者应该齐头并进、互相成就。发展县域经济、推进以县城为重要载体的城镇化已于 2020 年 10 月明确写入《中共中央关于制定国民经济和社会发展第十四个五年规划和二〇三五年远景目标的建议》。

2015 年 6 月 30 日,在会见全国优秀县委书记时,习近平总书记讲道:"郡县治,天下安。我多次讲过,在我们党的组织结构和国家政权结构中,县一级处在承上启下的关键环节,是发展经济、保障民生、维护稳定的重要基础,也是干部干事创业、锻炼成长的基本功训练基地。"① 在实现中华民族伟大复兴的未来征途中，我们将面临惊涛骇浪和各种艰难险阻，需要千千万万的社会主义建设者和接班人进行伟大斗争。县乡是培养建设者和接班人的丰厚沃土，焦裕禄、谷文昌、杨贵就是从县乡群众中成长起来、带领群众艰苦创业、在群众中享有崇高威望的优秀干部的典型代表，未来还会有大量的领导干部从县乡走出。就党群关系来讲，县乡群众与基层政府打交道多，群众对党和政府最切身的体会就来自他们与县乡干部的互动。

与过去的乡土中国相比，今天的中国已发生天翻地覆的变化，进入以城市型社会为主体的阶段。但我国目前依然有1 800多个建制县，分布在广大的疆域中，而且我国有一半左右人口生活在县域，大城市中的许多居民、外来务工人员与县乡也有千丝万缕的联系。县乡社会中蕴含着推动社会进步的巨大能量，县乡中有大量鲜活的实践经验需要总结、提炼、升华，县乡中有许多时代问题需要回答，县乡也比大中城市更多地保留着地域文化传统。调查县乡、研究县乡，将有助于中国化时代化的马克思主义在中国大地落地生根、深入人心，有助于实现马克思主义基本原理同中国具体实际相结合、同中华优秀传统文化相结合。

---

① 习近平．做焦裕禄式的县委书记．北京：中央文献出版社，2015：66-67.

基于上述种种，我们计划出版县乡中国系列图书。该系列图书定位为基于田野调查的、问题导向的、以学术为支撑的高品质学术大众图书，每种图书都以中国广大县域为研究范围，呈现县乡大地上发生的活生生的事实，回应领导干部、学术界、社会大众强烈关注的县域现象和问题，并提出可操作的解决方案。

该系列图书是开放性的，其开放性包括以下几个方面：一是研究主题的开放性，包括教育、养老、女性、青年成长、经济发展等县域中的重要主题；二是所涉学科的开放性和交叉性，涉及社会学、政治学、经济学、公共管理等学科；三是写作风格的开放性，写作风格上倡导百家争鸣、不拘一格，尊重作者的创作主体性，鼓励作者进行创新；四是作者的开放性，我们希望与在县乡领域既有深入研究又致力于田野调查的优秀学者合作；五是对策的开放性，力求对县乡热点问题提出开放性、创造性的解决思路。我们致力于将该系列图书打造成品质一流、能引领学术潮流的原创学术大众图书。在出版节奏上，我们不追求短时间内出齐，而是陆续推出，成熟一本出版一本。

我们推出县乡中国系列图书，既是为了帮助社会各界尤其是青年人深入了解县域国情，帮助从县乡走出的读者了解家乡的发展变迁，也是为了服务于政策制定和创新，给各级干部实事求是地开展工作带来启发和助力。该系列图书的大部分基于作者们扎实的田野调查和深厚的学养写成，关注就业、教育、养老等群众急难愁盼的具体问题，用通俗易懂的语言揭示县域各个方面的真实情况，探寻现象背后的规律和本质，提出建设性的思路和办法。2023年3月19日，中共中央办公厅印发了《关于在全党大兴调查研究的工作方案》。县乡中国系列图书正是这一文件精神的体现。

2022年4月25日，习近平总书记在中国人民大学考察时强调："加快构建中国特色哲学社会科学，归根结底是建构中国自主的知识体系。"[1] 社会学、政治学、经济学等社会科学主要源自西方，社会科学的中国化和社会科学自主知识体系的建构是当前与未来我国学术界的奋斗方向。社会科学的基本概念、理论、范式来自对社会现象的总结和提炼，县乡中国系列图书扎根中国县域社会，以学术的方式讲故事、讲道理，希望能给学术界带来鲜活的事实和理论，促进中国自主的知识体系的建构。

我们将以饱满的热情和专业的能力做好这一系列图书的编辑出版工作，也真诚地期待这一系列图书能够助力我国的乡村振兴和县域高质量发展。

2023年7月

---

[1] 坚持党的领导传承红色基因扎根中国大地 走出一条建设中国特色世界一流大学新路. 人民日报，2022-04-26（1）.

代 序

顾培东[*]

以基层法院为实证对象,解析司法与治理尤其是地方治理的关系,或者说从司法与治理的关系中认知基层法院,描述和分析基层法院的政治生态及功能,无疑是一个很好的认知视角。仅此而言,这一主题或研究视角即奠定了本书重要的理论价值和现实价值。

由古及今,基层治理从来都是我国国家治理的重要命题抑或实践难题。古代中国,皇权不下县、县下有宗族、宗族靠伦理、伦理出士绅,但这些治理资源显然不足以解决皇权对基层末端的辐射问题。国民党统治时期,基层的状况未发生根本性改变。黄仁宇在其名著《黄河青山》中曾对蒋介石统治的国民党政权之败与毛泽东领导的中国共产党红色政权之胜的原因有

---

[*] 四川大学教授、博士生导师。

过一段精辟的分析：前者未能解决基层问题，没有社会基础，所到之处，处处挨打；而后者立足于基层根据地的建设，所到之处，建立红色政权，故百姓皆箪食壶浆，倾力支援。迄至新中国成立，基层政权逐层布局，国家对基层的主导与控制严密如网，但基层的活力又或多或少受到一定的抑制。改革开放后，基层政权在改革中有所变化，加之农业税的免除、农业生产资料及农产品的市场化、城乡户籍壁垒的逐步消除，基层问题遂又成为国家治理所面临的突出问题。这些年，在谈及国家治理时，县域以及县域以下的基层治理无不成为国家治理的重点乃至核心。

基层法院作为基层政制的重要组成部分，无疑是县域治理的常规性力量。换句话说，基层法院的基本社会功能或政治功能就在于县域基层治理。然而，在法学或司法的语境或视角中，基层法院通常被视为具有自身独特运作规律和特点，且依照司法自身逻辑而运行的一种存在。特别是受近 20 多年"去地方化"改革取向的影响，在很多学者的论说中，基层法院与地方的关系呈现出渐行渐远的态势。诚然，这多少出自学者们防止地方保护主义、维护司法权依法独立行使的良好愿望，但在发挥基层法院地方治理的重要作用和功能与保持基层法院审判权依法行使的独立性这种"既要"与"又要"的关系中，基层法院与地方政权乃至地方人民群众如何恰当地融合，保持"既要"与"又要"的兼得，无疑成为新时期基层政权建设以及司法运行面临的现实问题。

本书的意义或贡献就在于不仅不回避两种要求之间的张力,而且立足于基层法院所处的实际政治及社会生态,直面两者在实践中可能产生的矛盾与冲突,提出或提炼出处理两者关系的实践方式,揭示出两者依存的底层逻辑。我认为,作者的主要观点可以归结为:第一,基层法院是内嵌于县域政制中的一个组织,是县域政制的重要组成部分,因而县域政制的治理任务同时也是基层法院的重要使命甚至基本功能。第二,基层法院是一个整体,应坚持整体本位。虽然具体案件是由独立的法官或合议庭等审判组织处理的,但在外部社会关系中,唯有法院才具有恰当的主体资格。强调这一点,有助于明确法院内部成员的个别化行为与法院参与地方治理不可分割的联系。第三,基层法院虽然具体担负着地方治理的使命,但应始终保持着自身在法律立场上对具体案件处理的自主性和自决权;参与地方治理并不意味着对地方保护主义、地方组织或领导人不正当诉求的支持。同时,考虑到地方治理的要求必须从属于国家治理的总体要求和部署,基层法院应通过具体的司法实践,督促和帮助地方党政组织自觉服从国家法律以及国家治理的要求。第四,基层法院参与或负担地方治理的职责主要围绕"发展"和"稳定"两个中心。基层法院需要找准自己在县域经济发展以及县域维护社会稳定中的地位,明确自身功能与实现"发展"和"稳定"的方式与路径。第五,县域政制视野下的基层法院在司法与治理的维度上，最终要实现的是两者之间的恰当融合，形成合理的政治秩序、有效的工作方式，特别是构建能满足地方治理正当要求同时亦符合司法运行基本规律和固有特征的政司之间的良性互动关系。这些内容大体覆盖了本书主题的基本方面，也反映了作者对此主题的理想认知。

顺便提到，如前所述，基层法院与基层治理的关系虽然是我国法治实践中无法忽略且有一定战略意义的主题，但在法学理论体系固化以及部门法学碎片化的法学理论氛围中，这一主题所受到的关注度并不高。这一方面是因为这类主题缺少"部门法"的理论归属，同时与近些年法学理论不时出现的理论潮流不尽合拍；另一方面也在于学者对这类主题的研究不仅需要有法学、政治学、社会学等知识功底，还需要对县域政制以及基层法院的运作实践有较为全面的了解。在此意义上说，刘磊博士的这部专著也显示了其作为学术新秀的理论素养与实践知识。作为其博士生导师，值此付梓之际，我遵嘱附上一点阅读感想。

是为序。

自　序

　　自从在高校担任教职以来，经常想起的问题是：正在做的研究在何种意义上可以算是法学研究？这个问题似乎并不需要追问，因为从研究议题或领域来看，考察和分析法院运行肯定属于法学的研究范畴。但是，可以进一步追问的是：这种研究中阐发的知识在何种意义上算是法学知识，进而可以成为法学院学生需要了解的知识？之所以会产生这样的疑问，是因为既有的法学主流知识体系遵循司法中心主义，主要讲授司法适用意义上的知识，有的人甚至认为，只有司法适用的知识才能称为法学知识。毕竟，法学作为一门古老的学科，其历史可以追溯至古罗马时期，自产生起即与法律职业密不可分，带有鲜明的职业属性，而这种职业属性又集中地体现为对法律的解释和运用，尤其是法律职业者在司法过程中的法律适用。

　　如果基于这种知识视野，本书考察和讨论的问题无疑难以贡献法学意义上的知识。但是，从我国法治建设的整体格局来看，法学知识并不能仅限于司法适用层面，而是应当涵盖更多的向度。相较于许多学科，法学有其独特性，与国家的制度性建构及实践密切相关，由此，对法学知识的界定也需要从国家视角来把握。在我国的国家和社会治理中，法律职业群体扮演着非常重要的角色，但大国治理的复杂性在很大程度上决定了并不能简单地从法律职业的角度看待许多问题，而是应当有更多的考量维度。如果从法学或法治的国家治理属性出发，可以将法学的知识类型划分为三个向度，分别是司法适用向度的法学知识、社会治理向度的法学知识、国家建构向度的法学知识①。这三个向度可以更为完整地表明法学的知识体系构成。

司法适用向度的法学知识无疑应当是法学教育以及法学研究的主流，但值得关注的问题是，法学院学生普遍较为缺乏国家建构向度和社会治理向度的法学知识，往往倾向于简单地从法律条文出发，甚至形成了法条主义或机械司法思维。这种状况已经在很大程度上影响或制约了法学院学生所汲取的法学知识的丰富度和完整性。一旦进入真实的司法场域，不难发现有两个方面的问题时常会给法律职业者带来困惑：一是我国司法适用中为什么会经常强调"司法为民""服务大局"等富有能

---

① 在 2023 年 6 月于中国海洋大学举办的第二届"法教义学与社科法学的对话"学术讨论会上，王启梁教授从处理个案、建构治理机制、构造法治三个法律实践层面阐发"法学是什么"，对这里有关法学知识三个向度的划分与讨论颇有启发。

动性的倡导或要求？二是我国司法运行中有不少方面与从教科书或者西方理论中了解的所谓"司法模式"并不完全一致，法律职业者如何恰当地理解和定位自己在其中的角色？单从司法适用向度的法学知识来看，这两个方面的问题都难以得到很好的解释，但这样的问题无疑在深层影响着法律职业者的内心意义世界。进一步看，其中的关键正在于如何深入认识中国司法运行的制度逻辑，进而基于对制度逻辑的深切把握而形成对中国司法模式的理解与认同。

从近几年的授课感受来看，非常有必要讲授社会治理向度以及国家建构向度的法学知识，从而引导法学院学生具备波斯纳法官所说的"超越法律"的认知视角和分析思维。但是，对这些知识的揭示、阐发与传播，并不是主要依靠偏重于法律条文适用的法教义学进路就可以实现，而是要将社科法学与政法法学的分析思维纳入其中，融入政治学、社会学、公共管理学等学科的知识元素。这样的讨论看起来并不直接回应法律职业群体在个案处理中的知识需求，但实际上可以在"背景知识"的意义上为更为恰切地适用法律、解决纠纷提供启示。如果掌握了这样的"背景知识"，在具体案件的处理中，无论是司法人员，抑或是律师，都更可能基于对国家和社会治理的制度逻辑的理解和把握，形成更加有助于矛盾纠纷有效化解的思路与方案。

在我国，这两个向度的法学知识及其所揭示的制度逻辑有较强的持续性和稳定性，并不会因为数年的时间变动就发生本质性改变，有些知识甚至在较长时段中依然可以成立并且可以实际运用。之所以如此，根本原因在于我国司法过程所处的政法体制具有相当程度的稳固性，国家治理的制度逻辑亦有相当程度的连续性。正因如此，在本书中，尽管基础性的调研素材主要来自几年前的实地调研，但从中得出的发现与结论仍能适用于现在，而且本书并没有仅限于此，而是将经验考察的视野延伸至更早时期，同时也对法院近几年在各方面出现的新情况保持追踪考察。中国是一个大国，各地经济社会发展不平衡，这也势必会影响到各地法院的实际运行状况，因此本书使用的材料没有局限于个别地方，而是涵盖了在多地调研获取的经验材料，试图通过这种方式尽可能揭示出基层法院在县域政制中带有一定普遍性、一般性的运行机理。

实际上，本书所想呈现的不过是基层法院运行中长期存在的"常识"。之所以说是"常识"，是因为这些知识对于在法院工作的人员而言，不过是每天都发生的事情，"太阳底下无新事"。然而，对于偏向于从西方法学理论与特定的司法模式来认知和评价中国司法运行状况的人而言，这些知识又并不算是"常识"。在社会治理向度以及国家建构向度上，法学的经验研究的主要意义正在于"发现常识"和"回归常识"。在这些方面，不是"常识"太多了，而是"常识"太少了。当然，"发现常识"和"回归常识"并不容易，难点主要在于研究者们往往对法律实践经验，尤其是牵涉复杂权衡过程的社会治理乃至国家治理经验，缺乏直接的感受与真切的理解。法学是实践性的，法治也是实践性的，唯有真正立足于厚重的、饱满的实践经验，才能发现并提炼出真实且富有生命力的法学知识。可以说，某种意义上"迈向实践"是法学知识生成的不二法门。

就此而言，本书仅仅是以一个调研者或旁观者的视角观察并呈现我国基层法院在"司法"与"治理"两重维度中的实然运行状况，肯定会有很多局限性，甚至存在诸多疏缺。非常欢迎读者指出书中存在的问题，这会增进我们对中国司法的常识化认知。希望自己以后能够写出真正基于自身直接的实践经验所提炼和总结的作品，这样的成果无疑更能展示并贡献出有实际价值的法学知识。同时，也热烈期盼更多的研究者走向并拥抱复杂的中国法治实践，以直接的、真实的且多维的经验体悟来描绘或刻画中国司法（乃至中国法治）的丰富图景。这种"迈向实践"的经验研究，无疑会有助于我们更加全面、细致地了解中国司法的"常识"，进而更好地认识中国法治、理解当代中国。

是为序。

目 录

导　论　// **001**
　　　　一　为什么是县域治理？// 007
　　　　二　为什么是基层法院？// 012
　　　　三　整体本位与经验进路 // 022

第一章　**县域治理结构中的基层法院** // **038**
　　　　一　块块结构中的基层法院 // 040
　　　　二　条块互动中的基层法院 // 055
　　　　三　党政体制中的司法定位 // 067
　　　　小　结 // 081

第二章　**县域治理与基层法院的组织形态** // **084**
　　　　一　基层法院组织形态的演变 // 088
　　　　二　基层法院的对外承接机制 // 102
　　　　三　基层法院的内部调控机制 // 114
　　　　四　对"去行政化"话语的反思 // 124

小　结 // 130

第三章　促进经济发展中的基层法院 // 133
一　基层法院对县域经济发展的回应 // 140
二　基层法院的自主性回应及其机理 // 148
三　基层法院对经济发展的作用限度 // 156
小　结 // 162

第四章　维护社会稳定中的基层法院 // 166
一　基层法院与地方党政的互需关系 // 170
二　基层法院组织形态的适应性调整 // 181
三　维稳压力的内部管理与审判运行 // 199
小　结 // 204

第五章　县域治理中的法院非业务工作 // 207
一　基层法院非业务工作的主要类型 // 210
二　基层法院非业务工作的功能限度 // 221
三　基层法院非业务工作的嵌入机理 // 229
小　结 // 236

第六章　整体政制视角中的司法与治理 // 239
一　整体政制视角的理论意蕴 // 240
二　司法与治理的融合及张力 // 247
三　基层法院改革的路径选择 // 256
小　结 // 264

结　语　面向大国治理的司法观 // 266

附 录 // **273**

  附录1 人民法院实施诉源治理的理念与进路 // 273

  附录2 从整体经验出发认识中国法院 // 281

  附录3 迈向大国治理的中国法律社会学 // 298

致 谢 // **327**

导 论

> 编审者治道之根本也。盖积州县而成天下，积乡里而为州县，积户口而成乡里。*
>
> ——盛百二

自 20 世纪 70 年代末恢复司法①体制以来，我国法院各个方面处于持续的调整与变革之中。晚近以来的司法改革更加强调"顶层设计"，突出审判权的"中央事权属性"。《最高人民法院关于全面深化人民法院改革的意见——人民法院第四个五年改革纲要（2014—2018）》（简称"四五改革纲要"）强调，深化司法改革"应当严格遵循审判权作为判断权和裁量权的权力运行规律，彰显审判权的中央事权属性"。《最高人民法院关

---

* 魏源. 魏源全集：第 14 册. 长沙：岳麓书社，2004：716.

① 本书主要在狭义上使用"司法"这一概念，是指人民法院开展的司法活动以及相应的体制机制。

于深化人民法院司法体制综合配套改革的意见——人民法院第五个五年改革纲要（2019—2023）》（简称"五五改革纲要"）要求"准确把握审判权作为判断权的特征和中央事权属性"。之所以强调审判权的中央事权属性，缘于中央与地方关系失衡导致的公共治理危机。以中央事权属性为基点展开的司法改革成为调节央地关系、增强中央对地方调控力的重要方式[①]。基于此，中央全面深化改革委员会、最高人民法院陆续出台了一系列文件，对包括预防领导干部干预司法、员额制、法官逐级遴选、人财物省级统管、司法责任制等在内的改革举措作出系统部署。这些措施在不同程度上都与彰显审判权的中央事权属性密切相关。

在改革方案的具体推行过程中，如何解释审判权的中央事权属性，如何界定各级法院与地方治理系统之间的关系，成为需要回答的重要问题。近几年，在与实务部门朋友的交流中，笔者明显感受到许多法官对审判权的中央事权属性、法院与地方治理系统之间关系的理解，与知识界的不少研究者的主张相比存在很多差别。在这个问题上，部分理论研究者希望法院与地方治理系统脱钩，从而实现司法"去地方化"。与此紧密相关的是，为了防范地方治理系统对案件处理的影响，部分研究

---

① 姜峰.央地关系视角下的司法改革：动力与挑战.中国法学，2016（4）.

者寄希望于在法院内部"去行政化",排除院庭长对法官或合议庭的影响,实现"法官独立",并且认为"法官独立"是保持法院独立的核心。与这种认知和期待不同的是,实务部门的人员对这些问题持较为复杂的态度:一方面希望增加法官以及法院在案件审理中的独立性;另一方面普遍认为,在不少情况下来自地方治理系统的支持或影响十分重要,甚至不可或缺。由此可见,部分理论研究的观点与实务部门的主张存在显著差别,这种差别构成本书研究得以开展的问题意识来源。

从思想渊源上看,前面所说的理论研究观点的重要来源是西方的法治理论。西方的法治理论谱系庞大,对外主要输出并产生广泛影响的是自由主义抑或形式主义法治理论。在自由主义抑或形式主义法治理论中,以国家立法、行政、司法等权力制衡为基础形成的司法体制是法治的内在构成,"将法律的适用分派给一个独立的司法机关确保有一个至上的法律机构可以用来检查政府行为的合法性",这是"自由的制度化保护"的重要方面[①]。以这样的政治建构为基础,司法是技术化、逻辑化、理性化的过程,司法的运行可以不受其他系统影响。我国许多研究者据此建立分析和评判中国司法运行状况、司法与外部治理系统之间关系的参照系。需要注意的是,这样的

---

① 塔玛纳哈. 论法治:历史、政治和理论. 李桂林,译. 武汉:武汉大学出版社,2010:45.

参照系尽管是以理论形态呈现的，但实际上仍然是对西方国家既有历史和现实经验的总结，有着对应的经验基础。正因如此，在用这样的理论参照系来认识和评判中国法治实践时，也要以经验性的思维方式加以把握，在中国的历史和现实情景中理解、使用和检验这些"标准"，而不能简单地以理论原则为基点。

如何避免以西方理论剪裁或曲解中国实践，这是当代中国司法研究中需要重视的关键问题。以西方形式主义法治理论为视角，往往会得出偏离中国现实的基本认知，更会在一定程度上误导中国法治实践。与基于西方理论审视和评判中国不同的是，本书更加强调秉持"国情主义"立场，避免用西方式的意识形态想象替代对中国法治尤其是对司法运行实践的深入考察和理解。基于这种立场，本书十分重视以实践素材和现实经验说话，力图将分析和观点都建立在对我国法院真实运行形态的理解和把握上。

本书有两个关键词，分别是"司法"和"治理"，主题是探究当代中国社会转型中的法院与地方治理系统之间的关系，进而在大国治理的视角中考察法院的作用及定位。易言之，要"'治国'地理解司法"[①]。或者正如苏力在多年前所强调的，

---

① 田雷."治国"地理解司法：如何通过历史进行法律批判.中国法律评论，2016（2）.

"依法治国的目的是治国，不能只想依法，不管是否治国"①。需要强调的是，这里所说的"治国"，针对的是当代中国语境，面对的是中国作为转型期大国的国家治理。"大国治理"不同于"小国治理"。大国所要应对的问题更为复杂，尤其是在社会转型期，大国需要回应的治理问题更具挑战性。本书所关注的主题正是"要把党总揽全局、协调各方，同审判机关和检察机关依法履行职能、开展工作统一起来"② 这一命题延伸出的相关实践问题。这种"统一"是中国特色社会主义法治体系的重要特征，内在于我国的"政法传统"③。值得探究的是如何实现二者的"统一"，这不仅是一个需要在理论层面探讨的问题，更是一个需要在实践经验层面践行和考察的问题。正如顾培东教授所说："如何处理司法和其他政治权力在社会治理过程中的一体化与司法机关依法独立行使司法权之间的关系，始终是我国司法实践乃至政治实践中的难题。"④ 在不少讨论中，这个难题很容易落入意识形态纷争之中。然而，如果简单地停

---

① 苏力答问．依法治国不能只想着依法，却不管治国．（2015-05-22）．https://www.guancha.cn/SuLi/2015_05_22_320575_3.shtml.
② 习近平．深化司法体制改革（2015年3月24日）//习近平．习近平谈治国理政：第2卷．北京：外文出版社，2017：131.
③ 邵六益．政法传统研究：理论、方法与论题．北京：东方出版社，2022.
④ 顾培东．当代中国司法公正问题研究．中国法律评论，2015(2).

留于意识形态层面的争论，则注定无法为这个问题的恰当理解和有效处理提供有益的思路。这是一个实践性问题，终究还是要立足当代中国的国情基础和现实条件，特别是结合社会转型期大国治理的复杂处境，回到真实的实践场景及实践过程，才能得到妥切的理解和把握。

我国不同层级法院面临的问题、承担的任务存在诸多差别，本书并不试图全景式地呈现各级法院与地方治理系统之间的关系。为了使研究具有相对可操作性，本书在县域治理层面考察基层法院的运行状态，讨论基层法院在县域治理中的地位和作用。由这样的角度展开，具有现实意义。实际上，最高人民法院在以"司法权是中央事权"这一定位指导司法改革的同时，也强调在县域治理中发挥好司法作用[①]。理解基层法院在县域治理中的地位和作用，不应当只是从原则和理念出发，更需要在经验层面展开细致的考察，特别是在我国的政制建构和治理体系中展开分析。否则，如果匆忙地以一些理论研究所倡导的"去地方化""去行政化"作为基本进路推行改革，就很可能忽视社会治理和法院运行实践的复杂性，忽视法院与地方

---

① 周强.在县域治理中发挥好司法作用.人民日报，2014-07-21（5）.近年来，最高人民法院还从人民法庭建设的角度，强调发挥好司法在县域治理中的作用。例如，《最高人民法院关于为全面推进乡村振兴 加快农业农村现代化提供司法服务和保障的意见》（法发〔2021〕23号）第十九条指出，"充分发挥人民法庭职能作用，紧扣市域、县域治理需求，积极参与基层治理……"。

治理系统之间的多维互动,从而可能导致改革举措与我国既有体制的深层结构难以兼容。进一步来看,在法学理论谱系中,本书所回应的问题是在"司法与政治的关系"这一问题域中展开的。在每一个现代国家,司法与政治的关系都是需要处理的关键问题。由于政制建构、治理体系、社会基础等方面存在差别,这一对关系在不同国家的具体表现形态会存在较大的差异,因此需要具体分析。

一　为什么是县域治理?

在 20 世纪 90 年代以来的许多研究中,"治理"(governance)是与"统治"(government)相对的一个概念,意在强调非政府主体的参与、多主体之间的互动与合作的管理过程,治理过程中的权威主体并不限于国家,权力向度是多元的、相互的,而非单一的、自上而下的。这样的研究希望通过治理来达到善治(good governance),潜在的假设是有效的政府若要持久地发挥作用,必须与具有高度独立性、自主性的"社会"相匹配①。不过,本书所言的"治理"采取的是其原初含义,指向的是与国家公共事务相关的管理活动和政治活动,并且是

---

① 戈丹. 何谓治理. 钟震宇,译. 北京:社会科学文献出版社,2010.

在"大国治理"的视角中展开讨论。这个意义上的"治理"与"统治"在意涵上并没有实质性的差别,是作为统治的"艺术"而存在,治理主体主要是国家。也可以说,这是一种基于国家视角的治理,理解治理问题的关键仍在于国家的组织结构、功能、机制以及能力[①]。具体而言,书中讨论的县域治理是国家治理的重要组成部分,治理主体是县(市、区)一级的国家政权体系。在我国的政制建构中,县域治理的主体力量是地方党委和政府,包括人大、监察委、法院、检察院等在内的国家机构是治理体系的重要主体和组成部分。

县域治理在我国的国家治理体系中处于非常重要的基础地位,是国家实现有效治理的根基。"郡县治,天下安。"[②] 也就是说,郡县治则天下治,郡县安则天下安。县制起于春秋,形成于战国,全面推行于秦始皇统一天下之后,在我国历经千年未被废止[③]。县是中国历史上变动最小的次省级行政单位,县域治理一直处于国家政权结构承上启下的关键环节。在整个国

[①] 李泉. 治理思想的中国表达:政策、结构与话语演变. 北京:中央编译出版社,2014:12-15;王绍光. 治理研究:正本清源. 开放时代,2018(2).

[②] 习近平. 做焦裕禄式的县委书记. 北京:中央文献出版社,2015:66.

[③] 周振鹤. 中国地方行政制度史. 2版. 上海:上海人民出版社,2014:14.

家的体制架构中，县一级是最全面的中观分析单元①。在各级地方治理体系的建制中，唯有州县级的行政长官属于"亲民官"，直接与百姓打交道，而在州县之上的均属"治官之官"②。受到"国家-社会"二元划分理论的影响，史学界流行一种"双轨制"的观点，认为明清以来皇权在县级设置行政机构，县以下由乡绅等民间势力管理，亦即通常所言的"皇权止于县"。不过晚近以来有研究指出，国家权力大规模向地方末端延伸，实际上从清代前期即已开始，而非清末新政时期③。自清末起，国家开启了现代意义上的政权建设，国家权力向社会延伸的广度和深度不断增加。时至今日，县一级依然构成国家政权体系最为完整的基层结构，具备绝大多数治理实践元素，"是发展经济、保障民生、维护稳定、促进国家长治久安的重要基础"，"现在，我国经济发展进入新常态，保持经济社会持续健康发展，必须转方式、调结构，必须实施创新驱动发展战略，必须推动新型工业化、信息化、城镇化、农业现代化

---

① 杨雪冬. 论"县"：对一个中观分析单位的分析. 复旦政治学评论，2006（1）.
② 瞿同祖. 清代地方政府. 范忠信，晏锋，译. 北京：法律出版社，2003：29.
③ 胡恒. 皇权不下县？：清代县辖政区与基层社会治理. 北京：北京师范大学出版社，2015.

同步发展。做好这些工作，县一级十分重要"①。

在我国的体制建构中，从中央到地方，各级政权组织体系有很大程度上的同构性。除了立法、军事、外交等权力之外，中央、省、市级政权掌握的权力，在县级治理体系中一般都有直接的体现。党委、人大、政府、监察委、法院、检察院等在县一级均有完整的设置。自取消农业税以来，乡镇的自主性逐渐弱化。与乡镇相比，县级是一级完整的治理体系，掌握着相应的人事权、财权和事权。县级治理体系中各个构成部分之间的相互关系，是我国整体治理体系中各个部分相互关系的一种直接体现，县级治理体系成为国家治理体系的缩影。可以说，在县一级考察国家治理体系的运行逻辑，探究各个构成部分之间的相互关系，有助于认识我国整体治理架构的运行逻辑。

县一级治理体系具有"地方国家"（local state）的特点。所谓"地方国家"，是指"地方层次的国家组织，是国家在地方层次的完备体现物。它是国家在地方的代表，其行为不仅体现着具有普遍性的国家性，而且还带有鲜明的地方性"②。这

---

① 习近平. 做焦裕禄式的县委书记（2015年1月12日）//习近平. 习近平谈治国理政：第2卷. 北京：外文出版社，2017：140，146-147.

② 贺东航. 当前中国政治学研究的困境与新视野. 探索，2004(6).

里所言的"地方国家",内容比"地方政府"更为丰富。在中国的政治语境中,政府并不完全代表国家,党委、人大、监察委、法院、检察院等都是国家的有机组成部分。县与县之间不仅仅是一个个行政区划单位,也是相对独立、可以区分的经济、文化、社会单元。县级区域一般有比较完整的社会形态,县与县的地方性差别也较为明显。这就产生了国家性与地方性之间的分殊。中国是一个经济发展不平衡的大国,考察国家治理体系的运作逻辑,无疑需要兼顾普遍的国家性和具体的地方性。

县域治理在国家治理中具有基础性地位。一方面,国家大政方针都要通过自上而下的政权组织体系,最后通过县级政权来实施;另一方面,随着乡镇地位弱化,基层社会越来越多的矛盾直接进入县域治理视野。与中央、省、市级治理相比,县域治理需要直接面对民众,直接处理大量的社会问题和矛盾。于是,县在国家治理结构中的基础性地位更为突出,县域治理开始替代乡镇治理成为国家治理体系的"接点政治"[1]。鉴于县域治理在国家治理中的重要位置,县域治理体系中的国家权力结构配置是一个非常重要的宪制问题,会直接形塑县域治理的运行状况,也会深刻影响国家治理整体状况的稳定有序。这

---

[1] 徐勇."接点政治":农村群体性事件的县域分析:一个分析框架及以若干个案为例. 华中师范大学学报(人文社会科学版),2009(6).

不仅仅是一个理论问题，更是一个实践问题，具体来说是一个关系到社会治理有序、国家政权稳固的政治实践问题。自古以来，历朝历代都非常重视县一级政权的治理功能。特别是，我国正处于并且在很长一段时间都会处于转型期，如何合理配置县域治理体系的权力结构，既激发和保持县域发展活力，增强县域治理的有效性，又规范权力运行，保障公民权益，保持法治统一，这是大国治理需要面对和解决的重要问题。

二　为什么是基层法院？

改革开放以来，法院在国家治理中的地位与作用日益凸显，在国家权力结构中的位置更加显著。2023 年最高人民法院收案 21 081 件，结案 17 855 件，同比分别增长 54.6%、29.5%；全国各级法院收案 4 557.4 万件，结案 4 526.8 万件，同比分别增长 15.6%、13.4%[1]。可以说，法院在社会治理的方方面面都有着广泛的实际影响。法院不仅是在一般性的层面产生影响，更是在具体的、个案的层面发挥细致入微的作用。与法院相比，地方人大、监察委、检察院等国家机构的影响面相对较为有限。从权力位阶看，人大作为国家权力机关高于

---

[1] 张军．最高人民法院工作报告：2024 年 3 月 8 日在第十四届全国人民代表大会第二次会议上．人民法院报，2024-03-16（1）．

"一府一委两院",履行监督"一府一委两院"的职能,但是人大通常无须直接面对诸多具体层面的问题,对社会治理的实际影响相对间接。监察委主要履行监督公职人员的职能,检察院的主要职能是追诉犯罪、保障法律正确实施,这两个机构对社会治理介入的广泛程度仍然有一定的限度。

在我国的治理体系中,政府对社会治理的介入最为全面,影响也最为广泛。然而,从社会转型和治理转型的角度来看,社会治理的诸多方面并不能主要依靠政府直接控制。在市场经济条件下,单位制已经解体,许多经济行为和经济过程已经不再依靠政府和单位的直接管控。正是在这样的背景下,国家日益强调要转变政府职能,向有限型政府、服务型政府转变。与此相伴的是,司法在社会治理中的作用日益凸显,整个社会治理过程的许多方面对司法的依赖度更高。在各级法院中,基层法院与社会治理的联系最为紧密,进入司法程序的绝大多数矛盾纠纷都会首先进入基层法院;在地方治理体系中,基层法院是不可或缺的角色,承担着化解矛盾纠纷、形塑行为规则的重要功能。

基层法院是国家司法权运行的末端,是国家权力向基层延伸的重要保障主体。一方面,县域治理层面存在非常多的矛盾纠纷,产生大量治理难题;另一方面,基层法院处于县域治理体系之中,是化解矛盾纠纷的重要主体。基层法院的组织形态、运行机制以及司法取向,对基层治理状况会产生非常广泛、直接的影响。从地方治理体系的角度看，基层法院许多方面的工作并不是单独运行的，而是要在与地方党委和政府以及其他治理主体的互动之中开展。目前，有关司法的不少研究遵循"司法中心主义"进路，将法院职能的运行、组织体系的构建作为核心目标，较少结合外部的体制架构展开探讨。与之不同的是，本书并不是以司法作为考察与分析的中心，而是追求更为整体性的目标，探求县域治理如何达到有效治理，以及在此基础上讨论基层法院如何按照符合司法规律的方式运行[1]。

总的来说，我国的国家治理有两个基本主题：一是发展，二是稳定。这两个基本主题是最高决策层反复强调的"大局"，县域治理中的许多工作也是围绕这两个基本主题展开的，基层法院深度嵌入县域治理体系之中。无论是具体案件审理还是审判职能延伸，基层法院都要围绕"发展"与"稳定"这两个基本主题，在准确把握"大局"的基础上开展各项活动。从理论上看，司法机关职能的行使与治理"大局"之间具有统一性，但是在具体实践中，这种统一性并不容易准确把握和实现，甚至可能存在一些张力和偏差。概括来看，这种张力和偏差突出地体现在对如下四对关系的处理之中。这四对关系的处理贯穿县域治理始终，也贯穿基层法院的职能行使以及内部管理全过

---

[1] 对"司法中心主义"研究进路的审视，参见喻中.从立法中心主义转向司法中心主义？：关于几种"中心主义"研究范式的反思、延伸与比较.法商研究，2008（1）.

程。县域治理和基层司法需要回应的重要问题是：恰当地处理好这些关系，尽可能缓解其中的紧张。

一是地方的"大局"与全国的"大局"。对于什么是"大局"，时任最高人民法院院长肖扬有精辟的论述——"大局不是平面的，而是立体的；不是局部的，而是全局的；不是静止的，固定不变的，而是不断发展变化的"①。"立体""全局""不断发展变化"，这些关键词凸显出"大局"的复杂性。"大局"在地方治理实践中也会被称为"中心工作"或者"政治任务"。这样的"大局"工作主要包括以下几种情况：（1）中央、省、市下达的重要任务，这些会被定为年度或长期中心工作；（2）影响县域经济增长和发展的重要事务，如招商引资、工业园区建设、征地拆迁、文明城市创建等；（3）一些重大的治理问题、社会问题、民生问题；（4）与县委书记及县委常委理政思路相关的治理事务；（5）一些突发性事件。然而，在实践中，"大局"并不容易准确识别。有些人借"服务和维护大局"之名，谋地方、部门或个人不正当利益之实；有些人以"服务大局"为由，只强调公共利益，忽视甚至压制公民正当的个人利益；有些人在"服务大局"的口号下，漠视法律规则和程序的严肃性，有法不执、违法不究，严重损害法律的尊严。究竟

---

① 肖扬. 审时度势 因势利导 把握队伍建设主动权：在全国法院队伍建设工作会议上的讲话（2002年7月5日）//最高人民法院办公厅. 最高人民法院历任院长文选. 北京：人民法院出版社，2010：297.

什么是"大局",如何识别"大局",没有简单、明晰的答案,需要深入我国体制运行逻辑与国家治理实践中认识和判断,这一过程充满着复杂、微妙的权衡取舍。本书各章会结合这一对关系的处理,探究县域治理中"大局观"的生成机制,基层法院如何识别、吸纳、传递、回应"大局"要求,进而讨论基层法院在此过程中可能面临怎样的难题和挑战。

二是法院审判权运行的相对独立性与法院在社会治理中的参与性。《中华人民共和国宪法》第一百三十一条规定:"人民法院依照法律规定独立行使审判权,不受行政机关、社会团体和个人的干涉。"较之于上级法院,基层法院对社会治理的介入更为深入、更为广泛,也更为直接,受到整个治理体系的影响也更多。在这种情况之下,基层法院如何在保持依法独立行使审判权的同时,积极、有效地参与县域治理,这是在制度构建以及实践过程中需要细致把握的问题。这一对关系的处理也会构成本书的一条重要线索,各章从不同侧面围绕这一线索展开,呈现县域治理对基层法院的具体要求、基层法院对县域治理的参与方式。

三是社会管理者的治理需要与社会成员的权益保障。总体而言,许多社会管理者更倾向于以实用主义或工具主义的态度认识和定位基层法院,将之作为维护秩序、促进发展、服务社会管理目标的手段,基层法院也时常会以"非司法化"[1] 的方

---

[1] 鲁篱,凌潇.论法院的非司法化社会治理.现代法学,2014(1).

式参与社会治理。在有些情况下,有的社会管理者甚至会采取"放纵的实用主义"态度①,为达到某种"正确"目标或实现某种"正当"目的而淡化法律甚或逾越法律。但是,基层法院司法职能承载的功能并不只是体现在这一层面,还包括规范公权力运行、保障社会成员权益,社会成员也更多地倾向于从这两个方面要求司法机关。从全面推进法治建设的目标来看,维护社会秩序、规范权力运行、保障公民权益都是司法应当追求的目标。县域治理需要直面一线问题,然而治理过程中会出现大量复杂的矛盾,社会管理者与社会成员之间、社会成员相互之间在一些具体问题上并不一定存在规范共识和产生秩序认同,基层法院职能的行使会遇到诸多难题和挑战。

四是社会治理的正当要求与非正当要求。在传至基层法院的诸多社会治理要求中,有的是与地方经济发展、社会稳定紧密相关的要求,有的则没有紧密的相关性;有的是以组织化、制度性的方式和渠道提出,有的则是以个人化、随意性的方式和渠道提出;有的具有合理性,但是在既有法律和政策框架内难以得到有效满足,凸显出既有法律和政策的缺陷,有的则试图突破甚至违背法律规定和政策原则,谋取不具有普遍合理性的利益;有的从短期来看似乎具有一定的合理性、正当性,但

---

① 顾培东教授将实用主义法治观划分为朴素的实用主义、放纵的实用主义和理性的实用主义三类。顾培东. 当代中国法治共识的形成及法治再启蒙. 法学研究, 2017 (1): 13-14.

是从长期来看并不具有较强的合理性和正当性。在现实运作中，这些要求往往会交织在一起，增大了识别的难度。县域治理中的这些要求都可能进入基层法院，基层法院要能够有效识别和应对，筛选出正当要求，剔除和抵制非正当要求。若要有效化解这一对张力，既需要法官个体层面的智识性努力，更需要通过完善制度构建来提供保障机制。

对于回应国家和地方治理"大局"要求而言，法院的定位问题十分关键。2009 年 3 月，最高人民法院印发的《人民法院第三个五年改革纲要（2009—2013）》（简称"三五改革纲要"）提出"改革和完善上下级人民法院之间的关系"的任务；2015 年 2 月，最高人民法院印发的"四五改革纲要"继续关注这一问题，提出要形成定位科学、职能明确、监督得力、运行有效的审级制度；2019 年 2 月，最高人民法院印发的"五五改革纲要"提出"优化四级法院职能定位和审级设置"。除了多份五年改革纲要专门提及不同级别法院的定位问题之外，尤其值得一提的是一份司法文件讨论稿与最终发文之间的差别。2013 年初《最高人民法院关于切实践行司法为民大力加强公正司法不断提高司法公信力的若干意见（讨论稿）》对四级法院职能定位提出这样的要求："基层人民法院着重发挥查明案件事实作用，正确适用法律，化解矛盾纠纷。中级人民法院着重发挥两审终审作用，把好案件质量关。高级人民法院着重审理好辖区内具有重大影响的案件和再审案件，处理好涉诉信访案件，加强总结审判经验，确保不同区域法律适用统一。最高人民法院审理具有全国性影响的案件和死刑复核案件，着重通过制定司法政策和司法解释监督指导全国法院工作，维护国家法制和司法标准的统一。"正式发布的文件取消了这些具体定位要求，代之以比较宽泛笼统的规定："逐步完善四级法院职能定位。根据宪法和人民法院组织法等法律的规定，按照解决案件纠纷的实际需要，遵循司法规律，进一步明确各级人民法院的职能分工和工作重点。在注重案件审判的专门化、类型化分工的同时，逐步完善各级人民法院的司法职能定位。"①尽管如此，依然可以将"讨论稿"对四级法院职能的总体定位看作对司法实践经验的一种总结。

为了实现四级法院职能的恰当定位，最高人民法院以审级职能定位作为切入点，根据中央全面深化改革委员会审议通过的《关于完善四级法院审级职能定位的改革方案》以及全国人大常委会作出的《关于授权最高人民法院组织开展四级法院审级职能定位改革试点工作的决定》，在全国选择部分法院探索开展改革试点工作。为了推动改革试点工作，2021年9月最高人民法院在印发的《关于完善四级法院审级职能定位改革试点的实施办法》中强调，"基层人民法院重在准确查明事实、

---

① 参见《最高人民法院关于切实践行司法为民大力加强公正司法不断提高司法公信力的若干意见》（法发〔2013〕9号）。

实质化解纠纷"。由此可见，在司法实践中，四级法院的职能存在一定的区分，基层法院相对来说侧重于化解矛盾纠纷，实现"案结事了"，其余三级法院更需要强调规则之治。从四级法院职能定位的角度来看，在县域治理中研究基层法院，阐明基层法院与县域治理体系之间的关系，有助于把握基层法院的定位，为进一步探究和明确四级法院的职能划分提供一定的分析基础。当然，需要注意的是，我国有四级法院，不同层级法院与外部治理系统的关系以及法院的组织形态、内部管理有很大程度上的同构性，然而在功能定位、机构设置、具体机制方面也存在不少差别。研究我国各级法院是一项系统工程，对某一级别法院，甚至对某些地区或某种类型的法院的研究，都无法替代对其他级别、其他地区或其他类型法院的考察。深入且完整地认识中国法院在国家治理体系中的地位与作用，需要通过对不同层级、不同地区、不同类型法院开展经验研究才能达成。

进一步来看，对法院的定位应当建立在对国家体制运行逻辑准确把握的基础之上。如果不能正视和理解国家体制的运行逻辑，不能在此基础上认知中国的司法制度，研究中体现出来的就可能是一种"没有国家的法律观"，强调法律自身的内在特性，重视司法运行的自洽性，是"从形式合理性、普遍适用性、程序正义和法律的内在道德性等这些法律规则本身的内在特征入手来理解法律"的"法制主义"(legalism)①,"忘记了法律的目的服从于政治秩序的理想"②。如何在基层司法研究中"安放"国家,如何从中重新发现和认识"政法"传统,是摆在学术研究面前的重要问题。实际上,"法律适用的政治内涵是难以避免的,而法律适用有多少政治内涵,司法本身就在多大程度上构成一种政治权力"③。在中国,无论是正式文件表达还是社会公众讨论,都广泛使用一个在域外语境中很少出现的词语——政法机关,指代包括法院、检察院、公安机关、国家安全机关、司法行政部门等在内的有关国家机关。"政法"这一概念是中国共产党在革命与建设实践中普遍采用的表达,"党管政法"与"党管干部""党管武装"一起构成当代中国最重要的治理原则,形成相应的组织体系和运行机制(亦即"政法体制")④。将"政"置于"法"的前面,替代了在清末、民

---

① 强世功. 立法者的法理学. 北京:生活·读书·新知三联书店,2007:5-10.
② 强世功. 法制与治理:国家转型中的法律. 北京:中国政法大学出版社,2003:序言5.
③ 格林. 政治与法. 杨登杰,译//《法哲学与法社会学论丛》编辑委员会. 法哲学与法社会学论丛(六). 北京:中国政法大学出版社,2003:131.
④ 刘忠."党管政法"思想的组织史生成(1949-1958). 法学家,2013(2);周尚君. 党管政法:党与政法关系的演进. 法学研究,2017(1);侯猛. 当代中国政法体制的形成及意义. 法学研究,2016(6).

国时期普遍使用的"法政"一词。用"政法"替代"法政",不仅仅是语词的变更,不单单是话语的调整,更是体制架构、价值取向、实践形态的深刻转变,是社会制度和结构变迁的结果①。因此,如果要认识中国法院的深层结构及运行逻辑,就需要深入"政法"逻辑中考察和理解。在"政法"逻辑中,"'法律'与其说是超然于国家和行政的实体,不如说是共产党所采用的治理手段"②。这些正是理解当下中国基层司法的重要前提和基础。

三　整体本位与经验进路

在具体研究中,本书遵循整体本位与经验进路。所谓整体本位,是指从法院整体运行出发,而非从法官个体行权出发。所谓经验进路,意在表明研究中展开的讨论不是以某种理论作为出发点和归属,而是以法院运行以及地方治理的实然状态为基础。任何一种理论都仅是在分析工具或视角启发上发挥作用,理论并不构成评判实践状况的标尺。

---

① 徐亚文,邓达奇."政法":中国现代法律传统的隐性维度.河北大学学报(哲学社会科学版),2011(5).

② 黄宗智.中国正义体系中的"政"与"法".开放时代,2016(6):146.

1. 整体本位范式

有关我国法院的研究主要有"法官个体本位"和"法院整体本位"两种范式，前者目前居于主流地位，大多数研究甚至相当部分的改革举措都在不同程度上遵循法官个体本位范式。由法官个体本位看，法官是以个体名义直接裁判、直面外部社会并承担责任，不仅法官行权不应受到内部管理的约束，而且法院也应当独立于外部体系架构。在法官个体本位范式中，法官个体具有独立意义，个体的法官是中立、正义且富有智慧的，最能够实现司法公正。法院内部层级式的组织化管理则不利于实现司法公正，要排除院庭长等管理者对独任法官或者合议庭行权的影响，要减少甚或取消副院长、庭长、副庭长的设置，弱化甚至取消审判委员会，进而在法院内部审判与外部治理系统之间构建起隔离带。遵循法官个体本位范式的改革，指向的是实现以"法官独立"为核心内容的"法院独立"。采取法官个体本位范式认识司法机关在我国政制结构中的定位，会将这一问题视为可以离开外在体制架构的普适性问题。在学术界，法官个体本位范式在很长时间都居于笼罩性的支配地位，深刻地影响着人们对中国法院的认知及塑造。

随着研究的推进，有学者对法官个体本位范式提出了质疑，提倡采取法院整体本位范式来把握我国法院的制度逻辑与实践状态。整体本位体现在两个层面：一是作为实然状态的整体本位，二是作为研究视角的整体本位。在很多情况下，这两个层面紧密相连。认为中国法院建构与运行的实然状态是整体本位的学者，通常倾向于采取将法官个体行为置于法院整体组织形态、将法院建构与运行置于整体政治架构和社会条件中考察的研究进路。苏力较早地采取整体性视角讨论司法机关与中国共产党之间的关系①，其有关基层司法制度的研究较早带有此种范式的特点②。在苏力从整体性视角开展中国司法制度研究之后，也有一些学者的研究带有这种范式特点。例如，喻中反思了"司法中心主义"存在的局限性，对中国的"司法-行政"关系模式、"治-综治"取向的法治模式展开讨论③；左卫民从实证研究的角度对我国法院院长的多重角色、审判委员会运行状况等问题进行讨论④；侯猛从政法传统的角度研究了政法体制的形成过程、政法体制中的民主集中制、最高人民法院

---

① 苏力．中国司法中的政党//苏力．法律和社会科学：第1卷．北京：法律出版社，2006.

② 苏力．送法下乡：中国基层司法制度研究．北京：中国政法大学出版社，2000.

③ 喻中．从立法中心主义转向司法中心主义？：关于几种"中心主义"研究范式的反思、延伸与比较．法商研究，2008（1）；喻中．从"行政兼理司法"到"司法兼理行政"：我国"司法—行政"关系模式的变迁．清华法学，2012（5）；喻中．论"治—综治"取向的中国法治模式．法商研究，2011（3）.

④ 左卫民．中国法院院长角色的实证研究．中国法学，2014（1）；左卫民．审判委员会运行状况的实证研究．法学研究，2016（3）.

的功能定位等问题①；刘忠从条块关系、政治性与技术性的关系的角度探讨法院院长的选任，研究政法委的构成与运作，以及法院内部治理、分庭管理制度等问题②；方乐基于中国社会转型的背景，对我国司法知识形态展开细致的分析③；郑智航探究了党政体制对中国司法的塑造，提炼出相应的形塑机制与方法④。这些研究在不同程度以及不同侧面采取带有整体取向的研究范式。

明确提出法院整体本位范式的是顾培东教授。在顾培东看来，中国法院建构与运行的实然状态体现的是"法院整体本位"，无论是从宪法层面的制度安排，还是从法院在政制结构中的地位，抑或是从司法生态来看，考察中国法院都更适宜采取法院整体本位范式。我国法院改革的方向并不是从法院整体

---

① 侯猛. 当代中国政法体制的形成及意义. 法学研究，2016（6）；侯猛. 政法传统中的民主集中制. 法商研究，2011（1）；侯猛. 最高人民法院的功能定位：以其规制经济的司法过程切入. 清华法学，2006（1）.

② 刘忠. 条条与块块关系下的法院院长产生. 环球法律评论，2012（1）；刘忠. 政治性与司法技术之间：法院院长选任的复合二元结构. 法律科学，2015（5）：17-29；刘忠. 政法委的构成与运作. 环球法律评论，2017（3）；刘忠. 格、职、级与竞争上岗：法院内部秩序的深层结构. 清华法学，2014（2）；刘忠. 规模与内部治理：中国法院编制变迁三十年（1978—2008）. 法制与社会发展，2012（5）；刘忠. 论中国法院的分庭管理制度. 法制与社会发展，2009（5）.

③ 方乐. 转型中国司法知识的理论与诠释. 北京：人民出版社，2013.

④ 郑智航. 党政体制塑造司法的机制研究. 环球法律评论，2020（6）.

本位转向法官个体本位，而是要在坚持法院整体本位的基础上，从院庭长主导转向以法官为主导①。按照美国学者托马斯·库恩（Thomas S. Kuhn）的观点，科学首先是学界共同认可的假设、理论框架及方法构成的范式，当范式受到挑战以至于无力应对时就会出现新的范式②。之所以会出现整体本位范式，根本原因在于中国法院建构与运行的实然状态体现的是"整体本位"，采用个体本位范式认识"整体本位"的中国法院会出现种种不适应或者张力。尽管"个体本位"是认识法院建构与运行的一种视角，也有一定的经验基础（典型的经验基础是英美法系法院），然而许多研究者在将之用于认识中国法院时赋予了一定的规范意义，以此作为评判中国法院的标准。一些学者虽然用实证分析或者说社会科学的经验研究方式研究中国法院，但潜在预设依然是个体本位，以"错误法社会学"③或者是"差距研究"（gap studies）④的进路讨论中国法院建构

---

① 顾培东.法官个体本位抑或法院整体本位：我国法院建构与运行的基本模式选择.法学研究，2019（1）.

② 库恩.科学革命的结构：第 4 版.金吾伦，胡新和，译.2 版.北京：北京大学出版社，2012：36 - 43.

③ 传统以揭示规范与事实之偏离与分裂为己任的法社会学研究被称为"错误法社会学"。泮伟江.超越"错误法社会学"：卢曼法社会学理论的贡献与启示.中外法学，2019（1）：37 - 53.

④ GOULD J B, BARCLAY S. Mind the gap: the place of gap studies in sociolegal scholarship. Annual review of law and social science, 2012 (1): 323 - 335.

与运行如何"出错"或"扭曲",忽视了对中国法院正常运行状态的考察。

从更为广泛的实践经验来看,司法机关"不能被孤立地看待,而应被视为作为政府权力的来源之一的大规模政治体系的组成部分"①,其运行模式深受特定的国家体制影响。在研究进路上,本书采取的是整体本位范式,将法院建构与运行置于中国整体的政制结构和治理体系中来把握;在研究的具体操作化层面,以基层法院作为研究对象,采取整体性的视域,将基层法院置于县域治理场域中展开讨论。县域治理是对县域公共事务的治理,治理主体包括党委、国家机构、企业、社会组织以及公民个人等②。由于历史渊源和现实需要,党委和政府是县域治理最重要的主体,法院及其他国家机构都要参与到党委和政府主导的县域治理体系之中。就本书的研究主题而言,可以从两个层面来把握法院整体本位。在法院与地方治理系统的关系方面,并不事先预设法院与地方治理系统之间的既有联系是"好的"还是"不好的",而是注重研究这种联系的实然状态,进而探究这样的联系会产生怎样的影响,这既包括正面的影响,也包括负面的影响。与此同时,也将上下级法院关系纳

---

① 费斯.如法所能.师帅,译.北京:中国政法大学出版社,2008:68.

② 杨华.县域治理中的党政体制:结构与功能.政治学研究,2018(5):14.

入更大的体制架构中把握。在法院内部管理方面，并不单纯地强调独任法官或合议庭的独立性，而是在注重提升其依法独立审判的自主权的同时，也重视法院内部的一系列管理机制，尤其认为应当全面、客观地认识和评价院庭长在其中的管理作用，而不宜简单地否定这种作用。换言之，这一视角强调对司法与外部的关系采取整体性的研究进路，对法院内部管理的考察也应嵌入这种整体结构之中。

2. 经验研究进路

与偏重制度规范分析，或者是侧重理论阐释不同的是，本书采取的是经验研究进路，以经验性的方式考察法律实践逻辑。这种研究进路也正是莫诺·卡佩莱蒂（Mauro Cappelletti）所说的根据"可观察的事实和事件"开展的"现象学"进路[1]。遵循经验进路或现象学进路，最主要的是在研究中不从既有的理论出发，不将任何一种理论作为评判标准，而是注重考察司法运行、地方治理实践中的各种现象和事实，从实际发生的现象和事实中提炼解释方案，在解释方案与实践经验之间不断往复，进而逐渐完善理论阐述。

为了能够完整地展现县域治理中的基层法院运行逻辑，本

---

[1] 卡佩莱蒂. 比较法视野中的司法程序. 徐昕，王奕，译. 北京：清华大学出版社，2005：自序 17.

书遵循"从宏观到微观的转变—个人有目的的行动—从微观到宏观的转变"的解释方法，以获得对县域治理中司法运行逻辑的系统认知。其中，从宏观到微观的转变解释的是环境和社会条件对行动者的影响，从微观到宏观的转变解释的是个人行动的结合产生宏观层面的结果[①]。也可以认为，这是宏观理论前提＋微观行为意义解读＋中观或微观机制分析，其中，中观或微观机制分析最为关键[②]。需要指出的是，这里所言的机制是指事物之间可能存在的经常发生、易于识别的因果关系，而非决定性的、必然的因果关系。

宏观理论主要包括国家与社会关系理论、政党政治理论。这两种理论在很大程度上是紧密相连的，前者更具有根本性。二者所要解决的主要问题有两点：一是对宏观社会结构、历史过程进行描述和阐释，二是在此基础上提供基本分析框架。之所以需要有宏观理论，是因为对处于转型阶段的中国法治的制度实践和具体行为的解释，难以脱离特定的时代情景，无法离开相应的社会转型和治理转型背景。西方的治理架构表现为国家与社会的二元分立、经济政治领域的高度竞争，以及法律对各个竞争主体权利的保护及对其行为的规范。在这样的体制结构中，政党并不直接作用于国家治理，而是将各自的政治意愿

---

① 科尔曼. 社会理论的基础（上）. 邓方，译. 北京：社会科学文献出版社，2008：19-22.
② 陈柏峰. 法律经验研究的机制分析方法. 法商研究，2016（4）.

和所代表的利益，通过立法、行政、司法过程中的政治互动，上升并固定在国家法律之中，通过法律实施社会治理。政党的政治动员能力主要体现为组织开展政治选举，而不是日常的国家治理和社会治理过程。关于司法权独立的理论正是以这样的体制和结构为基础的。然而，一旦用这样一套理论来认知中国司法的运行状态，往往会发现有诸多难以解释之处，中国司法的实然运行状态与西方形式主义法治理论中设定的"司法"存在显著的差别。正如陆思礼（Stanley Lubman）所指出的，研究中国法律的一个难题在于如何理解一种在西方法律概念的框架中不存在的法律制度[①]。问题意识正是来源于实践经验与既有主流理论解释之间的张力或悖论，这样的张力或悖论构成研究的重要起点。由此可见，宏观可以发挥触发思考起点、发现悖论现象的作用。

　　发现悖论现象之后，就要探究悖论产生的原因，对悖论作出解释。如果要对悖论展开解释，就不能停留在宏观理论层面，而是要进入中观和微观的实践层面，经验性地考察悖论现象，"从悖论现象出发，对其中的实践做深入的质性调查（当然不排除量性研究，但是要在掌握质性认识之上来进行量化分析），了解其逻辑，同时通过与现存理论的对话和相互作用，

----

① LUBMAN S B. Bird in a cage：legal reform in China after Mao. Stanford：Stanford University Press，1999.

来推进自己的理论概念建构"①。参照特定的理论视角，往往会发现实践与理论之间的"悖论"现象。之所以如此，根本原因正在于实践本身的多样性和复杂性，理论往往难以完全涵盖和解释实践经验。当然，理论之所以是理论，也正在于其抽象性，在于其对丰富的经验现实的概括提炼。正如黄宗智先生所言："与理论建构不同，人们在实践之中，一般会自然而然地面对现实。它不会像理论那样要求自洽、整合于逻辑，而因此做出非此即彼的一元选择。它会从二元或多元的实际出发，允许矛盾和非逻辑的存在，或者要求协调、综合两组不同的建构，并在此之上做出行为的抉择。"② 因此，深入了解中观和微观实践经验的复杂性，有助于发现特定理论视角之外的"意外的惊喜"。这种复杂性以及惊喜，恰恰可以构成完善理论解释的重要基础。就本书研究来说，中观和微观层面的机制分析，着重考察围绕县域治理主题所展开的县域治理逻辑、基层法院与地方治理系统之间的复杂互动关联、基层法院内部组织形态和管理方式与县域治理的衔接等问题，分析具体机制与宏观体制、结构之间的深层联系。

在具体研究中，本书秉持的经验进路深受"华中村治研

---

① 黄宗智．认识中国：走向从实践出发的社会科学．中国社会科学，2005（1）：93.

② 黄宗智．悖论社会与现代传统．读书，2005（2）：7.

究"传统影响,其中,以贺雪峰教授为代表的"华中乡土派"影响尤深。在训练方法层面,"华中乡土派"形成一套以集体调研为主要特点,强调不预设问题、全面调查、现场研讨的经验训练方法。贺雪峰将这一套方法概括为"饱和经验法"①。从分析方法上看,形成了区域差异比较法与机制分析法两种主要方法。区域差异比较法重在把握中国不同地区农村的差异性,通过研究80%的村庄中的80%的现象来尽可能从整体上把握中国农村。机制分析法强调在经验现象层面辨析因果关系,从经验进路切入经验现象本身,关注中观或微观层面的因果关系,分析具体的因果机制②。近年来"华中乡土派"将视野从乡村扩展至县域层面,基于"党政体制"或者"政治统合制"的分析框架,探究县域治理场域中的城镇化、基层执法、政策执行偏差、纪检监察监督、行政包干制、中心工作模式以及诸多工作方法和机制,丰富、拓展了有关县域治理的经验研究。在法学领域,以陈柏峰教授为代表的"基层法治研究团队"将"华中乡土派"的方法带入对法治现象的研究中,运用

---

① 贺雪峰.饱和经验法:华中乡土派对经验研究方法的认识.社会学评论,2014(1).

② 贺雪峰.华中村治研究中的机制研究.云南行政学院学报,2016(2);陈柏峰.法律经验研究的机制分析方法.法商研究,2016(4).

地方治理视角考察基层执法和司法①。这些研究从不同层面揭示中国县域治理的体制特质和运行机制，构成本书的重要研究基础。在此意义上，本书的研究是对"华中乡土派"研究领域的承接，将其中的经验研究视角和机制分析法运用到对基层法院与党政体制关系的探究之中。

为了能够把握中观和微观层面的具体机制，本书主要结合在四川 C 市、江苏 X 市两级法院以及湖北 N 市 C 县、山西 Z 市 Q 县等地的基层法院调研获取的访谈资料具体展开。除了调研获取的材料之外，笔者在研究中还搜集和查询了一些地方志、法院院志、政策文件。材料本身是琐碎、杂乱无章、缺乏逻辑关联的，材料并不能够自然而然地上升为经验。经验研究并不是简单地整理材料，而是要依靠对经验的质性感知，对之进行选取、整理和加工，形成基于材料的现象呈现，进而展示实践经验。经验研究既需要丰富的材料来支撑，也需要进行逻辑建构。正是在材料梳理和逻辑建构中，司法与治理之间的实践关联得以在县域治理层面经验性地呈现。

---

① 陈柏峰．领导干部干预司法的制度预防及其挑战．法学，2015 (7)；于龙刚．基层法院的执行生态与非均衡执行．法学研究，2020 (3)；刘杨．执法能力的损耗与重建：以基层食药监执法为经验样本．法学研究，2019 (1)．

3. 章节安排

全书主体部分各章的具体安排和概要如下：

（1）"导论"。主要说明问题意识、研究意义、研究方法，提出基本主线和分析思路，阐明以经验本位进路和整体本位范式展开研究，提炼出基层法院在县域治理中的运行始终要处理地方的"大局"与全国的"大局"、法院审判权运行的相对独立性与法院在社会治理中的参与性、社会管理者的治理需要与社会成员的权益保障、社会治理的正当要求与非正当要求等四对关系，将这些关系的处理贯穿各个章节之中。

（2）"第一章 县域治理结构中的基层法院"。人民法院在我国特定的治理结构中运行，基层法院与党政系统之间存在紧密的联系，上下级法院关系亦嵌入这样的体制结构中。依托条块关系形成的"一体双轨"司法调节机制，对于保持司法权的中央事权属性具有重要意义。基层法院在县域治理中的定位，受到中央与地方关系、条块关系、属地管理责任等宏观因素影响。在县域治理层面保持司法机关依法独立行使审判权的同时，有必要保持这一层级权力一定程度的统合度和灵活性。如果将司法权的中央事权属性理解为基层法院从地方治理体系中分离，这是对中国国家治理制度逻辑的误读，在实践中也难以实现。

（3）"第二章 县域治理与基层法院的组织形态"。经过历次法院体制改革，我国法院组织形态发生了显著变化，但也保持了一定的稳定性。一方面，基层法院形成一定的对外承接机制，以确保接收并整合外部治理要求。法院院长和党组成员在此方面发挥重要作用。另一方面，基层法院还形成一定的内部调控机制，以确保外部治理要求能够在法院内部顺利传达和实现。在这一方面，法院内部形成层级式的传输机制和行政主导的回应机制，这种机制呈现出弱行政化而非强行政化的特质。法院组织形态中的"去行政化"并不是孤立的问题，而是要置于法院与外部关系的整体视域中把握，由此才能认识其中的深层机制，探寻适宜的改革举措。

（4）"第三章 促进经济发展中的基层法院"。县际竞争推动的县域经济发展是促进实现中国经济发展奇迹的重要因素，包括法院在内的县域政权体系各个构成部分参与到由地方党委和政府主导的经济发展中，基层法院形成"自主性回应"模式。这种参与或回应模式为法院依法独立行使审判权保持了较大的自主空间，同时也有助于法院在县域经济发展中发挥一定的作用。将法院参与地方经济发展视为"司法保护主义"的批评话语，忽视了"司法地方保护主义"发生的初始条件已经明显改变，未将所有制改革、经济发展模式、经济结构等方面因素纳入综合考量中，缺乏对法院参与地方经济发展具体方式的经验性把握，以至于放大"司法地方保护主义"在目前阶段的普遍性。

（5）"第四章 维护社会稳定中的基层法院"。维护社会稳定是形塑我国基层法院组织形态的重要向度。在维护社会稳定工作的开展过程中，基层法院与地方党政系统形成紧密的互需关系。一方面，基层法院通过行使审判职能和延伸审判职能的方式参与其中；另一方面，在案件审理执行以及涉诉信访工作中，基层法院也需要地方党政系统的支持。基于有效维护社会稳定的现实考量，基层法院形成以案件属性转化、责任体系再造、组织运行重构为主要内容的制度机制，内部的组织形态得以调整。经过调整的组织形态，在很大程度上提升了基层法院应对维护社会稳定压力的能力。在社会转型期，基础性社会矛盾突出，基层法院组织形态的建构与运行依然要建立在对维护社会稳定压力的审慎考量基础之上。

（6）"第五章 县域治理中的法院非业务工作"。在我国基层法院的工作事项中，除了业务工作之外，还有大量非业务工作。非业务工作主要有纪律规范、伦理教化、职能延伸、综合参与等类型。这些类型的非业务工作从不同侧面对法院整体与外部系统之间的有效衔接和互动、法院审判执行职能的行使产生影响并发挥一定的治理功能。非业务工作的运行机理体现为"双重嵌入"，即对司法系统和地方治理系统的嵌入、对司法过程和党群互动过程的嵌入。许多非业务工作有明显的治理功能，但部分非业务工作对业务工作可能造成一定的冲击，损耗稀缺的司法资源。要在尊重司法的中立性和权威性、集约高效利用司法资源的基础上合理安排非业务工作。

（7）"第六章 整体政制视角中的司法与治理"。要将司法置于我国整体的政制建构中认识，注重法院的制度机制与治理体制之间的兼容性，保持法院的制度机制与我国经济、社会、文化环境的融合性。基层司法与地方治理之间呈现出融合与张力并存、以融合为主的状态。二者的融合状态有助于保证县域治理体系的完整性，促进地方其他治理主体支持法院工作，增进基层司法与经济、社会生活的契合度，提升司法运行的综合效果。二者的适度张力有助于保障基层法院依法独立公正行使职权，规范地方行政权依法行使，但是如果存在较大的张力，也会引发消极后果。恰当选择基层法院的改革路径，应当准确把握法院依法独立行使审判权原则，理顺"条条"与"块块"之间的关系，促进司法与治理的有效互动，构筑和完善协调联动机制。

（8）"结语 面向大国治理的司法观"。基层司法与地方治理的复杂关系是当代中国"大国治理"复杂性的一种集中体现。在现实与"理想"发生碰撞之际，要认真地对待大国治理的现实基础与条件，审慎地重思特定理念所设定的"理想"图景，立足于当代中国的国情状况，形成能够有效回应大国治理实践的司法观。

第一章　县域治理结构中的基层法院

因为找盆子要比理解肯定的东西容易，所以人们容易陷入错误，只注意国家的个别方面，而忘掉国家本身的内在机体。*

——黑格尔

司法机关在国家治理结构中的定位是法治建构中的重要问题，而国家治理结构亦会直接地塑造相应的司法体制。按照西方学者所言的"纯粹分权理论"，以立法权、行政权、司法权分立为基础而形成的司法体制，能够忠实、有效地保证法律的实施。这是西方语境中关于法院的"理想化模型"的核心所在[1]。在当代中国语境中，司法机关在治理结构中的定位突出地体现为法院与地方治理系统之间的关系。对此问题，学术界

---

*　黑格尔. 法哲学原理. 范扬，张企泰，译. 北京：商务印书馆，1961：259.

[1]　夏皮罗. 法院：比较法上和政治学上的分析. 张生，李彤，译. 北京：中国政法大学出版社，2005：89.

形成"司法地方保护主义话语",认为目前存在的主要问题是司法的"地方化",要加强法院在地方的独立性,实现"去地方化",并且认为这是重塑司法权威、维护司法公正的关键所在。近几年的司法改革以司法权是中央事权作为基本定位而展开,这在一定程度上也体现了此种思路。不过,这并不意味着理论界所言的"去地方化"主张与决策者的改革布局完全一致。

在我国的国家治理层级中,县域治理具有基础意义,构成国家政权体系最为完整的基层结构,"县一级处在承上启下的关键环节,是发展经济、保障民生、维护稳定、促进国家长治久安的重要基础"①。基层法院处于县域治理的体制结构之中,其运行形态亦受此影响。实际上,最高人民法院也强调基层法院应当在县域治理中发挥作用。就影响基层法院运行的体制因素而言,最为重要的是党政体制②。党政体制中的法院和其他的国家机构之间的结构性关系,与西方体制中的法院和其他的国家机构之间的结构性关系存在显著差别。这种结构性关系构成塑造中国各级法院基本运行机理的体制性因素。中国的县域治理具有明显的统合性,这种统合性依托党政体制而展开并实

---

① 习近平. 做焦裕禄式的县委书记(2015年1月12日)// 习近平. 习近平谈治国理政:第2卷. 北京:外文出版社,2017:140.
② 景跃进,陈明明,肖滨. 当代中国政府与政治. 北京:中国人民大学出版社,2016:13.

现，强调由党委进行全面领导，实现对县域治理的主体、资源等进行整合与协调。在此意义上，从县域治理的视角考察基层法院，能够体现出整体性，在一定程度上折射出大国治理的复杂性，而不会将基层法院建构与运行视为孤立的问题。

在县域治理中，党政体制是基层法院赖以建构与运行的结构性因素，基层法院所依托的条块关系均在党政体制中展开。在这样的结构性因素影响下，以中央、司法系统、地方党委系统作为构成要素的"一体双轨"司法调节机制得以形成：一方面能够保证地方党委领导的县域治理权力结构的完整性，另一方面能够保证基层法院有较大的独立审判空间。总体而言，在基层实践中，党政体制对保障司法机关一定程度上的独立性起到积极作用，但在某些情况下也会存在一定程度的张力。对于此种张力，要通过政治生态治理和司法体制改革加以调节或克服，而非单纯通过强调司法机关独立抑或"司法去地方化"就可以实现。进而言之，从国家治理的制度逻辑来看，对于基层法院在政制结构中的定位问题，其方向并不在于使基层法院从地方治理系统的影响中脱离。

一 块块结构中的基层法院

依循中国共产党的组织原则，县域治理在党委领导下开展。无论是人大、政府、监察委，还是法院或检察院，都是在同级地方党委的领导下开展工作。基层法院是在由党委发挥领导作用，人大、政府、监察委等作为主要构成部分的块块结构中运行的①。

1. 党委对法院的领导

基层法院与地方党委之间的基本关系是：党委领导法院，法院参与党委统领的地方治理。党委对法院的领导作用主要体现在三个方面。

首先体现为通过"党管干部"的组织人事原则实现对法院的领导。法院系统实行干部双重管理，即地方党委和法院党组共同管理②，其中对领导班子成员采取以上级法院党组为主、地方党委协助管理的模式③。就法院与地方治理系统的关系来看，最为重要的是党委对法院院长任命的影响。基层法院院长

---

① 党的十九届二中全会审议通过《中国共产党中央委员会关于修改宪法部分内容的建议》，此后经由宪法确认，形成了人民代表大会制度下的"一府一委两院"的新格局。监察委的制度实践还没有长期展开，其中的实践机理并未充分呈现。本书主要研究长期历史实践经验，这种实践经验的基本逻辑具有较强的稳定性，不会因设置监察委而发生明显改变，故在这一章暂不讨论监察委与法院的关系。

② 参见《关于各级人民法院党组协助党委管理法院干部的办法》(1984年)。

③ 这种做法从20世纪80年代后期即开始在一些地区试行，《人民法院五年改革纲要》(简称"一五改革纲要")指出，"肯定试点取得的成果，认真研究试点中存在的问题，提出解决的办法"。

一般是副处级,在级别上相当于同级政府的副职领导干部①。按照下管一级的干部管理原则,基层法院院长的选任由市委主管决定,具体由市委组织部负责,市中院协管,县级人大选举产生。随着《中华人民共和国法官法》的出台和修改,上级法院在下级法院院长任命上的话语权更为突出。虽然正式决定者是市委,但是与市委相比,市中院更为熟悉拟任基层法院院长人选的情况,因此市委也会尊重市中院的意见。上级党委对基层法院院长的选任有决定权,市中院的意见在基层法院院长的任命上起主导作用,基层法院同级地方党委对法院院长的选任有建议权②。在市委对基层法院院长人选的考虑因素中,县委的意见和建议会有重要影响。一般来说,法院的院长和党组书记是同一人担任。有时拟任命为法院院长的人选,会通过县委任命为拟任职基层法院的党组书记,先到该院以党组书记名义主持一段时间工作。在党组书记和院长身份合一的情况下,为了避免可能出现的僵局,市委会重视县委对当地法院院长人选的意见和建议,市中院也会就基层法院院长人选问题与县委沟通。在实际操作中,基层法院院长人选一般是市委、市中院、

---

① 参见《关于加强地方各级法院、检察院干部配备的通知》(中办发〔1985〕47号)。

② 参见《党政领导干部选拔任用工作暂行条例》(1995年)第二十七条、《党政领导干部选拔任用工作条例》(2002年)第三十二条、《党政领导干部选拔任用工作条例》(2019年)第三十五条。

县委均能接受的人选。例如，在基层法院主要领导交接会上，市中院、县委组织部均派人出席会议。由此可见一斑。

党委对法院的领导作用还会通过法院党组来实现。党组是党的"执政中介"①，主要是同级党委的执行机构，与此同时在本单位发挥决策、指导、人事等方面的领导作用。在对法院院长人选任免话语权弱化的情况下，县委对基层法院的影响力主要依靠党的组织体系实现，其中最为重要的是设置在基层法院内的党组。基层法院党组的实际功能非常广泛，覆盖了法院各个方面的重要工作。例如，笔者在调研中了解到，江苏省X市H区法院的党组工作规则规定的党组会议研究决定事项包括：

（1）决定全院审判工作；（2）决定全院队伍建设的重大事项；（3）决定本院物质建设的重大事项；（4）提出全院法官管理制度改革的意见；（5）制定全院队伍培训规划和重要制度、措施；（6）研究决定本院内部机构设置和人员编制；（7）研究确定提请区人大常委会任免的本院审委会委员、庭长、副庭长、审判员人选；（8）研究决定本院助理审判员的任免；（9）指导院机关党委和纪检组的工作，定期听取机关党委和纪检组的工作汇报，加强党的自身建设；（10）研究落实区委、区人大、上级法院交办的

---

① 张书林. 论党的执政中介：党组. 江苏行政学院学报，2006 (3).

其他事项。

按照党的组织原则，基层法院党组是县委的派出机构，接受县委的领导，法院党组书记以及其他党组成员由县委决定。党委通过对包括党组书记在内的党组成员的任命，实现对党组的领导，通过党组对基层法院构成约束，发挥党组对司法活动的"价值引领职能"[①]。县委与基层法院党组之间存在制度性的联系渠道，例如派员列席法院党组会议、听取法院党组书记报告履职情况、对法院党组及其成员履职情况进行考核。按照党内组织原则，基层法院党组需要参与同级地方党委的一些会议和活动，主动以多种方式向党委递交信息材料、请示汇报工作（如审判执行业务专项报告，关于编制、职级、待遇、干部晋升等问题的报告），法院院长以党组书记身份参加党委中心组学习，传达党委中心组会议要求。党委和党组的这种领导与被领导关系，为法院党组贯彻党委要求、法院党组向党委反映法院面临的问题并提出建议提供了制度性渠道。

除此之外，党委还可以通过政法委"归口管理"实现对法院的领导。"归口管理"是指党对国家机关进行重组，将职能相关的国家机关、政府部门整合入党的管理体系之中，依靠党的对应职能部门来具体实现党的领导作用。法院、检察院、公

---

① 张瑞. 论法院党组在司法活动中的价值引领职能. 政治与法律，2022（2）.

安机关、国家安全机关、司法行政部门等均被纳入由党委政法委领导的政法系统。在对政法系统的"归口管理"中，政法委的作用主要体现在两个层面：一是实施和确保党委的领导作用；二是协调各政法部门的相互关系，防止权力运行的"孤岛化"。法院院长是政法委成员（政法委副书记或者政法委委员），法院可以通过政法委向党委常委或者常委会报告，也可以直接向党委常委或常委会请示汇报。政法委的基本工作制度有协管干部制度、联席会议制度、执法监督制度等。目前，政法委协管干部的职能已经普遍弱化，这一职能实际上主要掌握在组织部门。联席会议制度与执法监督制度之间存在一定的交集，这种交集主要体现为针对各政法机关之间存在重大分歧，或者是政策性强、社会敏感度高、社会影响大的重大、疑难案件，召开联席会议协调和督办。在一些案件的协调和督办过程中，政法委协调政法系统各机关以及政法系统以外的有关主体，推动党委决策的具体实施。近年来，政法委的职能有所转变，案件协调职能弱化。在 20 世纪八九十年代，各地政法委协调个案的职能比较强，甚至死刑案件的最终定案权有时也实际上由政法委掌握。但是按照现在的制度规定，政法委不再进行个案协调。在县域治理层面，县级政法委的主要工作是社会治安综合治理，与县级社会管理综合治理委员会办公室合署办公。随着公检法的专业分化日益深入，政法委由于人员少、得到的财政拨款有限，对很多问题无力顾及，协调能力存在不足。调研中笔者了解到,有的县级政法委的领导干部认为,现在政法委对法院、检察院的影响力已经普遍较弱。

在上述几个主要方面之外,县委对基层法院的领导作用还体现在一系列考核中,例如文明城市创建考核、党风廉政建设考核(上级法院党组也抓下级法院的党风廉政建设)、法治县(市、区)建设考核等,这些考核均在块块系统中开展。鉴于法院在地方治理中的重要位置,党委在考核中通常都会给法院比较高的评价。由于这些考核与年终奖励挂钩,法院总体上愿意参加与考核相关的活动。与此同时,这些考核有助于地方治理系统对法院形成一定程度上的约束。

2. 人大对法院的监督

各级人大及其常委会有听取和审议本级人民法院的工作报告、监督本级人民法院的工作、听取和审议有关专项工作报告、组织执法检查、开展专题询问、受理人民群众的申诉和意见以及依法选举或罢免法院院长等法定职权。人大及其常委会在党委领导下开展工作,人大对法院的监督实际上也是党委对法院发挥领导作用的重要途径。党委可以通过在人大常委会设置的党组以及在人大设置的党的基层组织,确保党委的意志在人大得到体现。在人大代表的构成中,来自行政系统的代表所占比例比较高,人大在很大程度上也会成为行政系统对基层法院进行制约的重要渠道。与人大相比,政协对法院工作的影响要小得多，法院不需要向政协报告工作，二者之间发生联系的方式更多带有"政治礼节"（X市中院某副院长语）的特点，法院会邀请政协委员等到法院视察、座谈。

从法定权力和职责上看，人大对基层法院的监督主要体现在三个方面：

一是任免基层法院院长等。基层法院院长由市委决定任命，但是在法定程序上，市委的任命需要以县委向县级人大提出任命建议的方式，经过县级人大选举、表决。现在的一般做法是实行等额选举，就党委推荐的唯一人选进行投票。县委除了可以通过党的组织渠道向市委提出建议影响基层法院院长人选之外，还可以通过人大施加影响。为了保证市委决定的人选在县级人大会议上通过，人大常委会需要依靠地方党委设置在人大的党组织（开会期间是临时党委①、各代表团的党支部，闭会期间是人大常委会党组）给与会代表做工作，以确保拟任命人选得到代表们的广泛认同，"推荐的人选确定之后，人大党组应该努力做好工作，使党的决定得到实现，并严格按照法律程序办事"②。在基层法院院长人选问题上，如果县委（县委在很大程度上会吸纳县域行政系统的意见）与市中院分歧较

---

① 临时党委的书记一般由县委书记兼任，副书记一般由县人大常委会主任、县长（一般同时是县委常务副书记）兼任，委员包括县人大常委会副主任、政协部分常委。

② 江泽民. 坚持和完善人民代表大会制度（1990年3月18日）// 江泽民. 江泽民文选：第1卷. 北京：人民出版社，2006：113.

大，市中院执意使用自己的人选，可能会在县级人大这一层面遇到阻碍。基层法院院长人选能否以高票在县级人大会议上当选，对其在该院以及在当地的政治威信会有重要影响。此种政治威信不仅仅是象征性层面的，在某种程度上也会影响到实际工作的开展。调研期间笔者访谈过几位基层法院院长，其中有的院长在县级人大会议上以全票当选。多位接受访谈的院长均表达了在县级人大的得票率对法院院长而言具有重要的政治意义。因此，一般来说基层法院院长人选会在市委、市中院、县委三者之间的共识地带产生。除此之外，基层法院副院长（本级党委决定，征求市中院党组意见）、中层干部（法院党组决定，报同级党委组织部审批）以及审判员（法院党组决定）均需经由人大常委会任免。

二是审议基层法院工作报告。在人大的诸多监督方式中，每年一次的人大会议听取和审议法院工作报告，在政治象征以及实际效果层面都十分重要。在法院内部，最为在意工作报告在人大会议通过情况的是院长。尽管实践中很少出现人大会议否决法院工作报告的情况，但是也偶有发生[1]。为了确保法院

---

[1] 例如2000年2月14日辽宁省沈阳市人大、2000年4月青海省共和县人大、2001年12月陕西省澄城县人大、2007年1月湖南省衡阳市人大，相继否决了同级法院的工作报告。姜敏，陈孟阳．沈阳中级法院报告未获市人大通过．人民日报（海外版），2001-02-15（4）；张泽涛．法院向人大汇报工作与司法权的行政化．法学评论，2002（6）；鞠靖．人大代表"否决"法院报告始末．南方周末，2007-02-01．

工作报告能在人大会议上顺利且高票通过，各级法院都会采取多种工作方法。例如，在每年的人大会议召开前夕，法院领导班子成员会对人大代表进行拜访、座谈；在人大会议上，法院会派出中层以上干部到代表讨论组，旁听代表的意见和建议；在人大会议后，法院会加大整理、处理、回复人大代表的意见和建议的力度。除了人大会议对法院年度工作报告进行审议之外，人大常委会还对法院的专题报告进行审议、对法院副职的述职报告进行评议。在接受笔者访谈时，一些法院领导班子成员坦言，人大常委会评议对被评议人没有实质性影响，评议结果不作为提拔、奖惩依据，但是在政治象征层面会有重要意义。

三是通过监察和司法委员会（简称"监司委"）实现常规性监督。监司委是人大专门委员会之一，负责对口联系监察委、法院、检察院、公安机关、国家安全机关、司法行政部门等。监司委对法院的常规性监督，如开展执法检查、进行专题调研评议、督促重要涉法涉诉信访件办理、督促法院纠正错误判决等工作，由分管监司委的副主任具体负责推动实施。人大可以通过常委会或监司委，审议、跟踪、问询法院对人大整改意见的落实情况。关于人大以何种方式对司法进行监督，在很长一段时间内存在争论。有的人认为人大只能对司法机关的宏观工作进行原则性的监督，而不能介入具体案件，否则会影响独立司法①。

在很多情况下,人大对法院的监督,实际上反映的是党政系统的意志。一般来说,人大常委会会自觉吸纳党委的施政要求,并通过人大系统表达和传输。人大在评议法院工作时,会把法院服务地方经济发展、社会稳定、廉政建设等情况作为重点评议内容。这些工作往往事关党委的中心工作,是对党委总体工作部署的具体实施。县级人大对这些工作进行评议,既能够得到县委的支持,也能够引导基层法院的工作重点。此外,人大对法院的监督反映的是以人大代表作为中介的地方"民意"。人大代表提议案是人大对法院进行监督的重要方式,也会成为法院参与地方治理的重要动因。例如,湖北省C县法院针对部分农村人大代表希望法院多到农村开展法制宣传的议案,召开党组会专题研究具体落实方案,陆续出台一系列规定,定期开展法律宣传、巡回审判、庭审观摩等活动。

鉴于人大的重要地位,法院也会积极采取多种方式密切与人大及人大代表的联系,例如,走访人大代表、举行法院开放日活动、组织代表旁听评议庭审、召开座谈会。在实践中,各级法院与人大代表之间的联系,不仅有例行公事的联络,也有建立友情的联络。例如,江苏省高院领导曾在会议中强调:

---

① 有关人大监督司法机关的讨论,参见李鹏.立法与监督:李鹏人大日记.北京:新华出版社,2006:487-565。

"做监督联络工作要用心做,不要光用力气做,就是要求我们注重与代表委员的情感交流,不能总是摆着一副公事公办的样子。平常时的一个电话、过节时的一声问候、见面时的几句家常,也许比我们费心劳神地搞一些活动更管用。"[1] 由此可见法院与人大代表之间联络的细微之处。从法院的角度看,积极主动与人大及其常委会、人大代表建立联系,会有益于法院工作的开展。这种益处尤为突出地体现在两个方面:一是增加人大对法院工作的了解和支持。例如,法院的工作报告在人大会议上能够高票通过,可以借助人大代表的社会关系资源有效化解纠纷。在调研中,湖北省N市C县法院院长曾坦言:"现在社会处于转型期,许多矛盾纠纷比较复杂,要求法院能够案结事了,妥善解决纠纷,而且还要防患于未然,这些工作往往都需要地方人大及人大代表的支持。"二是构建与社会公众沟通的媒介。在当前司法公信力不高、涉诉信访压力大的情况下,法院可以通过人大代表这一特殊群体搭建与社会公众进行沟通的桥梁。

3. 政府与法院的互动

在20世纪八九十年代,地方治理系统普遍地将基层法院

---

[1] 周继业. 在全省法院监督联络工作电视电话会议上的讲话(摘要). 江苏省高级人民法院公报,2014(4).

当作地方政府的一个部门，政府的许多会议和协调机构都会要求法院参加，此后最高人民法院出台文件予以纠正。目前，地方政府除了在一些涉及地方发展和稳定大局的重要事件上要求法院参与协调之外，主动要求法院参与特定工作的情况越来越少，地方政府与法院的互动关系与之前相比已经发生明显变化。法院与地方行政系统之间的联系主要包括四个方面：一是审理行政诉讼案件，二是审理非诉行政执行案件，三是法院在人财物等方面对地方行政系统的依赖，四是法院在执法办案过程中需要得到地方行政系统的支持。前两个方面主要体现为法院对地方行政系统的制约，后两个方面主要体现在法院对地方行政系统的依赖。实际上，无论是哪一个方面，法院与地方行政系统之间总体上呈现良性互动关系。对于这种良性互动，有基层法院院长在接受调研访谈时形象地将法院与地方行政系统之间的关系概括为"相敬如宾"，认为双方相互之间都有所需求，工作的顺利开展离不开彼此支持。

按照《中华人民共和国行政诉讼法》的规定，基层法院管辖第一审行政案件，对国务院部门或者县级以上地方人民政府所作的行政行为提起诉讼的第一审行政案件由中院管辖。基层法院受理的第一审行政案件的行政主体主要是县级各行政机关、乡镇政府。在对这类行政诉讼案件的审理中，基层法院通常不会对县级各行政机关和乡镇政府的行政行为实行刚性制约。在行政诉讼案件中，协调撤诉率高、行政机关败诉率低是普遍现象。近年来,对行政诉讼案件的考核导向已经发生转变,不再考核协调撤诉率。尽管如此,行政诉讼案件实际的协调撤诉率依然很高。无论是行政诉讼案件的审理,还是非诉行政执行案件的审理,法院通常不会对行政机关施加刚性制约,而是会通过多种渠道增进与行政机关的沟通协调。例如,以召开行政机关联席会议、发送司法建议、组织座谈交流、开展业务培训等相对带有柔性的方式,"针对执法难题与行政机关共商依法行政良策"(山西省Z市Q县法院行政庭庭长语),注重行政争议"实质性化解",而不是简单采取一纸判决的方式督促行政机关依法行政。

这表明司法实践中的司法权与行政权之间的关系,并不是《行政诉讼法》所预设的由司法主导的对抗-冲突关系,行政审判实践也不是"封闭对抗型行政审判模式"[1]。实际上,行政庭成为法院与行政系统建立联系的重要纽带,便于法院与行政系统建立互惠性、经常性的互动。目前,许多地方在实施行政案件集中管辖、交叉管辖,这一举措的全面推广会对大多数基层法院与当地行政系统之间的关系产生影响。四川省C市(县级市)法院行政庭庭长在访谈中曾谈道:"对行政案件集中管辖之后,这会让许多基层法院没有与地方政府打交道的途

---

[1] 章志远.开放合作型行政审判模式之建构.法学研究,2013(1):90-96.

径,自己把自己孤立起来了,法院的人平时生活工作中想得到一些帮助就会比较困难。绝大多数基层法院是不支持集中管辖、交叉管辖的。"

再来看法院与地方行政系统在第三个方面的联系。广为学界诟病的是法院在人财物等方面受制于地方政府。现在普遍的实际情形是,地方政府在人财物等方面对法院构成的约束在逐渐弱化,各级法院在人财物等方面的自主性日益增强。基层法院增编需要层报中央编委、编办批准,仅编制计划内用编需要报地方编办核准①。2004年以后,主任科员以下的非领导职务初任法官一律实行省级统一招考,考录工作由省委组织部主管,基层法院进人计划层报高院,由高院统一审核汇总,报省委组织部审批,统一向社会公布,合格分数线由高院商同级考试录用主管机关确定,拟录取名单经高院审核后报省委组织部审批。至于财政方面,目前各级法院的经费保障采取的是"多级财政共同负担的差异供给"模式②,分别由中央财政、省级财政、市级财政和县级财政予以保障。近几年的司法改革推行省级人财物统一管理③,但是在改革举措全面落实之前,地方财

---

① 参见《中共中央办公厅、国务院办公厅关于进一步加强机构编制管理工作的通知》(厅字〔2002〕7号)。

② 左卫民,等. 中国基层司法财政变迁实证研究(1949—2008). 北京:北京大学出版社,2015:341-345.

③ 郑涛. 预算法院的法理基础与实现路径:兼评法院经费省级统管改革. 法学,2021(9).

政对法院依然有一定的意义，法院会积极与地方党委、政府沟通，争取获得地方财政更多的支持。随着法院在地方治理中的地位日益重要，地方政府一般来说会在财政能力承受范围之内，尽可能地给法院提供较为充分的财政保障。

就第四个方面的联系而言，法院在日常的执法办案和运行管理中，需要地方行政系统支持和配合。例如，在化解"执行难"问题、处理突发事件、应对涉法涉访、开展基础建设、调整工资和福利待遇、返还经费等方面，法院都会积极地通过地方党委或政法委获得行政系统的支持。

从多个方面来看，法院与地方行政系统相互之间存在对彼此的需求。在此基础上，许多地方的行政系统会与法院积极开展共建活动。例如，湖北省C县法院与县政府签过共建协议，与县公安分局、水利局等行政机关签过共建协议，共建协议对双方之间经常性的交流、合作、互助作出了详细规定。这种状况与许多学者所期待的强调司法权对行政权的刚性制约存在显著差别。之所以如此，从根本上来说，这是中国地方党政体制运行逻辑的体现和产物。

二　条块互动中的基层法院

县域治理并非只在块块层面展开，也会受到块块的层级性以及条线关系影响。法院系统的"条条"与地方"块块"之间并不是分立关系,而是形成"条块结合"的互动结构,基层法院的运行受到这种互动结构影响。

1. 上下级法院关系的权力架构

按照《宪法》和《中华人民共和国人民法院组织法》,上下级法院之间是"监督"与"被监督"的关系。上下级法院关系的这种定位,主要是基于审级关系作出的界定,指的是因上诉、再审、死刑核准、减轻处罚核准等与审级相关的审判关系。但在实际运行中,上下级法院之间的关系并不是审级关系所能完全涵盖的。若要理解上下级法院在实践中呈现的关系,需要将之置于党政体制中来认识。

上下级法院关系经历了由相对疏远到日趋紧密的变化过程。调研中有资深法官谈道:

> 我20世纪90年代进入法院的时候,中院对基层法院很少介入,只是业务上的指导。那时候基层法院只是在一些具体案件上需要向中院汇报,其他方面的事务不需要向中院汇报,中院也不对基层法院有什么考核要求。现在完全就是领导了,基层法院院长实质上由中院决定,中院深度介入基层法院中。

从条块关系的角度看,法院的人员选任和工作管理由县委占支配地位逐渐转向由中院占支配地位,条条的影响力超过块块的影响力。这个转折点以1995年《法官法》颁布和2001年《法官法》修正为标志。2001年修正的《法官法》关于担任法官的必备条件规定:"高等院校法律专业本科毕业或者高等院校非法律专业本科毕业具有法律专业知识,从事法律工作满二年,其中担任高级人民法院、最高人民法院法官,应当从事法律工作满三年;获得法律专业硕士学位、博士学位或者非法律专业硕士学位、博士学位具有法律专业知识,从事法律工作满一年,其中担任高级人民法院、最高人民法院法官,应当从事法律工作满二年。"最高人民法院进一步明确规定:"法院的主要领导干部必须具有法官任职资格。"① 这一规定极大地限缩了地方党委对同级法院院长人选的影响,地方党委不再具有对法院院长人选的实质性决定权,而"上级人民法院党组协助管理"这一权力则成为实质性权力。

除了《法官法》和最高人民法院文件强化了上级法院对下级法院院长人选的影响力之外,党的有关干部任职管理的规定也强化了上级法院的影响力,其中非常重要的是关于实行异地交流任职的规定。异地交流任职的重点对象是"县级以上地方党委、政府正职领导成员及其他领导成员,纪委、人民法院、

---

① 参见《最高人民法院关于印发〈关于贯彻中共中央《关于进一步加强政法干部队伍建设的决定》建设一支高素质法官队伍的若干意见〉的通知》(法发〔1999〕22号)。

人民检察院和党委、政府部分工作部门的正职领导成员"[1]。目前,基层法院的普遍情况是,院长的籍贯多是本市其他区县,这就减少了院长与法院所在地的联系,降低了地方党政系统与拟任人选的熟悉程度,从而便于中院下派干部任职。

条条系统的强化增强了法院系统自上而下的支配力,使得法院管理体制的纵向一体化特点日益显现。下级法院的权力向上级法院集中,地方法院的权力向最高人民法院集中,从而形成了一种上命下从的金字塔形的权力结构体系。这种法院管理体制也被一些学者称为上下级法院关系的"行政化",要推动法院管理体制的"去行政化"[2]。但是,这种"去行政化"的设想和努力究竟能够走多远,其中的利弊得失究竟如何,这些都需要结合中国的党政体制来认识、判断和取舍。实际上,正是依靠这种管理体制:一方面,经由最高人民法院吸纳的中央意志能够在法院系统顺利传达;另一方面,可以提升各级地方法院在同级政权体系中的地位,增强司法权的独立性,促进实现司法权的中央事权属性。下级法院在当地办案受阻时,可以将问题反映到上级法院,上一级法院可以将问题反映到同级党委,通过同级党委对下级地方党委施加压力。上一级法院有权

---

[1] 参见《党政领导干部交流工作规定》(中共中央办公厅于2006年8月6日颁布)。

[2] 张卫平.论我国法院体制的非行政化:法院体制改革的一种基本思路.法商研究(中南政法学院学报),2000(3).

在整个辖区内履行对下级法院的监督职能，同时又不受下一级地方治理系统的领导，因此，上一级法院会成为制约地方法院同级治理系统的重要因素。例如，早在20世纪80年代，时任最高人民法院院长任建新就曾强调："党政职能分开后，党的领导主要是政治领导。法院必须坚持依法独立审判，必须依法办事，不能因某个领导人的一句话而违反这一宪法原则。这种情况主要发生在基层。如果遇到个别人干扰法院依法独立审判，法院要敢于顶住；万一遇到顶不住的情况，要向上级法院报告，上级法院要对下级法院坚持依法独立审判的行为给予支持。这不是不尊重谁的问题。"①

2. 县域治理任务的识别与传输

县域治理并不是孤立的，而是嵌在上下级关系之中。某一个县的治理任务，有其特殊性，同时也是上一级党委和政府治理任务的重要组成部分。与上一级党委和政府相比，县级党委和政府主要是执行者，上一级的治理任务一般也需要通过县域政权体系推动和实施。这样一来，基层法院与县域治理的关系就会变得比较复杂，如何识别、吸纳、传递县域治理的"大局"要求便会成为基层法院经常面临的问题。"大局"在县域

---

① 任建新. 高级法官应当既是法律家又是政治家（1988年7月27日）// 最高人民法院办公厅. 最高人民法院历任院长文选. 北京：人民法院出版社，2010：263.

治理中也会被称为"中心工作"或者"政治任务",来自各个层级的重要要求都可能在县域治理中成为影响"大局"的"中心工作"或"政治任务"。有效识别"中心工作"或"政治任务",是基层法院在县域治理中发挥作用的前提。目前,被学术界普遍诟病的是地方治理系统干预司法个案。然而,从对一些基层法院领导班子成员、一线法官的访谈来看,现在地方党委和政府出于县域治理考量,通过县级党政系统的制度性渠道影响司法个案的情况很少发生。不过,这并不意味着县域治理考量不会进入基层法院的工作之中。实际上,这种吸纳和传输日益主要依靠法院系统的自主吸收和转化。一方面,上下级法院之间存在审判业务上的联系;另一方面,党委通过设置在同级法院的党组保证党委的领导力。由此,县域治理任务不仅会通过县级党政系统对基层法院产生影响,还会通过嵌入党政体制的上下级法院关系产生影响。

由于存在"司法中心主义""司法地方保护主义"等强势话语的影响,为了避免可能出现的风险,县委更倾向于通过党的组织渠道将县域治理考量传递到上级党委,经由市委传递到市中院,再经由市中院传递到基层法院;在有些重要问题上,如果市委难以权衡其中的风险或利弊,会进一步向省委反映,由省委作出权衡,进而经由省委转化为省高院的司法政策,再通过省高院的司法政策指导下级法院的审判执行业务工作。除此之外,块块系统有其他可以制约条条系统的方法。例如,在具体操作中，地方党委可以通过"党政领导干部交流"的方式，将不积极配合地方治理系统总体工作布局的法院院长调到其他地方任职①。

在实践中，对于地方治理"大局"的判断实际上是一种政治判断。对此，时任最高人民法院院长肖扬曾言："大局与政治是密不可分的，凡属全局性的问题，都具有重大的政治意义。因此，大局意识在很大程度上又往往表现为政治意识，两者在本质要求上是一致的。""大局不是平面的，而是立体的；不是局部的，而是全局的；不是静止的，固定不变的，而是不断发展变化的。"② 最高人民法院、高院出台的一系列司法政策，从宏观上指导司法实践，增强各级法院对社会治理大局的宏观把握和驾驭能力，这里面既有地方大局和全国大局的关系，也有条条和块块的关系。对于在当地什么是大局、什么不是大局，什么是地方保护主义、什么不是地方保护主义，一些基层法院缺乏充分的政治能力和相关知识，法官对政治目标、经济社会发展总体趋势和要求往往缺少宏观把握能力，这些情况通

---

① 《党政领导干部交流工作规定》（2006年）第四条规定："交流的对象主要是下列人员：（一）因工作需要交流的；（二）需要通过交流锻炼提高领导能力的；（三）在一个地方或者部门工作时间较长的；（四）按照规定需要回避的；（五）其他原因需要交流的。"

② 肖扬. 审时度势 因势利导 把握队伍建设主动权：在全国法院队伍建设工作会议上的讲话（2002年7月5日）// 最高人民法院办公厅. 最高人民法院历任院长文选. 北京：人民法院出版社，2010：297.

常需要由地方党委根据多方面因素综合考量取舍并传输到法院系统。一般而言，即便地方党委对相关问题作出一定的判断和选择，为避免因"干预司法"而出现政治风险，党委通常只是在法律框架内提出原则性意见，而不会对案件的具体处理给出结论。

3. "一体双轨"司法调节机制

法院系统自上而下的调控力增强，并不意味着地方各级法院脱离党政系统的影响。实际上，法院"条条"关系强化的内在逻辑依然从属于党政体制中"条块"关系的动态调整。法院系统自上而下贯彻执行力的增强，为中央依托法院系统调整条块关系、调节中央与地方关系提供了重要渠道。在中国这样的区域差异显著的国家，中央出台的制度和政策，如果要在地方得到实施，须经过各层级政权体系的细化、调适。在此过程中，发挥细化、调适功能的主要是省级政权体系和市级政权体系。具体到司法问题上，中央与最高人民法院出台的相关政策要求，经过省委与省高院、市委与市中院的细化和调适，成为县级政权体系（包括基层法院）行为的具体依据。在各层级法院中，最高人民法院发挥着围绕党和国家政策制定并推动实施司法政策的职能，高级人民法院、中级人民法院充当最高人民法院的"政策助手"[1]，基层法院主要扮演具体实施相应司法

---

[1] 杜豫苏．上下级法院审判业务关系研究．北京：北京大学出版社，2015：181．

政策的角色。

在党政体制中，以民主集中制为基础，依托条块关系，形成了"一体双轨"司法调节机制，保障司法权的中央事权属性的实现。这里所言的"一体"是指中央，"双轨"是指司法系统与地方党委系统。根据不同时期的需要，"一体双轨"司法调节机制通过司法系统调节中央与地方关系，调整地方治理结构，确保基层司法最终不偏离中央事权属性。一方面是最高人民法院吸收中央对各个时期条块关系、中央与地方关系的要求，将之体现在一系列司法政策中，通过各级法院贯彻司法政策，实现以司法手段调控条块关系、调节中央与地方关系。另一方面是中央依靠党的组织体系和纪律规范，要求省、市、县各级地方党委将中央的要求吸收进本层级的决策中，并将其中一些事务上升为本层级的政治任务，通过同级法院党组将本层级政治任务传递到法院，法院根据接收到的要求调整审判执行的尺度。

在"一体双轨"司法调节机制中，法院的条条系统并不处于完全独立的位置，而是受中央以及地方党委影响，形成、传输和实施体现政治意志的司法政策。这种调节机制由来已久，例如 2003 年 8 月，江苏省南京市委为了贯彻党的十六大关于"切实解决执行难问题"的指示精神，在全市范围开展了案件集中执行活动，A 区委按照市委的要求在本辖区开展工作部署，A 区法院响应市委和区委的部署，开展集中执行活动。经过 70 余天的奋战，列入集中执行活动的 176 件重点案件被攻克 144 件，执结标的 380 万元（《A 区法院 2003 年工作总结》）。又例如在 20 世纪 90 年代，针对当时的"地方保护主义"问题，最高人民法院吸收中央关于遏制地方保护主义的决策①，建立高级人民法院统一管理执行工作的执行体制以化解深受"地方保护主义"影响的"执行难"问题②。

需要指出的是，这样的调节机制也能够成为基层法院克服地方党委、政府不当干预的重要机制。在调研中了解到一起非常典型的事例是，江苏省高院于 2014 年 3 月向省人大常委会专题汇报了全省法院行政审判工作，个别地方法院行政审判中存在的不立不裁、过度协调以及行政机关败诉率过低等问题引起了人大代表的关注。此后，2014 年 5 月，江苏省高院到无锡进行现场办公，与当地党委、政府主要领导当面交换意见，要求无锡两级法院以"依法受理、依法裁判"为原则，积极稳妥地疏导一批、判决一批、化解一批，彻底清理，不留死角。同时，江苏省高院党组还派出专门工作组，在无锡开展驻点督办。截至 2014 年 10 月底，无锡地区行政案件不立不裁问题已

---

① 《中共最高人民法院党组关于解决人民法院"执行难"问题的报告》提出："要强化执行机构的职能作用，加强执行工作的统一管理和协调。"

② 关于地方生态对执行的影响，有学者做过细致的分析，参见于龙刚. 基层法院的执行生态与非均衡执行. 法学研究，2020（3）：105-109。

经得到彻底解决。

不仅如此，这种"一体双轨"司法调节机制对于化解跨区域案件中的地方保护主义也有积极意义。基层法院审理的绝大多数民事、刑事、行政案件基本上是同一县域内的纠纷，而不太会溢出县域范围，然而有相当部分的商事案件会溢出县域范围，涉及跨区域的不同主体，再加之商事案件对地方经济有明显影响，案件审理中也更易出现地方保护主义。从对审理商事案件的基层法院法官访谈了解的情况看，商事案件审理中的地方保护主义经常出现，而且多会对案件公正审理产生消极影响。由此就会产生一对矛盾：一方面，市场经济要求打破区域之间的壁垒，商事法律的统一性要求也会比较高；另一方面，在既有制度结构中，基层法院无法对跨区域的其他市、县党政系统直接施加影响，较为缺乏自主应对这种地方保护主义的能力。在这种情况下，"一体双轨"司法调节机制在很大程度上有助于化解跨区域案件中的地方保护主义，从而保障法律适用的统一性。对于这类案件，基层法院以及法官采取的主要方法或策略是，对于本市范围内、跨不同县（市、区）的案件，将地方保护主义问题反映至中院，由中院向对应县级政府做批示；对于本省范围内、跨不同地级市的案件，则将地方保护主义问题反映至高院，由高院向对应地级市政府做批示；至于跨省域案件中的地方保护主义，则可以通过层报最高人民法院解决。对于本省范围内的案件，一般而言层报至高院一级即可解决。当然，层报上级法院耗费时间较长，可能不利于问题的及时化解。正因如此，从司法体制的长远发展看，省级统管是解决跨区域案件中地方保护主义的治本之策，但这一改革举措的彻底实施仍需时日，无法一蹴而就。

从司法调节机制来看，基层法院落实中央的要求、依法行使司法权，不仅依靠最高人民法院自上而下传输，也依靠地方党委系统支持。2016年中共中央办公厅和国务院办公厅印发的《党政主要负责人履行推进法治建设第一责任人职责规定》就明确了党政主要负责人是推进法治建设第一责任人。各级地方党委并不是完全被动地落实中央的要求，而是会根据中央要求的强度、组织纪律手段的刚性程度，将当地具体情况融入传输过程，或者将政策执行过程中遇到的困难通过组织渠道逐级向上级党委乃至中央反映，从而促成调整条块关系。这一点在行政案件审判中体现得尤为明显。基层法院若要通过审判（特别是行政审判）顺利实现对行政机关的监督，需要得到党委支持。近年来，随着法治建设日益成为中央关注的重点，不少地方建立了"法治县（市、区）"考核体系，将行政机关负责人出庭应诉纳入考核体系，作为县（市、区）党委法治建设工作的重要内容。正是通过将有关行政审判的一些要求纳入各级党委、政府的关注点和议题之中，行政审判活动的开展才能得到保障。

三 党政体制中的司法定位

上文呈现的基层法院与地方党政系统、基层法院与上级法院之间的互动形态以及具体机制有着深层的制度逻辑。要对这种制度逻辑予以把握，我们需要深入党政体制主导的国家治理结构之中来理解。

1. 党对司法机关的一元化领导

党的一元化领导是中国社会在整体性危机的背景下形成的政治运行机制。中国一度形成政党、国家、社会高度整合的"总体性社会"。随着社会结构变动，国家治理模式予以调整，改革前的总体性支配权力为技术化的治理权力取代[1]。然而，中国的党与国家、党与社会、国家与社会之间并未变为分离关系，依然存在较高程度的整合，形成了以党为中心的紧密联系的治理体系。这种治理体系带有显著的一体化的组织结构特征，有助于完成超常规的战略任务。对此，党的十九大报告强调："党政军民学，东西南北中，党是领导一切的。"

党政体制形成了分权结构与集权结构并存、以集权结构为

---

[1] 渠敬东，周飞舟，应星. 从总体支配到技术治理：基于中国30年改革经验的社会学分析. 中国社会科学，2009（6）.

主导的格局。分权结构强调相互制衡，集权结构强调相互协调、配合以形成合力。就地方治理而言，集权结构主要有两层含义：一是地方党委有对同级政权体系的领导权，地方治理权由党委掌握；二是党中央对各级地方党委掌握治理权的方式和程度有最终决定权，亦即"全党服从中央"。在这两者中，前者是后者的重要实现方式①。这里所言的分权结构是指国家机构在党的领导下形成分工而非分立的关系模式，党的组织体系是不同国家机构之间协调、配合的重要机制。正如彭真所言："我们说，各级公、检、法机关还是由各级党委来统一领导，党的领导还是一元化。这个一元化，我们长期经验证明是好的。"② 在这样的体制中，司法体制改革所要面对的一个重要问题是如何"把党总揽全局、协调各方，同审判机关和检察机关依法履行职能、开展工作统一起来"③。

党对法院的领导力的维系，依托三个层面的重要机制。一是宪法和法律、党内法规共同设置的权威结构。嵌入党政体制

---

① 1958 年 3 月 8 日彭真在主持中共中央书记处会议时说："把各级党委抛开，服从党中央就名存实亡。"《彭真传》编写组. 彭真年谱：第 3 卷. 北京：中央文献出版社，2012：295.

② 彭真. 关于社会主义法制的几个问题：一九七九年九月一日在中央党校的讲话（摘要）. 红旗，1979（11）.

③ 习近平. 深化司法体制改革（2015 年 3 月 24 日）// 习近平. 习近平谈治国理政：第 2 卷. 北京：外文出版社，2017：131.

的法院与其他国家机构都是在双重制度中运行：一套是以宪法为基础所设定的国家法律制度，另一套是中国共产党的党内规范性文件所设定的党的组织制度。在一般的具体业务中，主要是前一套制度发挥作用。后一套制度主要体现为党通过在法院设立党的基层组织以及党组，将党的组织体系和纪律规范延伸到法院。对于实现党对法院的领导而言，最为重要的是法院党组[1]。二是基于党委掌握的各种治理资源所形成的利益配置机制。在党委掌握的治理资源中，最为重要的是对人员任用的决定权，亦即"党管干部"。党管干部采取的是分级管理、层层负责、适当下放人事管理权的方式。不同层级的法院院长、同一法院内不同级别的干部，分别被纳入相应的干部管理序列，接受一级党委管理。除人事权之外，各级党委还掌握编制、福利待遇等方面的最终决定权。三是"党领导一切"的意识形态。无论是中央、地方各级党委，还是法院系统，都会强调"党领导一切""服务大局"等话语，这种话语在很大程度上塑造着中国法院的运行形态。

---

[1] 关于党组在非党组织中发挥领导核心作用，党的十六大修改的党章第一次提出，党的十八大修改的党章沿用这一表述。《中国共产党党组工作条例（试行）》（2015）第三条第四项使用的是"领导核心作用"一词，此后颁布的《中国共产党党组工作条例》（2019）将试行条例中有关党组的"领导核心作用"改为"领导作用"。

2. 中央-地方关系与条块关系

对于中国这样一个大国，中央与地方关系是重要的宪制问题。正如毛泽东所言："处理好中央和地方的关系，这对于我们这样的大国大党是一个十分重要的问题。这个问题，有些资本主义国家也是很注意的。它们的制度和我们的制度根本不同，但是它们发展的经验，还是值得我们研究。""省市也要注意发挥地、县、区、乡的积极性，都不能够框得太死。当然，也要告诉下面的同志哪些事必须统一，不能乱来。总之，可以和应当统一的，必须统一，不可以和不应当统一的，不能强求统一。正当的独立性，正当的权利，省、市、地、县、区、乡都应当有，都应当争。这种从全国整体利益出发的争权，不是从本位利益出发的争权，不能叫做地方主义，不能叫做闹独立性。"① 邓小平也强调："凡属全国性质的问题和需要在全国范围内作统一决定的问题，应当由中央组织处理，以利于党的集中统一；凡属地方性质的问题和需要由地方决定的问题，应当由地方组织处理，以利于因地制宜。"② 在

---

① 毛泽东. 论十大关系（1956年4月25日）// 毛泽东. 毛泽东文集：第7卷. 北京：人民出版社，1999：32，32-33.
② 邓小平. 关于修改党的章程的报告（1956年9月16日）// 邓小平. 邓小平文选：第1卷.2版. 北京：人民出版社，1994：228.

我国，处理中央与地方关系的一个重要的宪法原则是"两个积极性"。《宪法》第三条规定："中央和地方的国家机构职权的划分，遵循在中央的统一领导下，充分发挥地方的主动性、积极性的原则。"即便在 20 世纪 80 年代因放权削弱了中央的权威，中央开始提出要加强集权的情况下，中央决策层依然强调要发挥"两个积极性"："充分发挥中央和地方两个积极性，是国家政治生活和经济生活中的一个重要原则问题，直接关系到国家的统一、民族的团结和全国经济的协调发展。……总的原则应该是：既要有体现全局利益的统一性，又要有统一指导下兼顾局部利益的灵活性；既要有维护国家宏观调控权的集中，又要在集中指导下赋予地方必要的权力。"① 中央与地方的关系可以进一步延伸到各级地方上下级关系。

"两个积极性"是动态的，而非静态的，不同时期中央和地方"积极性"的定位会有调整。在具体的运行过程中，中央与地方关系的调节通过条块关系变动而实现。毛泽东曾用"条条"和"块块"来形容中国地方治理中出现的特殊的政治形态。例如，1956 年 2 月 14 日，他在听取薄一波汇报国务院三办工作时有一段开场白，讲的是发挥地方积极性问题。毛泽东说："我去年出去了几趟，跟地方同志谈话，他们流露不满，

---

① 江泽民. 正确处理社会主义现代化建设中的若干重大关系 (1995 年 9 月 28 日) // 江泽民. 江泽民文选：第 1 卷. 北京：人民出版社，2006：471-472.

总觉得中央束缚了他们。地方同中央有矛盾,若干事情不放手让他们管。他们是块块,你们是条条,你们无数条条往下达,而且规格不一,也不通知他们;他们的若干要求,你们也不批准,约束了他们。"① 条块关系的调整,最终要体现在县一级,县一级的积极性直接影响到中央与地方关系调整的成效以及社会治理效果。例如,邓小平曾经强调:"特别要抓好县委一级,建立一个强有力的县委可是重要啊!""军队是团,地方是县,为什么总讲县、团级呀,就是这个道理。"② 陈云也强调:"政策要根据当地的实际情况具体化,谁来'化'?主要是县委。"③

在中国的党政体制中,通常讲的"条块关系"是在强调"以块为主"的基本格局下,通过条条系统的权力收缩与扩张,动态平衡中央与地方关系,调整地方治理的权力格局,发挥中央与地方两个积极性。在条块关系中之所以强调"以块为主",与中国共产党组织体系的运行原则有紧密关联。每个条条内部

---

① 薄一波.若干重大决策与事件的回顾(修订本).北京:人民出版社,1997:499.

② 邓小平.各方面都要整顿(1975年9月27日、10月4日)//邓小平.邓小平文选:第2卷.2版.北京:人民出版社,1994:36;中共中央文献研究室.邓小平年谱(一九七五——一九九七):上.北京:中央文献出版社,2004:107.

③ 陈云.做好商业工作(1956年11月19日)//陈云.陈云文选:第3卷.2版.北京:人民出版社,1995:31.

都会设置党组（特殊情况会设置党组性质的党委）。从党的组织关系的角度来看，条条里的各级党组并不是服从条条中的上级党组，而是服从本级党委，从而保证本级党委的领导作用①。就地方治理而言，最为重要的是条块关系。总体而言，单一制国家更注重通过立法、行政乃至政党政治来调节，联邦制国家更注重通过司法来调节②。随着司法在国家和社会治理中的作用越来越凸显，近年来司法也正在成为我国调节条块关系的一种重要方式。晚近以来我国的司法改革表明，中央试图通过司法系统的"条条关系"的调整，收缩地方"块块"权力，以加强中央权威。

中央与地方关系、条块关系的处理都需要通过一定的管理责任机制来实现。在诸多管理责任机制中，属地管理责任的重要性最为显著。中国的中央与地方之间形成上下分治的治理格局，中央主要掌握选拔、监督、奖惩官员的权力，而管治各地事务和民众的权力则由地方具体掌握。这种上下分治的体制，能够分散执政风险、调节集权程度，既保证中央对地方的制约与管控，也给予地方较大的自主空间③。为了落实治理责任，

---

① 参见《中国共产党党组工作条例（试行）》（2015）第四条、第六条第一款。

② 郭殊. 中央与地方关系的司法调控研究. 北京：北京师范大学出版社，2010：123-162.

③ 曹正汉. 中国上下分治的治理体制及其稳定机制. 社会学研究，2011（1）.

国家强调属地管理,以建构有助于压实地方治理责任的权责体系,调动地方"块块"治理的主动性,将矛盾化解在基层。在属地管理的责任体系中,县级、乡级党委和政府的责任尤为沉重。对此,调研中有县委领导曾感慨道:"地方党委和政府是万事管,地方责任是无限大。"之所以将属地管理作为基本治理原则,很重要的原因是,地方治理需要能够统筹协调各方的领导主体。属地管理意味着地方党委和政府承担治理责任,这要求地方党委能够掌握比较完整的治理权。在这样的管理责任机制中,党委依据党的组织原则承担政治输出的功能,有对其他机构和部门的领导权;政府掌握大量行政资源和诸多社会治理资源,主要是党委决策的执行者,既承担一般的行政性事务,也参与党委的政治动员,完成政治任务。这种治理责任和压力在地方各个国家机构之间并非均质分布。与党委、政府相比,法院是地方治理的重要参与主体,但是并不处于责任体系的中心地带。

由于地方党委承担着最为全面和繁重的治理责任,这就需要其能够掌握比较完整的治理权来应对诸多社会治理问题。如果地方党委掌握的治理权被政权体系各个组成部分分割,各个组成部分之间难以达成协调与合作,就会阻碍地方治理体系的有效运行,削弱地方治理能力。从司法体制与地方治理体系的适应性来看,如果法院按照形式法治的逻辑运行,那么会对地方党政系统构成硬性约束,可能影响地方党委、政府及时有效地应对一些治理问题的能力,制约党委"集中力量办大事、办好事"的政治优势的发挥。然而,如果法院对地方党政系统的制约力很弱,也容易导致司法权的中央事权属性弱化,地方行政权运行突破法治边界,出现地方保护主义。因此,司法体制改革带来的地方权力结构调整,既要与属地管理的责任体系相适应,保障地方党委统领的地方治理权的有效性,也要有助于保证法院对地方党政系统施加必要的制约,保障司法权的中央事权属性的实现。前面所言的"一体双轨"司法调节机制正是依托这种制度逻辑而展开。

3. 对"司法去地方化"的审视

在党政体制中,我国的地方治理实行的是"条块结合,以块为主"的治理结构,法院建构与运行亦嵌入这种治理结构之中。从前面讨论的制度逻辑来看,部分学者期望通过推动法院从地方党政系统中完全独立来实现"司法去地方化"的主张缺乏现实可行性。对于政治家而言,不仅要考虑到司法权本身的运行,还要考虑到司法权与外部权力架构之间的融合度和契合性,特别是要将司法体制置于中国特定的党政体制中进行考察。

首先来看地方党委对法院的领导。地方党委对地方治理体系实行领导,这是党在革命年代探索出的实践模式,在社会主义建设时期和改革开放中不断发展并日渐成熟。各级党委对同级国家机关实行领导,有助于实现政权体系各个组成部分之间的整合,避免出现相互掣肘的政治僵局,有利于发挥集中力量办大事的优势。当然,地方党委领导权的行使也可能会出现异变,偏离中央的集中统一领导,在司法领域导致地方保护主义,损害司法权的中央事权属性,影响司法公正。

就此而言,有两个问题需要加以讨论:

一是地方党委对司法权的不当干预或者徇私干预是普遍问题还是个别问题。对此,调研中访谈过的X市中级法院一位副院长谈道:

> 我在法院工作了30多年,可能在80年代、90年代的时候,党委、政府关注一些经济案件。当时有很多国企也非常强调招商引资,政府会主动干预具体案件。这十几年,这方面已经不是主要问题了。现在,有经济纠纷也无所谓,都是民营企业,又不是政府的,而且,与以前相比,现在招商引资的环境也发生了很多变化,政府也不会多么主动地去关注这些个案。

目前,直接来自党委的基于地方治理考量的对法院的"治理性干预"越来越少,而徇私干预的实质是腐败,必定存在利益交易,与基于地方治理考量所作出的"干预"存在本质差异①。实际上,徇私干预的现象并不是单纯弱化或取消地方党

---

① 陈柏峰.领导干部干预司法的制度预防及其挑战.法学,2015(7):38-40.

委对法院的制度性领导权就能够避免的。

二是地方党委对法院的影响是否就是消极的。"司法去地方化"观点的潜在假设是褒扬法院和法官，贬抑党政系统和党政干部。但是，这一假设在经验上无法成立，是在用非人格化的抽象符号代替对真实经验的认知。在实践中，不能简单地遵循纯粹的司法中心主义立场来判断地方党委对法院影响的利弊，而是需要采取综合性的立场统筹考量，将地方治理与司法权独立公正行使相结合。特别是在我国的治理结构中，地方党委居于地方治理的核心，所要承担的地方治理责任尤为重大，不应片面地认为其所作出的治理考量不具有正当性。

再来看人大对法院的监督。在人民代表大会制度下的"一府一委两院"格局中，人大有对同级法院进行监督的权力。有论者认为，人大对法院的监督是导致"司法地方化"的重要因素，因此要改革人大的监督方式。对此，有学者提出，应该将最高院和高院在同级人大会议上的工作报告内容调整为主要针对年度经费支出、日常行政事务管理、辖区法官队伍情况，而不应涉及法院的审判执行业务工作。在法院人财物实现省级统管之后，市、县两级法院向同级人大汇报将无必要，应逐步取消[1]。还有学者提出，如果地方人民代表大会否决法院工作报

---

[1] 张泽涛．法院向人大汇报工作的法理分析及其改革：以十八大以来法院体制改革为主线．法律科学，2015（1）：66．

告，法院院长无须承担政治责任①。这样的设想无疑会弱化人大对法院的监督，在现有政制结构中不具有可行性。

更为重要的是，弱化甚或取消人大对法院监督的观点，没有认识到人大监督的必要性。实际上，加强人大的司法监督正是针对司法不公问题。时任第九届全国人大常委会委员长的李鹏曾言："目前司法不公问题比较突出，人民群众有意见。八届全国人大对高法、高检报告赞成票逐年降低，九届全国人大一次会议对高检赞成票也只刚过半数。……对公检法如何实施监督，是一个没有解决好的问题。"② 自"四五改革"开始，司法改革推动省级以下法院人财物省级统管，这会让省级以下法院行使司法权的独立性因法院系统层级监督的强化而减弱，因上级法院对下级法院干预而出现司法不公的可能性反而会增大③。在这种情况下，地方人大行使监督权可以在一定程度上弱化甚或消弭这种负面影响。这种制约平衡机制有助于实现司法权的中央事权属性，促进法治统一。实际上，人大监督并不是要替代法院审判。人大的个案监督是依靠法定程序向司法机

---

① 陈卫东. 司法"去地方化"：司法体制改革的逻辑、挑战及其应对. 环球法律评论，2014（1）：61.

② 李鹏. 立法与监督：李鹏人大日记. 北京：新华出版社，2006：487.

③ 有学者的研究也指出上级法院对下级法院干预的制度空间在增加，由此衍生出司法系统内部的行权失范问题，参见刘忠. 司法地方保护主义话语批评. 法制与社会发展，2016（6）.

关提出询问和质询、提出意见，而不是干预正常的司法程序，更不是替代司法机关办案。针对个案监督中存在的偏差，有些地方人大在探索建立人大个案监督工作回避制度，以保证法院依法独立行使审判权。

同样重要的是重新认识基层法院对行政机关的制约。在县域治理中，除了党建、人事任免等工作由党委常委会独立决定之外，经济、社会、信访、科教文卫等各个方面的工作都是实行"党委一把手负总责，行政一把手具体抓"的工作模式。在这种模式中，党委和政府的职能虽有差别，但更有统合性，形成集政治表达和行政执行于一体的党政组织体系[①]。从组织原则上看，法院没有制约同级党委的权力，但是法院可以通过在诉讼活动中对具体行政行为的合法性进行审查来制约和规范行政权力，进而在很大程度上实现对同级党委的约束。

对此问题的认识，需要注意两点。一是在行政权行使的规范性和灵活性之间保持一定的平衡。与省、市级行政主要定位在宏观管理层面相比，县域的基层行政定位更多是末端执行。基层行政具有综合性、风险性、不规则性等特点，需要有较多的灵活性或者政策转化的自主空间，难以完全与严格的科层体

---

① 欧阳静.政治统合制及其运行基础：以县域治理为视角.开放时代，2019（2）.

制和现代法治要求相匹配①。一方面需要通过司法权规范县域行政主体的权力运行,另一方面又要给予县域行政主体一定的灵活空间。正如社会学者周雪光所言,独立的司法裁决"对地方政府解决实际问题的能力加以刚性约束,从而限制了有效治理的灵活性"②。二是关于跨行政区划法院的必要性问题。目前,针对县级政府行政行为的诉讼由中院审理,这在很大程度上可以有效地避免因基层法院在地方政制结构中的相对弱势而产生的监督难题,无须通过改变法院的行政区划设置来实现司法权对行政权的监督和约束。对于司法改革中正在探索的跨行政区划改革的实践效果,现在还不能简单地作出评判,需要进一步观察。例如,如何对跨行政区划法院实施党的领导,如何处理跨行政区划法院与现有"条块结合,以块为主"的地方治理格局之间的关系,这些都是在实践中无法回避的问题。

从上述分析来看,在党委统领的地方治理体系中,各个组成部分之间存在一定程度的相互制约,不仅法院有制约其他主体的权力,其他主体也有制约法院的权力;与此同时,彼此之间的协调与合作,在很大程度上正是依托党委领导的统合机制

---

① 杨华. 县乡中国:县域治理现代化. 北京:中国人民大学出版社,2022:237-239.
② 周雪光. 权威体制与有效治理:当代中国国家治理的制度逻辑. 开放时代,2011(10):79.

以及相互之间存在的制约机制而实现。这种关系与许多理论研究者所期待的由法院对其他主体实施单向度制约存在显著差别。然而，正如有学者所言："不同权力主体之间的相互纠缠或相互'干预'，恰好还构成了一个政权内部各个分支机构之间相互联系、相互交往的纽带，构成了一个政治共同体内部的黏合剂。"[1]

小　结

从整体本位范式来看，法院在政制结构中的定位绝非"司法去地方化"抑或"司法地方保护主义"的口号式呐喊那么简单。在党政体制统摄的国家治理体系中，国家以及地方治理带有很大程度的整体性和统合性，需要由一定的主体（党委）来领导和统筹，否则有效治理就难以实现。基层法院在地方治理体系中的位置，尤其是与地方党政系统的关系，并不存在"黄金分割点"，更多的是政治性权衡，取决于决策层对特定时期治理状况的判断。依托党政体制运行的"一体双轨"司法调节机制：一方面有助于保证基层法院有较大的独立审判空间，提升司法能力；另一方面也有助于保证地方党委主导的县域治理

---

[1]　喻中. 从"行政兼理司法"到"司法兼理行政"：我国"司法—行政"关系模式的变迁. 清华法学，2012（5）：20.

权力的完整性。如果说对较高层级的地方国家权力体系需要加强权力制衡，防止可能出现的地方权力分割化危机，那么对县一级国家权力体系则不必如此，因为其政治能量低，不足以引发这种危机。而且，县一级国家权力体系要直接面对和处理诸多社会治理难题，因此使这一层级权力保持较高的统合度和灵活性就显得尤为必要。尽管本章以县域治理作为考察法院定位与运行的切入点，县域治理与市域、省域等更高层级治理也有明显差别，但鉴于县域治理的基础性地位以及我国各个治理层级的职责同构性，这一章基于条块关系对基层法院展开分析所揭示的制度逻辑实际上并不限于县域治理，而是对跨区域乃至"全域"治理也有一定意义。我们甚至可以认为，基于这种制度逻辑而运行的基层法院，实际上成为各个层级法院在我国整体治理体系中的一个缩影。

《中共中央关于深化党和国家机构改革的决定》（2018）指出，"强化党的组织在同级组织中的领导地位"；《中国共产党政法工作条例》（2019）对于地方党委在贯彻党中央精神的前提下对本地区政法工作的领导责任也作出了明确规定。这些都表明，党政体制依然构成塑造和进一步影响中国司法运行实然状态的结构性因素，司法权的中央事权属性的实现依然要依托这种体制架构。进一步来看，这一逻辑也体现了地方法院具有一定程度的地方性，而这种地方性是国家司法权的空间表达①，与"地方保护主义"存在本质差别。尽管有些地方保护主义会借助这种制度结构而产生，但现有的制度结构仍然有应对地方保护主义的方法策略以及制度性举措。对司法改革在此方面的方向和具体举措的把握，要建立在对国家治理制度逻辑深入理解的基础之上。

---

① 李小萍. 论法院的地方性. 法学评论，2013（3）.

第二章　县域治理与基层法院的组织形态

　　运用一个设计理论来评价另一个以不同设计理论为基础的体制的特质，会导致深刻的误解。*

——文森特·奥斯特罗姆

　　在对我国法院组织形态的诸多批评声音中，最为盛行的是"司法行政化"话语，这种主张认为法院内部管理带有明显的"行政化"色彩，削弱了法官的独立审判权，影响审判公正。这一批评具有积极意义，但也有明显的偏颇之处。有关法院运行"行政化"的批评话语，确实在一定程度上有助于促进与增强审判权运行的自主性。自"一五改革纲要"（1999—2003）制定和实施以来，不同时期改革的重心有所差别，不过历次司法改革有关法院组织形态方面的举措都将"去行政化"作为重

---

　　* 奥斯特罗姆.美国公共行政的思想危机.毛寿龙，译.上海：上海三联书店，1999：105.引用时对译文略做修改。

要目标,在增强法官行权独立性方面取得了明显的成效。"四五改革纲要"以通过"去行政化"实现放权作为基调,强化独任法官与合议庭的地位及责任,弱化院庭长的管理权限。然而从实践经验层面看,"四五改革"方案的实施状况并不完全契合改革设计者的期待,学者们普遍倡导的"法官独立"的目标也并未完全实现。在此方面,一个突出的表现是改革在具体实施中对法官行权的边界有所保留,强调对法官行权进行"全过程监督"[1],强调要处理好放权与监督的关系[2]。对于这种状况,一些论者认为是因为改革不彻底,没有深入推进"去行政化"。如果主要原因在于改革不彻底,那么依靠高位推动实施就可以促进彻底改革。然而问题是否真的只是如此?

经过历次改革纲要的实施,我国法院组织形态发生了显著变化,不过在一些方面也保持了一定的稳定性。这表明我国法院组织形态有着较为稳定的深层结构,只有深入把握其中的机制,才能更好地认识利弊得失。特别是 2019 年 2 月最高人民法院发布的"五五改革纲要",在延续此前改革方向和一系列具体部署的基础上,无论是政治性方面,还是审判权运行方

---

[1] 参见《最高人民法院关于落实司法责任制完善审判监督管理机制的意见(试行)》(法发〔2017〕11 号)。

[2] 李少平. 正确处理放权与监督 坚定不移全面落实司法责任制. 人民法院报,2018-03-28(5).

面，抑或法院其他管理方面，都更加凸显法院行权的整体性，而非法官个体意义上的独立①。然而"去行政化"话语的盛行，使得很多人忽视了对法院建构与运行整体逻辑的恰当把握。组织形态是一个组织在时空之中的表现形式②。形态是一种结构性要素，不同的元素经过有机的排列组合会构成多种形态。《人民法院组织法》《法官法》等法律基于司法权的特征，对法院的职权、组织机构、人员构成、人员管理、上下级法院关系等作出了规定，这些规定为基层法院组织形态设定了基本框架。不过，影响基层法院组织形态的构成要素并不限于《人民法院组织法》《法官法》等法律所设定的框架，也包括由其他制度文本（尤其是党内法规）、实践活动所形塑的结构性因素。实际上，许多批评者所认为的"行政化"并不单指前述法律设定的基本框架，也包含着其他方面因素的影响。不过，这种"去行政化"话语用笼统的标签遮蔽了法院组织形态与党政机关组织形态的显著差异，同时也忽视了我国法院组织形态的深层影响或形塑机制。若要把握其中的深层机制，须以更为开阔的视野整体性地考察法院建构与运行。

---

① 2019年2月，最高人民法院工作人员在关于"五五改革纲要"的答记者问中指出，应当从法院整体责任的角度来理解"让审理者裁判，由裁判者负责"。

② 对于"组织形态"的详细讨论，参见杨少杰. 进化：组织形态管理. 北京：中国发展出版社，2014：32-40。

对于问题的诊断，或者说什么是需要解决的问题，基于不同的立论基础和出发点会得出不同的结论。概括而言，学术界有关法院组织形态的讨论主要有"法官个体本位"和"法院整体本位"两种范式。这一章依然延续导论中已经阐述的法院整体本位范式，注重对经验场域的整体关注以及对研究对象的整体把握①，试图揭示法院组织形态以及内部管理的深层机制。之所以将这个问题放置在县域治理中考察，是因为尽管《人民法院组织法》《法官法》等在设定基层法院组织形态以及内部管理上起到了显著的建构作用，然而基层法院的组织形态以及内部管理的实然状态还会受到其与外部多种主体在县域治理场域之中实际互动的影响。因此，考察基层法院的组织形态及相应的内部管理，就不能只是考察制度建构意义上的组织形态，还要将正式制度与非正式制度、制度建构与运行状况相结合②。除此之外，还有一个重要的考虑在于，县域治理在我国的国家治理体系中居于基础性地位，县域法治构成国家法治体

---

① 关于法律经验研究的整体论进路的阐述，参见陈柏峰．法律经验研究的机制分析方法．法商研究，2016（4）：52-53；王启梁．法学研究的"田野"：兼对法律理论有效性与实践性的反思．法制与社会发展，2017（2）：136-138。

② "在许多情形下，非正式过程运作……与我们从官方的正式制度或文本资料上看到的正式、理性的形象时常形成鲜明的对比。"周雪光．寻找中国国家治理的历史线索．中国社会科学，2019（1）：95.

系的基础环节①。在此意义上,由县域治理视角考察基层法院的组织形态以及内部管理的深层机制,能够较好地体现整体性的研究进路。

一 基层法院组织形态的演变

我国法院的组织形态在 20 世纪 80 年代前后存在明显的差别。总体而言,在 20 世纪 80 年代之前,法院在整个国家和社会的治理体系中处于相对边缘的位置,法院组织形态比较简单。20 世纪 80 年代以来,随着改革进程不断推进,中国社会开始发生转型,随之而来的是国家治理转型。在这个过程中,法院扮演的角色日益重要。特别是在 2000 年左右,法院逐渐走向治理体系的中心地带②。与此相伴的是,法院组织形态日渐复杂。在这种情况下,面对复杂的社会治理要求,一个突出的问题是如何将法院内部运行以及管理与社会治理体系的要求实现有效联结。

---

① 公丕祥. 新时代的中国县域法治发展. 求是学刊,2019(1):1-14;公丕祥. 传统中国的县域治理及其近代嬗变. 政法论坛,2017(4):3-11.

② 苏力. 道路通向城市:转型中国的法治. 北京:法律出版社,2004:3-42.

1. 20 世纪 80 年代之前的基层法院组织形态

20 世纪 80 年代之前，我国主要实行的是计划经济，公有制经济主体之间的经济纠纷通过上级机关协调处理；在社会治理中采取的是单位体制，个体与个体之间的纠纷一般由单位解决，很少需要进入法院。在当时的中国社会，人口流动量小，社会防控体系总体上与社会形态相适应，刑事案件比较少。在这个阶段，群众组织和基层政府的解纷体系相对健全、解纷功能比较完善，大量民事案件主要通过群众组织和基层政府调解，基层法院审判工作的重点是刑事案件。在较为简单的社会条件下，法院的作用并不凸显，法院处于规模小、事权小的状态，内部管理中的信息和权力传输相对简单，与外部系统的联结方式也不复杂，基本上处于依附位置。在这个时期，总体来说法院受理案件数量非常有限，内部庭室设置较少。1951 年《中华人民共和国人民法院暂行组织条例》规定，"案件多的县级人民法院得分设刑事、民事审判庭"。在许多案件少的地方，基层人民法院的内部组织形态并未出现明显的功能分化。例如，笔者调研过的湖北省 N 市 C 县法院在 1980 年之前的内部设置就比较简单：

> 1949 年 6 月 15 日，C 县人民政府成立，同年 12 月 2 日成立 C 县人民政府司法科。司法科在行政上属县政府领导，在业务上受湖北高等法院大冶分院领导。司法科内

设科员2人、法警1人，负责审理全县刑、民诉讼案件。起初，司法科无科长，工作由区级秘书负责。1950年4月设副科长1人，12月配科长1人，科长和副科长均由县长任命。1951年10月11日，C县人民政府司法科更名为C县人民法院，受县人民政府领导与监督。根据1951年4月湖北省人民政府颁发给各级人民法院的暂行编制规定，C县法院属于丙等县法院，编制为12人，当时实际人员配备为院长兼审判长1人、审判员2人、书记员2人、行政股长1人、股员1人、事务员1人、法警2人、勤杂伙夫2人、监所干部2人。1957年底，C县法院编制为14人，实有人员11人。"文革"期间，C县法院审判业务被其后成立的C县公安机关军事管制小组取代。1973年4月，C县法院根据湖北省革命委员会（鄂革〔1973〕18号）文件精神，恢复建制，仍定编为14人。1979年，为保证《中华人民共和国刑法（试行）》和《中华人民共和国刑事诉讼法（试行）》的实施，C县法院从县直单位选调17人。在1980年之前，C县法院内设机构仅分为刑事审判庭和民事审判庭①。

在内部组织结构比较简单的情况下，法院并没有形成层级

---

① 参见C县法院志编纂委员会编纂的《C县法院志（1840—2010）》第266—271页。

叠加的科层制结构，内部的层级管理方式比较简单，法院与外部治理系统之间的相互传输渠道并不复杂。对于外部治理系统而言，如何控制法院的权力和审判人员的权力，并不是一个非常突出的问题。地方治理系统能够比较顺利地将治理要求传输到法院，并在法院内部得到实施，体现在具体案件的审理之中①。在这个时期，政治运动在国家和社会治理中占据非常突出的位置，"反复出现的群众运动是中共政治自 1933 年以来的一个特征，也是中华人民共和国成立以来政府运作的一种主要方式"②。法院受理的案件类型和数量，与国家的治理目标特别是政治运动之间的联系非常紧密，深受不同阶段政治运动的影响。例如，江苏省 X 市《H 县人民法院院志》中有这样一段记载：

  1950 年至 1952 年期间，紧紧围绕土地改革运动、抗美援朝运动和镇压反革命运动展开刑事审判活动；1952

---

① 在当时，党委影响具体案件审理的做法比较普遍，并在很大程度上得到认可。例如，20 世纪 50 年代的一篇文章就指出："人民法院除了在方针、政策等重大问题上必须请示党委和党委指示以外，在具体案件的审判中也需要接受党的领导。因为，人民法院的主要活动就是审判案件，每件案件的正确处理就是贯彻党的方针、政策的具体表现。如果脱离开对具体案件的领导，必将使党的领导变成抽象的空洞的东西，所谓方针、政策的领导也就成为一纸空文，显然这就是取消党的领导。"康树华．"司法独立"的反动本质．法学研究，1958（2）：53.

② 汤森，沃马克．中国政治．顾速，董方，译．南京：江苏人民出版社，1995：153.

年初至 1953 年,以"三反""五反"为中心,以惩治贪污、浪费、官僚主义和行贿、偷税漏税、盗窃国家财产、偷工减料、盗窃国家经济情报的犯罪分子为主;1953 年至 1957 年,法院刑事审判工作的重点是,大张旗鼓地处理乘机破坏粮食统购统销的反革命分子和粮食投机奸商,打击婚姻范畴内的犯罪活动,惩办一切危害国家安全和破坏社会主义经济建设与社会主义改造事业的反革命分子及其他重大刑事犯罪分子,对反革命分子实行"少杀长判"的政策;1958 年至 1960 年,刑事审判工作的重点是惩治破坏"总路线""大跃进""人民公社"的犯罪分子;1961 年至 1966 年,法院贯彻从严方针和十项治安措施,集中打击了一批破坏分子和一些反革命集团;1966 年 5 月至 1976 年,刑事审判的重点是惩办破坏"文化大革命"、反对毛泽东思想、攻击无产阶级专政、攻击"无产阶级司令部"及破坏上山下乡运动等所谓"政治犯罪"[①]。

从地方治理系统与法院的权力支配关系来看,这一阶段呈现出非常明显的控权关系,地方党委、政府对法院的权力支配和控制强度比较大。由于存在这种较高强度的控权模式,法院的审判工作紧密地受制于外部治理系统设定的目标,呈现出

---

① 参见 H 县人民法院编的《H 县人民法院院志》(1988 年 6 月)第 2—4 页。

"政治司法"① 的特点。正如董必武所言："司法工作是国家政权的重要组成部分，是镇压反动派保护人民的直接工具，是组织与教育人民群众作阶级斗争的有力武器。"②

在1954年《宪法》和《人民法院组织法》颁布之前，基层法院是县级政府的组成部分，接受上级法院与县级政府双重领导。1954年《宪法》和《人民法院组织法》在政制结构上调整了法院与政府的关系。但是在实际运行中，特别是对于基层法院而言，普遍存在的观念和实际做法仍然是将法院当作政府的职能部门，法院要服从政府的管理，法院内部的运行模式与一般行政机关的运行模式相近。在这个阶段，各级党委审批案件制度为党委将地方治理考量顺利纳入法院的审判过程提供了制度保障，地方治理系统能够比较顺畅地将治理目标和意图传输到法院内部。这种审批案件的制度之所以能运行，与法院受理的案件类型、数量以及社会治理模式有着很大的关联。一方面，在当时的社会条件下，进入法院的案件数量比较少、类型也比较简单，地方党委有能力承担审批案件工作。不过，一般案件并不需要党委过问和审批，党委过问和审批的案件主要

---

① 高其才，左炬，黄宇宁. 政治司法：1949～1961年的华县人民法院. 北京：法律出版社，2009.

② 董必武. 关于改革司法机关及政法干部补充、训练诸问题（1952年6月24日）// 董必武. 董必武政治法律文集. 北京：法律出版社，1986：234.

是党纪、政纪和刑事责任交织的案件以及重大复杂的案件。另一方面，当时的社会治理带有地方党委主导的政治运动型治理的特点①，许多案件与政治运动存在紧密联系，地方党委需要通过审批案件，保持对政治运动的领导和控制。

在20世纪70年代末"拨乱反正"的过程中，党的领导和审判独立的关系问题引起学界广泛关注，也被司法实务部门提出。在此背景下，中共中央于1979年9月9日发布《关于坚决保证刑法、刑事诉讼法切实实施的指示》。这份文件中的一些要求对法院与地方治理系统的关系产生了重要影响，主要体现在四个方面：(1) 取消各级党委审批案件的制度；(2) 明确党对司法工作的领导主要是方针、政策的领导；(3) 要求各级法院党组和党员干部主要向同级党委汇报请示工作；(4) 恢复由上级法院协助地方党委管理、考核有关干部的制度。该指示是地方各级法院与地方治理系统之间关系的重要转折点。正如时任最高人民法院院长江华所言："六十四号文件，在司法战线上，是我们党的历史上的重要文件，显示着一个新的阶段的开端，是法制建设进入新阶段的主要标志。"② 自此开始，随着受理案件数量增加、案件类型增多，法院内部组织架构日益

---

① 叶敏. 从政治运动到运动式治理：改革前后的动员政治及其理论解读. 华中科技大学学报（社会科学版），2013（2）.
② 江华同志在四省法院座谈会上的讲话（摘要）. 人民司法，1980（3）：8.

复杂,内部管理问题逐渐突出①,地方党委、政府与法院的联结方式逐渐发生变化。

2. 20 世纪 80 年代以来的基层法院组织形态

随着改革开放不断推进,原先的社会治理体系已经难以适应改革之后的社会形态。由于单位解纷功能弱化,许多曾经可以在单位内部化解的纠纷大量涌入法院。不仅如此,由于经济社会生活环境日趋复杂,大量新类型纠纷出现并进入司法程序。例如,最高人民法院1981年工作报告指出:"随着国民经济的调整和经济政策的放宽,在全国经济形势越来越好的情况下,也出现了一些新的问题,反映在民事关系上,就产生了不少新的纠纷。因此,人民法院民事收案逐年大量上升,1979年比1978年上升29.6%,1980年比1979年上升45%,1981年上半年比1980年同期上升27%。民事收案中,不仅婚姻家庭、继承、房屋、宅基地、损害赔偿等案件显著增多,而且新增加了许多因不履行合同和为争山林、水利、农具、耕畜、肥料而发生的案件。"② 在这种背景下,法律方式尤其是司法方

---

① 关于工作量增加会引发法院内部组织形态和管理问题,参见波斯纳. 联邦法院:挑战与改革. 邓海平,译. 北京:中国政法大学出版社,2002:第一章,第三章,第四章。

② 江华. 最高人民法院工作报告(1981年). (2008-03-27). https://www.gov.cn/test/2008-03/27/content_929820.htm.

式在解决纠纷中的作用迅速凸显。对此,郑天翔强调:"我国对经济的管理,以前主要是靠行政手段、行政命令。十一届三中全会以后,我们更多地采用经济的办法来管理经济,而发挥经济杠杆的作用,需要用法律手段加以保证。"① 任建新也要求各级法院要"适应新形势的发展,处理好新型案件,调整和扩大经济审判庭的收案范围"②。随着进入法院案件的数量日益增加和类型日益增多,法院事权扩大,法院内部的人员分类、层级管理日趋复杂,逐渐出现高度科层化的趋势,内部管理成为一个重要问题。各地法院内设机构设置时间并不完全一致,不过总体趋势是相近的,都是内设机构不断增加、内部管理日益复杂。以笔者调研过的湖北省 C 县法院为例:

> 1961—1980 年 11 月,C 县法院内设机构只有刑事审判庭、民事审判庭;1980 年 12 月,增设办公室;1982 年 12 月,增设经济审判庭;1983 年 2 月,刑事审判庭分设为刑事审判第一庭、刑事审判第二庭;1985 年 1 月,增设司法行政科;1987 年 4 月,增设行政审判庭、政工科,

---

① 郑天翔. 在第一次全国经济审判工作会议闭幕会上的讲话(1984 年 4 月 8 日) // 郑天翔. 郑天翔司法文存. 北京:人民法院出版社,2012:102.

② 任建新. 充分发挥国家审判机关的职能作用 更好地为"一个中心、两个基本点"服务(1988 年 7 月 18 日) // 最高人民法院办公厅. 最高人民法院历任院长文选. 北京:人民法院出版社,2010:246.

两个刑事审判庭合为一个刑事审判庭；1990年4月，增设法医技术室；1991年6月，增设计划生育科；1991年10月，增设执行庭；1993年3月，增设税务审判庭；1994年11月，增设司法警察队；1998—2002年，增设政治处、调研室、财务审计科、监察室、告诉立案庭、审判监督庭、书记员管理处，取消计划生育科；2002年之后，民事审判庭分为一庭、二庭、三庭，增设未成年人刑事审判庭①。

在内部管理趋于复杂的背景下，由于委托代理链条变长，如何在内部保持适当的控权与放权机制，既保证法官独立审判，又防止法官失去监督约束，就成为一个突出的难题。对于外部治理系统而言，在法院内部组织架构日渐复杂的情况下，一个亟待应对的问题是：如何既保持法院和法官独立行使审判权，又防止法院内部运行失去外在约束？

在20世纪70年代末恢复司法审判制度之后的一段时间里，我国法院主要实行的是行政化的案件审批制度，"先判后审"现象十分普遍，承办法官或合议庭在审判过程中的实际影响力较为有限，许多案件实际上是在院领导已经研究决定之后才走庭审程序。时任最高人民法院院长郑天翔在一次讲话中就

---

① 参见C县法院志编纂委员会编纂的《C县法院志（1840—2010）》。

指出要改变这种办案方式："咱们审判机构不能采用行政办法，合议庭有合议庭的权利，要加强合议庭。咱们现在有个庭务会，组织法里面没讲庭务会，案子来了，合议庭研究后开庭务会，庭务会能解决就解决了，解决不了报给院长。庭务会是个行政性的东西。"[1]任建新在1988年当选最高人民法院院长之后，于7月18日在第十四次全国法院工作会议上的报告中也谈到审判运行的行政化问题，指出："长期以来，许多法院往往把一些本应由合议庭决定的，不属于重大、疑难的案件，都提交审判委员会讨论。"[2]

随着改革开放不断推进，计划经济体制日益松动，市场经济逐渐形成，由此带来社会利益格局的剧烈调整和变动，更多案件进入法院，审判工作面临更为复杂的局面，既有的审判运行方式受到严峻的挑战。到20世纪90年代末，此前高度行政化的审判运行机制已经难以为继，改革这种运行机制已经成为共识。对此，曾任最高人民法院副院长的李国光大法官在回忆最高人民法院原副院长王怀安（1986年离休之后担任最高人民法院咨询委员会主任、名誉主任）时谈到，在20世纪90年

---

[1] 郑天翔.谈法院工作改革：在最高人民法院召开的法院干部培训、招生工作会议上的讲话（1988年2月29日）//郑天翔.郑天翔司法文存.北京：人民法院出版社，2012：293.

[2] 任建新.充分发挥国家审判机关的职能作用 更好地为"一个中心、两个基本点"服务（1988年7月18日）//最高人民法院办公厅.最高人民法院历任院长文选.北京：人民法院出版社，2010：254.

代上半叶，为了推动审判方式改革，王怀安花费七八年时间对此专门开展调研。通过调研，王怀安发现这种办案方式"有其历史原因，主要是建国以来办案的习惯做法：对刑事案件'先批后审'，对民事案件'先定后审'。具体做法是'五步曲'：第一步，审阅原、被告的诉状后，分别找当事人背靠背地问话，问了原告又问被告。法官找当事人谈，当事人也找法官谈。第二步，在同当事人谈话后，发现双方谈的有矛盾或不清楚的地方就自己调查取证，'当事人动动嘴，法官跑断腿'。第三步，法官经过谈话和调查后，心里有底了，就找当事人背靠背地调解和劝说，劝了原告劝被告，压了原告又压被告。第四步，调解不成，就报批，查清事实由办案人负责，如何判决由主审人拟出判决意见向庭长、院长汇报请示或者报审判委员会讨论，重要案件还要向上级领导报批，领导批了，方可公开审判。因此，第五步的公开开庭审判就必然要流于形式了"①。

在此之后，历次司法改革始终将法院内部组织形态的调整作为重要指向。对此，"一五改革纲要"指出，"社会关系变化，利益格局调整，社会矛盾交织，使人民法院审判工作面临前所未有的复杂局面，人民法院的管理体制和审判工作机制，

---

① 李国光. 我的大法官之路. 北京：人民法院出版社，2015：213-214.

受到了严峻的挑战","审判工作的行政管理模式,不适应审判工作的特点和规律,严重影响人民法院职能作用的充分发挥"。为此,"一五改革纲要"提出以"还权于合议庭"为主导思路。但是,过于强调"还权于合议庭"并未真正有效地排除外部力量对审判过程的不当影响,反而出现了改革设计中未曾预料的一些后果,为案件审判质量下降、司法腐败现象滋生留下制度缝隙①。针对"一五改革"中出现的问题,《人民法院第二个五年改革纲要(2004—2008)》(简称"二五改革纲要")的侧重点有所调整,在强调独任法官和合议庭作用的同时,也强调要"进一步强化院长、副院长、庭长、副庭长的审判职责,明确其审判管理职责和政务管理职责,探索建立新型管理模式,实现司法政务管理的集中化和专门化","院长、副院长、庭长、副庭长应当参加合议庭审理案件"②。在此前改革的基础上,"三五改革纲要"以"三个至上""司法的人民性""能动司法"作为主要取向,由此前强调"公正与效率"转为倡导

---

① 在"一五改革"推行之前,在基层法院就有许多法官担心,如果一律实行法官独任审判或合议庭多数法官决定,那么太容易造成司法腐败或司法不公正。苏力.送法下乡:中国基层司法制度研究.北京:中国政法大学出版社,2000:110-112.

② 在基层法院调研了解的情况也印证了这一点。例如,江苏省某法院在2005年工作总结中强调:"研究制定加强案件监督与指导的具体意见,在强化合议庭、独任审判员职责的基础上,充分发挥院长、庭长、审委会的监督与指导作用。"

"为大局服务、为人民司法",更加强调审判管理。相较于之前的改革,"四五改革"的重要动力源自对中央与地方关系失衡导致的公共治理危机的应对[①],改革取向更为强调审判权的中央事权属性以及司法权是判断权和裁量权,贯穿始终的理念是"权力重心下移",通过员额制改革提升法官队伍的职业化、精英化水准,在此基础上将审判权力下移至法官和合议庭。在"四五改革"期间,相关举措的具体实施带来了一些改革设想之外的结果,特别是弱化院庭长管理监督权限之后,办案质量并未因向法官和合议庭放权而得到明显提升,甚至许多地方法院的案件发改率显著上升。在这种情况下,"权力在法官、压力在法院、责任在院长"的权责格局引发法院管理层对改革的担忧和不安,不少地方的具体改革举措进退维谷。正因如此,2019年2月27日,最高人民法院发布"五五改革纲要",以"司法责任制"作为主题,对"四五改革"中出现的某些偏差或问题作出调整。这一取向与前一轮以"放权"为基调的改革已有明显不同,更加重视将法官行权与有效监督管理相结合,试图纾解法院审判职能行使的整体性、机构化与具体裁判行为的分散性、个别化之间的矛盾。

[①] 姜峰.央地关系视角下的司法改革:动力与挑战.中国法学,2016(4).

由上述历程可以看出，我国法院的组织形态并不是固定不变的，在不同阶段会随着司法运行状况以及主导政治力量对核心控制力要求的变化而调整，在较长的时期中都是往复于"放权"与"收权"之间。无论是"放权"还是"收权"，都不是只关涉法院内部审判运行，而是深受整体治理体系影响。基层法院与县域治理存在紧密联系，其组织形态的构建及运行并不是孤立的问题，而是要在更大的治理格局中理解和把握。

二 基层法院的对外承接机制

县域治理有两套体制：一套是科层体制，另一套是党政体制①。在科层体制中，基层法院是行使审判权和执行权的专门机构；在党政体制中，基层法院是需要承接和完成党委决定的治理要求的机构。在这两种体制之间，党政体制有着比科层体制更高的权威。在基层法院，承担吸纳和整合县域治理要求功能的是法院党组。在党组中，与县域治理联结最为紧密、参与

---

① 科层体制具有专业分工、法定性、技术主义、职责边界明晰、事本主义等特质，各个构成部分按照法律规定履行职责，完成相应的专业事务。党政体制则强调由党委进行全面领导，以实现对县域治理主体、资源等的整合与协同。杨华. 县域治理中的党政体制：结构与功能. 政治学研究，2018（5）：14-15.

度最深的是院长。

1. 通过院长吸纳县域治理要求

中国法院管理实行院长负责制。在法院与外部政治系统的互动中，院长的角色最为重要。在党政体制中，法院院长的另一个身份是党组书记①。法院院长有着政治家、管理家、法律家等多重角色②，各个层级法院院长的角色存在一些差别。总体而言，最高人民法院院长、高级人民法院院长的主要角色是政治家，政治性置于首位，司法技术为其次，当司法技术和政治性冲突时，政治性优先；中级人民法院院长、基层人民法院院长的司法技术要求相对高一些，司法技术和政治性被同等考量③。在审判执行业务方面，基层法院院长需要将县域治理要求吸纳到重要个案的考量中；在司法职能延伸方面，基层法院院长推动法院以延伸司法职能的方式参与地方社会治理。具体而言，法院院长吸纳县域治理要求主要有如下几种方式：

一是参加地方党政机关组织的会议。笔者以四川省 C 市

---

① 法院院长通常同时有党组书记身份，但出于行文简便考虑，本书将法院院长、党组书记统一称作"法院院长"或"院长"。
② 左卫民. 中国法院院长角色的实证研究. 中国法学，2014（1）：5-25.
③ 刘忠. 政治性与司法技术之间：法院院长选任的复合二元结构. 法律科学，2015（5）：28.

（县级市）法院统计的数据为例，在这些会议中，党委召开的会议最多，其次是政府、政法委召开的会议（见图2-1）。由此可见，在县域治理的诸多主体中，与基层法院联系较为密切的是党委、政府、政法委。从法院的参会人员看，院长参会次数最多（见表2-1）。这表明院长是法院与外部党政系统发生联系的最重要的主体。这些会议大多数是县域治理的一般性会议，不需要法院实质性地参与其中，院长参加会议主要是了解相关政策情况和工作部署，对全县各个方面工作的基本情况有总体上的把握。部分会议与法院职能存在紧密联系，需要法院在其中发挥重要作用。对于这些会议，院长参与讨论、提出法院的方案、促成决策达成。

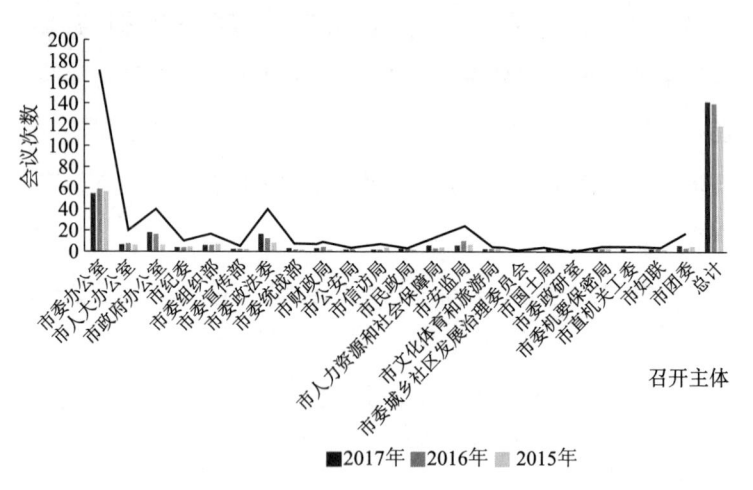

图2-1 四川省C市法院参与地方会议统计

表 2-1　四川省 C 市法院各类人员参与地方会议统计

单位：次

参会人员类别	2015 年	2016 年	2017 年
全体	0	0	2
院长	54	60	54
领导班子	1	4	3
分管领导	45	52	44
部门负责人	4	7	8
具体工作人员	5	3	3
院长、分管领导	1	2	5
院长、分管领导、部门负责人	0	0	1
领导班子、部门负责人	1	1	0
领导班子、中层以上干部	0	0	1
领导班子、具体工作人员	0	0	1
分管领导、部门负责人	4	8	5
分管领导或部门负责人	0	1	0
分管领导或具体工作人员	1	0	0
分管领导、部门负责人、具体工作人员	1	0	2
分管领导、具体工作人员	1	5	3
部门负责人、具体工作人员	0	0	4
总计	118	143	136

在基层法院，只有极少数案件会转化为对县域治理的重点工作或中心工作有显著影响的案件。常见的重点工作或中心工作有招商引资、工业园区建设、征地拆迁、文明城市创建等。

将司法案件转化为县域治理案件的主体是党委①，转化机制主要是党委召开会议。通过召开会议，党委对案件的治理属性作出判断。在有的情况下，政法委会直接召开协调会议确定案件的治理属性。一般来说，现在政法委在案件处理中主要起到协调作用，不会对案件的审理提出终局性意见②。鉴于县委书记在县域治理中的领导地位，除了以会议的方式来界定案件属性之外，县委书记在会议之外表达的个人意见也会成为影响案件治理属性的因素③。湖北省N市C县法院院长在访谈中谈道："有些问题会通过会议的方式讨论和解决。在有的问题上，县

---

① 对于进入司法程序的案件，本书区分了"司法案件"和"县域治理案件"。在此处的语境中，前者包含了后者。

② 中共中央政治局2018年12月27日审议通过的《中国共产党政法工作条例》第十二条关于政法委的职责任务规定："……（四）了解掌握和分析研判社会稳定形势、政法工作情况动态，创新完善多部门参与的平安建设工作协调机制，协调推动预防、化解影响稳定的社会矛盾和风险，协调应对和妥善处置重大突发事件，协调指导政法单位和相关部门做好反邪教、反暴恐工作。"有研究表明此种状况在多年之前就已经开始出现。侯猛教授的研究指出，基层政法委员会在案件协调过程中往往是扮演被动和消极的角色，而不是通过积极的方式介入。政法委的消极角色实际上也导致协调案件数量并不是很多。侯猛. 司法改革背景下的政法治理方式：基层政法委员会制度个案研究. 华东政法学院学报，2003（5）：103-104.

③ 此种隐性的个殊化影响方式可能会因个人利益而带来不当干预。预防领导干部干预司法的制度建构在实施和不断完善，参见陈柏峰. 领导干部干预司法的制度预防及其挑战. 法学，2015（7）：37-45.

委书记在会议之外的态度、承诺、指示也会起到重要影响作用。对于县委书记的这种表态，我们在办案中也是会考虑的。"基层法院院长会参与这一转换过程。一方面，院长将法院的专业性认知和判断传输到党委或政法委；另一方面，院长将党委以及其他县域治理主体的治理考量传输到法院。法院院长是两方面信息的重要结合点。由于独立审判话语的影响以及为防止领导干部干预司法机制的构建，法院院长一般不会直接、深度介入个案的实际审理过程，而是起到协调、引导的作用。如果这些案件被提交审委会，院长会主持审委会展开讨论。在审委会讨论中，院长会将所了解到的并且认为重要的县域治理考量因素提出供参会人员讨论。

二是参加调研活动。在基层法院领导班子成员中，院长的调研任务最多。最高人民法院在《关于加强人民法院领导干部调研工作的规定》中指出：

> 第一条 调研工作是人民法院必须长期坚持的一项重要工作，只能加强，不能削弱。各级人民法院要把领导干部调研工作列入党组重要议事日程，定期研究，定期安排，定期检查，确保落实。主要领导干部要率先垂范，带头开展调研。
>
> 第四条 各级人民法院领导干部要坚持定期调研与不定期调研相结合。原则上要确定专门月份作为领导干部集中调研月。最高人民法院领导干部、解放军军事法院

院长、副院长和各高级人民法院院长到基层调研每年累计不少于 30 天,地方各级人民法院和军事法院等专门法院的其他领导干部到基层调研每年累计不少于 60 天。鼓励各级人民法院领导干部利用探亲休假等机会开展随机调研。

第五条 各级人民法院领导干部要在基层确定 1 至 2 个调研联系点,定期开展调研指导。最高人民法院领导干部、解放军军事法院院长、副院长和各高级人民法院院长深入联系点每年至少 3 次,每次不少于 4 天;地方各级人民法院和军事法院等专门法院的其他领导干部深入联系点每年不少于 2 次,每次不少于 3 天。调研联系点每 3 至 5 年更换一次。最高人民法院领导干部到基层调研的计划、安排及基层联系点的确定、更换由办公厅负责;地方各级人民法院应确定专门部门负责本院领导干部调研工作的协调事宜。

第十条 各级人民法院领导干部到基层调研要多同当地群众座谈,多同当地党委、政府、人大、政协负责同志以及人大代表、政协委员座谈沟通,多深入农村、企业、社会组织中了解情况,多同基层法院干警座谈交流,向群众学习,向实践学习。

法院院长的调研安排既有来自地方党委、人大的要求,也有来自上级法院的要求。对法院院长调研工作进行督促和考核，是地方党委、人大以及上级法院对基层法院进行调控的重要方式。院长在调研中不仅要关注与具体审判业务有关的问题，还要关注与当地社会治理密切相关的问题。对此，最高人民法院的上述规定第七条要求："对于涉及党和国家工作大局以及对当地经济社会发展具有重要参考价值的调研报告，还要及时送交相关部门参考。"由此可见，院长参与调研成为基层法院与外部系统密切联系的重要方式，也成为县域党政系统、上级法院了解基层治理情况和基层司法状况的一种途径。

三是建立联系点。建立联系点是"从群众中来，到群众中去"工作方法在制度实践层面的体现。基层法院与地方党政机关都会根据县域治理的要求，与相应的乡镇或村居建立联系点。在基层法院，与联系点对接的主要工作由院长承担，副院长也会在分管工作范围内承担部分联系工作。与其他乡镇、村居相比，建立联系点关系的单位与该乡镇、村居之间的联系会更为频繁、紧密。各个单位的联系举措会有一定的共性，通常是根据党委确定的中心工作调整和部署。例如，此前全国范围在推进"精准扶贫"，各级法院都要参与其中。有的联系举措会有特殊性，与各个单位自身的职能特点相关。笔者调研过的江苏省X市H区法院与当地Z镇建立了综合治理共建关系。按照签订的联系工作计划，H区法院和Z镇主要领导每半年研究一次法治共建问题，交流双方法治建设工作经验；法院主要领导不定期到该镇调研，了解法治建设开展和落实情况，帮助解决法治建设中存在的问题和困难。联系点实际上成为法院院长了解县域治理（特别是乡镇、村居层面的治理）状况的重要联结纽带。

2. 通过党组整合县域治理要求

《人民法院组织法》《法官法》均无关于法院党组的规定，但是依据党内法规，四级法院都设有党组。法院党组是同级党委的派出机构，也是法院内部的权力运行中枢，成为党实现"嵌入式领导"或者说将党的话语体系及权力意志嵌入司法场域的重要组织载体[①]。法院党组的绝大多数成员拥有党组成员和法官双重身份。法院党组的具体构成没有明确、固定的要求，一般来说由院长、副院长、纪检组长、政治处主任作为党组的基本班底。随着执行局的重要性日益显现，在有的地方，拥有中共党员身份的执行局局长也会进入党组。党组内成员排名比较固定，与职务重要性、资历有关。

法院内部领导结构中存在党组和领导班子这两套有着高度重合的结构。党组是党内班子，领导班子是行政班子。一般来说，党组成员都是领导班子成员，少数领导班子成员如果非中

---

① 胡德平.中国共产党党组政治研究.上海：复旦大学，2014：124；张文波.功能、身份与政治：人民法院党组的治理机制.交大法学，2018（3）：79-91.

共党员则不属于党组成员。近年来，最高院要求审委会专职委员进入领导班子，但是专职委员一般来说并不是党组成员（见表2-2）。这就形成了党组内嵌于领导班子的双层结构。按照中国政治运作的一般逻辑，在各个非党的国家机构和单位中，重大事项应当先由党组讨论研究决定，再由领导班子推动执行①。基层法院很少有民主党派人士，党组和领导班子的人员重合度很高，形成党政一体化的决策模式。

在涉及法院的县域治理问题上，党组发挥着整合县域治理要求的作用。这种整合作用主要体现为两个方面：

一方面是党组成员分工汇集县域治理要求。除了院长之外，党组其他成员也需要发挥汇集县域治理要求的作用。其他成员主要在分管工作范围内，了解有关县域治理的信息。在法院内部，党组成员之间会形成一定的分工（见表2-2）。院长的大部分时间和精力用于处理法院与外部关系的工作，具体业务工作的管理主要由领导班子其他成员承担。与对于院长更强调行政能力不同的是，对于领导班子其他成员更为重视其业务能力，分工安排主要考虑业务专长。一般来说，除了政治处主任、纪检组长之外，副院长承担对口管理范围内的重要行政事务管理、审判执行业务管理、审判绩效管理、审判态势管理以

---

① 中共中央于2019年4月印发的《中国共产党党组工作条例》第四条第五项规定："坚持正确领导方式，实现党组发挥领导作用与本单位领导班子依法依章程履行职责相统一。"

及作风管理等工作。

表2-2 江苏省X市H区法院领导班子成员工作分工（2016年）

序号	姓名	职务	分工
1	YTM	党组书记、院长	负责党风廉政建设
2	WJG	党组成员、副院长	分管行政庭、少年庭、执行局。联系Y人民法庭
3	DXR	党组成员、副院长	分管刑庭、法警大队、行政装备科。负责基建、法治与平安创建、社会治安综合治理工作。联系X人民法庭
4	XHJ	党组成员、副院长	分管民一庭、人民法庭、信访办公室
5	YYS	党组成员、政治处主任	分管办公室、政治处、书记官处、机关党委。负责机关作风建设、壮村扶贫、双拥、招商引资工作
6	CXM	党组成员、纪检组长	分管监察室，负责纪检工作
7	YCY	审判委员会专职委员	分管民二庭、诉讼服务中心、立案庭、司法鉴定科。联系N人民法庭
8	TW	审判委员会专职委员	分管审判监督庭、研究室、审判管理办公室。联系L人民法庭

对于一些引起地方党委、人大、政府关注，与县域治理紧密相关的案件，分管副院长或专职委员会负责对外沟通协调。在这些案件的办理中，分管领导成为法院内部汇集县域治理要求的重要主体。院长之外的党组成员需要承担接受地方党委考核、联系人大代表和政协委员、挂钩村居或企业、开展调研等

工作,这些均是法院与外部系统发生联系的重要途径。党组成员可以在开展这些工作的过程中,了解各自分管领域中与县域治理相关的问题。党组运行实行的是民主集中制,党组成员在汇集与县域治理相关的情况后通常不能独自决定,而是要向院长汇报。这样一来,与县域治理相关的信息最终会进入院长的视野。

另一方面是党组会议研究县域治理要求。基层法院党组的领导作用主要通过党组会议的形式体现。党组会议对重大问题进行研究,特别是涉及人事的问题需要经过党组会议讨论。党组会议一般是一个月召开一次,有时候会根据问题的重要性,由党组书记决定临时召开党组会议或者延期召开。结合各地基层法院的情况来看,党组会议一般有以下基本规则:(1)党组成员提出议题,党组书记决定议题;(2)党组书记召集并主持会议;(3)实行民主集中制原则和少数服从多数原则;(4)必要时可召开党组扩大会议;(5)及时向县委汇报法院党组会议对一些重要事项的讨论情况。按照这样的规则,法院院长根据自己以及领导班子其他成员了解到的县域治理情况,综合权衡考量之后决定召开党组会议,将其中的重要问题提交党组会议讨论。法院党组还会召开党组扩大会议,根据情况要求党组成员之外的其他相关人员列席会议。为了确保中央以及地方党委的政策得到顺利实施,法院党组还会在党组会议上讨论绩效考评方案,通过考评机制推动法院工作按照中央和地方党委的要求开展。为了保证地方党委能够及时了解基层法院对一些县域治理问题的态度和应对举措，法院党组会议的相关会议纪要需报送同级党委。

从人员构成上看，审判委员会的成员与法院党组的成员并不一致。审判委员会成员比法院党组成员多，二者之间有一定的重合度。审判委员会吸收专职委员、主要业务庭（局）的庭（局）长、资深法官作为成员，党组成员中的大部分都是审判委员会成员。在这种人员构成情况下，审判委员会权力的有效行使依赖于党组，特别是院长的权威。从法定职能上看，审判委员会是审判议事机构，可以调动的权力和资源有限。就法院内部而言，党组掌握的经费决定和使用权是审判委员会有效运行的重要组织保障；就基层法院与外部系统的关系而言，法院党组可以在重大案件处理中发挥与地方党委、政府沟通协调的作用，从而为案件处理提供多方面的保障。

三　基层法院的内部调控机制

县域治理要求不仅需要通过基层法院院长和党组吸纳与整合，还需要进入法院具体的审判和管理过程中，由内部调控机制传输和回应。这种内部调控机制的设置，不仅要回应法律职业主义（legal professionalism）所说的审判管理问题，还要回应整个治理体系所提出的要求。

1. 层级式的传输机制

传输机制所要解决的问题主要是：如何将已被法院党组吸纳和整合的县域治理要求传输到法官；法官在审判执行及其他工作中，如何将感知的问题传输到法院管理层，进而通过管理层反馈到党委主导的县域治理体系中，推动传输到法院的县域治理要求的调整和改进。

中国法院内部基本的组织架构是按照科层制（bureaucracy）原理建构和运行的①。按照中国共产党的组织原则，法院党组实行的是"集体领导，个人负责"的领导和执行体制。这种体制与法院内部"审委会—院长—分管副院长—庭长—合议庭—承办人"这一纵向层级式管理体制相联结，形成"命令-服从"的调控机制。基层法院对县域治理要求的传输，正是通过内部的这种调控机制来实现的。具体主要体现在以下两个方面：

第一，院庭长对审判执行过程的监督是层级传输的重要依托。从法定程序上来看，重大案件中的县域治理考量进入法院

---

① 达玛什卡（Mirjan R. Damaška）分析指出："在大多数社会主义国家中，司法组织中所呈现出来的严格等级制的特征远较传统的大陆法系国家来得更为明显。因此，科层式理想型的分析框架将有助于揭示社会主义法律程序中的某些特征。"达玛什卡. 司法和国家权力的多种面孔：比较视野中的法律程序. 郑戈，译. 北京：中国政法大学出版社，2015：23-31.

之后，经分管副院长、院长的审慎权衡提交到审委会，由审委会集体研究。近几年的司法改革取消了院庭长签发案件制度，赋予承办人独立签发的权力，因此在一般案件的审理中，层级式管理对审判运行的影响并不大。不过对于一些涉及县域治理问题的案件，层级式管理可以为地方党委、政府对案件的治理考量进入司法过程留下制度性渠道。如四川省C市中院一位庭长在接受访谈时就认为："院庭长把关其实也是党对司法进行领导的重要方式。"除此之外，这种层级式管理体制也为承办法官吸收外部治理考量并将之融入办案过程提供了制度保障。在这样的制度条件下，不仅法院管理层有"过问"案件的动力，而且承办人也有主动向庭长、分管副院长请示的动力，甚至来自承办人方面的这种动力还更大。这种制度性渠道能够比较有效地保障审判执行过程与外部系统之间的有效互动，将县域治理要求传输到承办法官。

第二，职级晋升是层级式传输的重要保障。法院内部的职务分为审判管理职务、非审判管理职务、党内职务这三种。尽管司法改革将司法人员脱离公务员序列实行单独管理，但是法院内部依然会（并且也需要）存在职级晋升，而且也会与公务员序列进行隐性比较。职级晋升与法官的收入待遇、社会认同联系紧密。影响职级晋升的因素主要有三个方面：一是法院管理层意见，二是民主测评意见，三是工作资历和业绩。对于职级晋升，法院党组掌握最终决定权，党组成员对分管的普通工作人员、中层副职、中层正职有建议权，院长对所有人员的晋升有事实上的最终决定权。在各个业务庭（局）内，庭（局）长对本庭（局）内法官的岗位安排、职级晋升有重要的影响作用。访谈中不少法官坦言，在职级晋升上，来自党组、院庭长的影响非常显著。这构成法院内部秩序的"深层结构"①，形成了一定程度上的服从和支配关系。正是因为存在这种"深层结构"，法院内部对案件审判执行的监督机制才能够实质性地运行。

如果离开了审判执行监督和职级晋升机制，来自县域治理的要求就难以顺利地在法院内部传输。法院中处于不同层级的人员对县域治理要求的感受能力和获取的信息存在差异。与承办法官相比，院庭长（特别是院长、副院长）承受着来自地方党委领导和人大监督的约束。分管副院长和庭长通常是某个方面的业务骨干，与普通法官相比，有更为丰富的业务经验，对县域治理要求的把握能力也会更强。与之相比，一般承办法官并不需要直接面对这样的监督约束和责任要求。除了在审判执行业务上需要经过这种层级式的传输过程，在司法职能延伸的事务上，县域治理要求也需要经过层级式的传输过程整合法院人员和资源。例如，江苏省 X 市 H 区法院出台《服务辖区经

---

① 刘忠. 格、职、级与竞争上岗：法院内部秩序的深层结构. 清华法学, 2014（2）：146 - 163.

济发展实施意见》《服务台资高地十项举措》，开展"法官进千企"法律宣讲活动，发放《关于企业防范经营法律风险六十项提示》宣传册。这些意见和活动方案在院党组会议或者院长办公会上形成，通过分管领导和业务庭（局）长传输至相关庭室，调动相关庭室的力量参与相关治理活动。

不过，法院内部并不是强行政化而是弱行政化的运行模式。这在一定程度上使得层级式传输并不是单向的，而是存在信息传输的反馈机制。法院内部的行政化色彩相对较淡，与审判活动的办案方式存在很大关系。审判活动采取合议庭制和独任制两种基本方式，只有少数案件的裁判由审委会最终决定。在"四五改革"之前，随着案件数量日渐增加，"案多人少"压力不断增大，院庭长在绝大多数案件中的把关作用实际上主要体现为审核而非审批，承办法官在审理绝大多数案件时的自主空间比较大。笔者访谈过的山西Z市Q县民庭庭长曾言："法院里人与人之间关系的行政化色彩并不是非常明显，行政化色彩最多的可能是在法官与书记员之间。绝大多数案子怎么处理，实际上都是法官自主决定。在发表意见讨论案件的时候，大家都是一人一票，庭长只不过是多了一个将案子提交分管副院长，进而提交审委会的权力。"在案件审理中，院庭长与承办法官之间通常并不存在严格的"命令-服从"关系，合议庭或独任法官坚持自己的看法而不接受院庭长意见的情况也并不鲜见。

除此之外，法院内部的单位制结构也弱化了单向的行政化运行。法院不仅是法官的工作场所，也是其生活和参与社会活动的重要场域。在这样的场域中，法官具有"单位人"的身份特点。一方面，单位制中存在"依赖性结构"①，法官需要服从单位领导的要求；另一方面，单位领导也要敢于为法官承担责任和抵御外在压力②。这种单位化的环境使得普通法官与院庭长等管理者之间不仅有工作中的正式交往，也有许多基于日常生活和社会活动而产生的非正式交往，这两种交往常常交织在一起。在有些情况下，非正式交往可能会对管理者构成"反制"。如有法官在接受访谈时所言："领导同志也要会做人，要懂得下属的难处。领导同志如果不会做人，下属要是被逼得比较厉害，在平时工作中都可能给他'难看'，让他下不了台。大家都是一个单位的，总是抬头不见低头见，没有必要闹到那个地步。"在这样的交往模式下，普通法官与院庭长等管理者之间的信息传输渠道就相对多样和开放，而非简单的自上而下单向传输。除了制度规定的途径之外，承办法官还可以基于在单位生活中形成的一些非正式关系网络传输和反馈信息。

正是因为法院内部的行政化色彩相对较淡，特别是随着主

---

① 李汉林，李路路. 资源与交换：中国单位组织中的依赖性结构. 社会学研究，1999（4）：44-63.

② 吴英姿. 法官角色与司法行为. 北京：中国大百科全书出版社，2008：180-181.

审法官责任的加强,这种行政化色彩会进一步淡化,所以县域治理要求在法院内部的传输并不是单向的,而是存在由承办法官向院庭长反馈的过程。实际上,在对提交审委会案件的讨论中,尽管审委会发挥重要作用,但承办法官依然有很大的自主性。在基层法院,审委会在绝大多数情况下会尊重承办法官对重大、疑难、复杂案件的初始意见,在此基础上形成案件处理的结论性意见①。审委会的讨论实行少数服从多数的原则,少数不同意见会被保留并记录在卷,在出现重大意见分歧时,会议主持人可以视情况暂缓作出决定,待进一步调查研究后再讨论。因此,承办法官和合议庭发表意见的空间比较充足。

2. 行政主导的回应机制

回应机制要解决两个重要问题：一是如何将传输到一线法官的县域治理要求具体实施于审判执行业务中,二是如何将法院形成的实施方案与外部系统的需求进行衔接。基层法院对县域治理要求的回应机制是以行政主导方式运行的。行政主导的回应机制之所以能够运行,关键在于作为法院权力核心的党组掌握干部管理权,这从组织方式上保障了党组对法院重大事项的决定权。行政主导的回应机制的作用主要体现在以下两个

---

① 方乐.审委会改革的现实基础、动力机制和程序建构：从"四五改革纲要"切入.法学,2016(3)：138-140.

方面。

一是保障回应方案在法院内部实施。对此，一方面将经由党组整合、层级传输的回应方案布置给相关承办法官、庭室；另一方面在法院内部形成协调联动机制，以组织、动员法院内部资源，回应县域治理要求。前一点体现为以"行政主导（党组、院长办公会）—审委会讨论—业务庭（局）管理—承办人与合议庭执行"为主要环节的运行过程，后一点体现为法院内部各个部门资源的整合。

对于涉及个案的回应方案，法院行政主导的会议需要与审委会讨论相结合，从而确保回应方案的合法性。方案经由审委会讨论，有利于形成更为稳妥的意见，也有利于为承办人和合议庭分担办案压力和风险。对于审委会形成的决议，合议庭及相关业务部门必须执行；如有特殊情况需要改变决议的，由院长或分管副院长提交讨论。决议未经半数以上委员讨论通过，不得随意改变。这就在制度层面保证了经由审委会讨论形成的决议的执行力。除此之外，审管办起到管理和督促作用。审管办协助院党组开展目标考核管理，定期复查发改案件，承办法官需对复查结果进行答辩，最后由审委会对发改案件作出决定性结论。如果最终被审委会认定为"问题案件"，承办人和庭长要承担责任。为了防止目标考核不理想，分管副院长、庭长、承办法官都会重视所管理或办理案件的实际处理效果。基层法院副院长由县（市、区）委组织部考核，法院内部的考核对其影响和约束的力度并不是很大；但是庭长是由法院内部考核，在这种考核压力下，庭长有动力去推动本庭案件得到妥当处理。一些涉及县域治理但不涉及个案的问题，则通过党组会、院长办公会讨论确定回应方案。

在应对一些重大案件时，不仅地方党委、政府会成立领导小组，基层法院也会成立发挥应急指挥和协调作用的领导小组，统筹协调立案、审判、执行、法警等多部门力量，形成纠纷化解合力。与审判案件中主审法官有较大自主权不同的是，开展审判职能延伸事务需要整合法院内部的人力和资源，甚至在一定程度上要打破各个庭室之间的边界，组织多庭室的人员参与其中。例如许多基层法院会与当地一些单位、企业、村居签订挂钩联系协议、合作共建协议，开展"法官进机关"法制讲座以及"送法进军营""送法进校园"等活动。这些活动往往涉及多方面法律知识，需要多个庭室的人员参与。如果缺少以院党组为核心的行政力量的推动，严格恪守各个业务庭室之间的权责边界，这些活动就会很难开展。

二是实现回应方案与县域治理体系衔接。在审判执行业务上，法院的回应方案需要与地方政法委牵头的协调机制相衔接。在基层法院内部，开展此类衔接活动的人员主要是院长、分管副院长以及庭长。法院院长是地方政法委的成员，从法院工作全局角度参与和县域治理紧密相关的案件的协调；如果所涉案件重大且属自己分管庭室，分管副院长会在院长授权和法院内部分工的职责范围内参与协调,与相关党政机关、企事业单位沟通;如果所涉案件只是一般案件,主要由相关业务庭庭长(或副庭长)承担对外沟通协调的职责。这些沟通协调工作对协调人的行政能力、级别规格、社会资本等均有一定要求,并不是普通承办法官可以顺利开展的。对此,湖北省N市C县法院副院长在访谈中谈及:"通常的观念都认为,出面协调的人员的级别越高,显得对协调的事情越重视,这也就越会得到对方重视。如果院长、副院长不去协调,人家可能认为法院不重视这个事情,也就不会把这个当回事,就可能只是敷衍一下。"

基层法院需要衔接的县域治理构成主体非常广泛,包括党委、人大、政府及其职能部门、乡镇、企业、学校、基层组织等。法院与各个政府部门、企事业单位、基层组织之间并不存在制度上的直接联系,需要通过地方党委领导、政法委主导的综合治理体系建立相互之间的联系纽带。地方综治委通常会根据工作需要,成立专门工作领导小组。以2014年江苏省X市H区综治委设置的工作领导小组为例,有社会矛盾化解工作领导小组、实有人口服务管理工作领导小组、特殊人群服务管理工作领导小组、社会治安工作领导小组、政策法规工作领导小组、预防青少年违法犯罪工作领导小组、学校及周边治安综合治理工作领导小组、护路护线联防工作领导小组。其中,基层法院参与的有社会矛盾化解工作领导小组、特殊人群服务管理工作领导小组、社会治安工作领导小组、政策法规工作领导小组、预防青少年违法犯罪工作领导小组。这些专门工作领导小组，通常由一名法院副院长担任副组长或者成员。通过纳入综合治理体系之中，基层法院与县域治理相关主体之间可以建立起常规性联系，便于开展工作衔接。

四　对"去行政化"话语的反思

在县域治理场域中，基层法院与地方党政系统存在紧密联系，既需要参与县域治理，也需要地方党政系统的支持。法院建构与运行深嵌在这样的体制架构中，这种紧密的联系必定会影响法院的组织形态。在这种体制架构中运行的法院不能通过强调"去行政化"实现组织形态的重构。实际上，当下我国法院建构与运行中带有的某些"行政化"特点，并不主要是院庭长权力欲望膨胀的结果，也并不主要是各级法院领导层故意忽略所谓"司法规律"的结果，而是与法院职能工作的实际状况与需求相关[①]。在我国现有的体制架构中，基层法院对党政体制的嵌入以及对地方治理的参与是影响法院组织形态的深层因素。县域治理要求并不只是通过外在于法院的权力结构来传

---

① 顾培东. 再论人民法院审判权运行机制的构建. 中国法学, 2014 (5): 287.

递，还需要通过法院内部的具体组织机制来衔接。这些组织机制支撑着法院与外部体系之间的联系，有助于法院应对外部复杂性和内部复杂性[1]。就组织形态而言，基层法院一方面会通过内部组织化机制吸纳和传输县域治理要求，另一方面也需要通过内部组织化机制向地方党委主导的县域治理体系反馈和回应。从前面的描述和分析看，基层法院现有的组织形态对法官形成了较强的控制力，使法院与整体治理体系相适应；不过，这种组织形态也为法官独立行使审判权留下了较大的空间。

根据上文分析，法院的组织形态受到治理结构的影响较大。法院选择什么样的组织形态，很大程度上并不取决于法院本身，而是深受外部治理结构以及法院在此种治理结构中的位置的影响。在党政体制中，法院的组织形态是"党管政法"这一重要治理原则在法院内部得以实现的组织载体。法院组织形态的调整和变动，关系到其运行和管理秩序如何与国家整体的治理体系相兼容。推动法院组织形态的变革，离不开对此种深层因素的考量。总体上看，此种兼容性与法院所承载的通过审判实现社会公正的功能和目标并不冲突。实际上，在基层法院，绝大多数案件与县域治理体系并无太多交集，通过法院内

---

[1] 关于"外部复杂性"和"内部复杂性"的讨论，参见波斯纳. 波斯纳法官司法反思录. 苏力，译. 北京：北京大学出版社，2014：5-12.

部的审判执行过程即可得到解决。随着独立司法理念的强化、法官责任制的推行、审判权运行机制改革的实施,法院组织形态能够为法官独立审判这些案件提供比较充分的制度保障。从笔者调研了解的情况看,在绝大多数案件的审理过程中,法院管理层与法官之间行政化的命令-服从关系已经非常少见,实际上是按照非行政化的方式来运行。前面所言的法院组织形态与整体治理体系之间的兼容性,并不会影响到绝大多数案件的公正处理。外部治理主体对进入司法程序案件的不当干预,可以通过完善司法责任制和防止领导干部干预司法的责任追究机制来抵御和化解,而并非通过"去行政化"就能够解决。

相反,在基层司法场域,如果强力推行比较彻底的"去行政化"改革举措,将会面临一些问题和挑战,不利于在司法过程中实现社会公正。对此,可以从以下几个方面来认识。

一是部分基层法官的业务素养与"法官独立"的要求之间存在张力。东部地区以及中西部中心城市的基层法院法官的业务素养总体上比较高,但是广大中西部地区基层法院一些法官的业务素养还不太高,与法官独立审判所要求的业务素养之间存在不少距离。特别是一些经济发展水平比较低的地区的基层法院,面临人员结构老化、人员文化层次偏低、法律专业毕业生少的问题,如果没有来自院庭长、审委会对法官的管理和约束,办案质量就很难得到充分保障。笔者调研时,江苏省 X

市H区法院分管刑事案件的副院长就曾言:"我的刑事审判业务水平肯定是全院最高的。如果离开了副院长这一层级在审判业务上把关,刑事审判的质量肯定会受到影响。"除此之外,在县域范围内,人与人的交往总体上比较注重熟人关系,在这样的社会生态环境中,若无来自法院内部管理层以及法院之外的党政系统的监督,个体法官的行权过程也会存在道德风险,以致侵蚀司法公正。

二是基层法院和县域治理需要面对复杂的社会矛盾。近年来,我国社会矛盾日益多样化、复杂化,许多纠纷隐含着深层次的社会问题,相应案件中的问题往往涉及面广,法律问题和政治问题、社会问题相交织,一些案件的处理会超出法官个体的能力[①]。这些进入司法程序的案件如果没有得到妥当处理,还可能演变为更为严重的社会和政治问题。县域治理处于各种社会矛盾的直接触发点,需要直接应对诸多社会问题。与上级法院相比,基层法院所处的审级以及区域位置决定了基层法院需要直接面对这些问题。处理这些案件需要审慎的考量权衡,

---

① 实际上,类似状况并不只存在于中国。例如,美国法学家考默萨就认为:"在人数众多、事件本身错综复杂的时候,社会对于法治的需求也是最大的,但此时也是法治的供给最为短缺的情形。这并不是说司法制度就不能担当起处理那些棘手的社会问题的重任,而是说,法院不太可能长时间广泛而深入地介入社会问题的解决。"考默萨. 法律的限度:法治、权利的供给与需求. 申卫星,王琦,译. 北京:商务印书馆,2007:173.

调动多方面治理资源。前面所讨论的对外承接机制和内部调控机制作用的发挥，有助于法院以整体力量把握案件审判执行的裁量尺度，促使案件得到妥当处理，在个案中取得较好的综合效果，实现社会公正。

三是基层法院组织形态需要与外部治理体系有效衔接。在地方党委主导的社会治理责任体系中，如果简单恪守完全意义上的"法官独立"，会影响一些关涉地方发展、稳定的案件的妥当处理，甚至会增加地方党政系统的治理责任和政治风险。面对这种局面，地方党政系统不可能不重视与基层法院的协调沟通，会通过政法委、人大、上级法院等途径保持对基层法院的影响；法院管理层必定需要在一定程度上维持内部的层级式管理，确保内部运行与外部治理体系的衔接。如有学者所言，"制度上及实践中的责任约束和追究制度，也推动着行政化决策方式的刚性发展"①。

四是基层法官需要通过一定的制度化渠道获取"地方性知识"。尽管法官可以在个人工作及生活中获取地方性的风俗民情、治理需求，然而高度个体化的方式并不能保证法官普遍获得司法活动所需的带有地方性特征的信息。在此方面，法院内部依托对外承接机制和内部调控机制所开展的活动（尤为突出

---

① 顾培东. 人民法院内部审判运行机制的构建. 法学研究，2011（4）：10.

的是一些职能延伸活动），有助于以法院整体的力量提高法官获取司法活动所需"地方性知识"的有效性和广泛度，从而提升法官在个案审判执行中妥当把握法理、事理与情理的司法能力。

因此，在与县域治理相关的少数案件以及审判职能延伸活动中，基层法院需要与县域治理体系保持比较密切的联系，二者之间的联结情况对县域治理以及法院的案件处理会产生直接影响。二者之间如果缺乏有效联结，就会降低县域治理效能、影响相关案件的妥当处理，甚至会引发更多的矛盾和问题。就法院组织形态而言，如果过于强调法官独立，对法官缺乏一定程度的约束和控制，外部治理要求就很难传递到审判执行业务中。

与上级法院相比，基层法院是初审法院，主要的功能定位在于化解纠纷，实现"案结事了"，发挥规则之治的功能相对而言处于第二位。基层治理中出现的矛盾是诸多社会矛盾的源头。许多问题如果不能在基层治理体系中得到有效化解，就可能演变为更严重的问题，增加社会震荡的可能性和政治风险。这些案件的审判和相关工作的开展，往往蕴含着对法律条文以外的诸多社会因素和政治因素的考量，在很大程度上需要依靠地方治理系统的支持。这些问题和矛盾，不仅作为司法问题而存在，也作为地方治理系统需要面对的县域治理问题而存在，因为地方治理系统同样需要承担起促进消除矛盾、化解纷争的功能。因此，基层法院所处环境的这种特质，对法院内部组织架构与外部社会和政治系统之间的融合度提出了比较高的要求。如果要促使法院内部运行与外部系统达成比较高的融合度，一定程度的行政管理模式就很难避免，这有助于县域治理体系能够比较灵活、有效地应对进入司法程序的一些重大案件和县域治理难题。

小　结

　　法院内部管理结构与外部政治系统之间的联结问题，并不只是当下中国所独有的。例如，美国学者夏皮罗（Martin Shapiro）指出："法国法官的命运取决于他们是否能与主导性的政治意见以及其司法上级的法律观念保持一致。与其他法国的公务员一样，法官们一般希望在巴黎或至少在法国较大的区域性中心的某个城市获得一个显赫的职位。因而，对调任和任职的政治上的控制就变得具有极端的重要性。""在整个欧洲，人们和法官自身都把法官看成是政府官员，他们组成了国家高级行政机构中的一个部门，这一部门的组织形式、激励机制以及运作方式都与其他部门十分相似……司法独立和司法官员被同化为政府官僚机构的行政人员这两个方面在欧洲大陆国家一直处于相互斗争的状态。"[1] 当然，不同国家的法院组织形态

---

　　[1]　夏皮罗.法院：比较法上和政治学上的分析.张生，李彤，译.北京：中国政法大学出版社，2005：213，214.

会有差异性,即便是相似的内部组织架构在不同国度的运行效果也会存在差别,而且许多差别是"基于各国特殊的历史状况而产生的"①。

在中国这样一个带有明显能动性特质的国家,法院内部的微观权力结构是多方面权衡的结果,服务于法院的内部治理秩序以及国家的整体治理秩序。就此而言,在中国语境中,如有学者所说,"法院的内部治理,是整个政党政治治理的表现"②。亦如达玛什卡所言,在能动型国家,"社会生活的全部领域,即使是那些发生在幽暗私隐之处的事务,都有可能接受以国家政策为标准的评价,并按照国家政策的要求被加以塑造","当一个国家开始接近于实现其最充分的能动主义潜质的时候,司法与行政便开始融合"③。对于决定司法体制改革方向的主导政治力量而言,政治系统如何对法院进行控权和放权、法院内部管理如何展开,这些都是需要细致考量的问题。随着提交到法院的纠纷日益复杂、司法审判对社会的影响愈发增加、党政系统对法院更加重视,法院需要构建有助于应对外部复杂性的组织架构和运行机制。历次司法改革的总体趋势是

---

① 夏皮罗.法院:比较法上和政治学上的分析.张生,李彤,译.北京:中国政法大学出版社,2005:213.

② 刘忠.政治性与司法技术之间:法院院长选任的复合二元结构.法律科学,2015(5):26.

③ 达玛什卡.司法和国家权力的多种面孔:比较视野中的法律程序.郑戈,译.北京:中国政法大学出版社,2015:104,115.

向法官和合议庭放权，与此同时也在不断构建和完善对法官行权的管理。之所以要存在一些管理举措，除了司法廉洁方面的考量之外，很重要的考量正是为法官以及合议庭行权与外部系统的有效衔接提供制度保障和组织基础。在我国各个治理层级中，县域治理主体对外部的接触和回应最为直接；在各个层级法院中，基层法院与外部系统的互动最为直接。在这种环境中，基层法院组织形态的建构和运行就不可能是一个孤立的问题，也不是单纯依靠"司法中心主义"的进路就可以实现有效的制度设计，而是需要结合其在县域治理场域中的地位和作用来作出妥当的安排。

第三章　促进经济发展中的基层法院

发展才是硬道理。*

——邓小平

在中国的司法领域中,"为经济建设保驾护航""服务经济发展大局"是常见的政策话语,几十年来一以贯之[①]。改革开放之前,司法服务经济建设的要求也会被提及,但是法院主要

---

* 邓小平. 在武昌、深圳、珠海、上海等地的谈话要点(1992年1月18日——2月21日)//邓小平. 邓小平文选:第3卷. 北京:人民出版社,1993:377.

[①] 董必武. 司法工作必须为经济建设服务(1955年4月5日)//最高人民法院办公厅. 最高人民法院历任院长文选. 北京:人民法院出版社,2010:44-47;江华. 改革司法工作 更好地为社会主义经济建设服务(1980年8月16日)//最高人民法院办公厅. 最高人民法院历任院长文选. 北京:人民法院出版社,2010:192-194;任建新. 充分发挥国家审判机关的职能作用 更好地为"一个中心、两个基本点"服务(1988年7月18日)//最高人民法院办公厅. 最高人民法院历任院长文选. 北京:人民法院出版社,2010:240-266.

被定位为国家的专政工具,而且经济活动中的纠纷主要通过计划经济体制以行政方式解决,法院在其中发挥的作用非常有限。改革开放之后,国家治理发生转型,经济发展的重要性更加凸显,甚至"经济工作是当前最大的政治,经济问题是压倒一切的政治问题"①。在这样的背景下,法院为经济建设服务的要求被强调得更多。面对中国经济发展取得的成就,许多学者致力于回答"中国做对了什么"②。在总结中国经济高速发展的理论解释中,不少学者都关注到地方竞争的重要作用,有经济学家甚至认为:"对于中国经济的发展,没有任何力量有竞争产生的能量这么强大,没有任何竞争有地方'为增长而竞争'对理解中国的经济增长那么重要。"③ 对此,经济学家钱颖一、许成钢也很早就指出,中国自 1958 年以来就存在的以区域"块块"原则为基础的多层次、多地区的"M 型"组织结构强调地方政府的作用,调动了地方参与经济发展的积极性④。经济学家张五常则认为,"县际竞争"模式是促成中国

---

① 邓小平. 关于经济工作的几点意见(1979 年 10 月 4 日)// 邓小平. 邓小平文选:第 2 卷. 2 版. 北京:人民出版社,1994:194.

② 周其仁. 中国做对了什么:回望改革,面对未来. 北京:北京大学出版社,2010.

③ 张军. 为增长而竞争的故事 // 徐寿松. 铁本调查:一个民间钢铁王国的死亡报告. 广州:南方日报出版社,2005.

④ 钱颖一,许成钢. 中国的经济改革为什么与众不同:M 型的层级制和非国有部门的进入与扩张. 董彦彬,译. 经济社会体制比较,1993(1).

经济发展奇迹的谜底，县级政权体系在经济发展中扮演着非常重要的角色①。

在法治成为配置资源、调节市场运行重要方式的情况下，地方政府之间的竞争会通过地方立法、行政执法、审判执行等法治环节体现——设置优惠规则或者营造宽松、规范的执法和司法环境，降低投资主体的投资与经营成本。在此意义上，司法环境是营商环境的一部分②，也是地方竞争的重要内容③，法院成为保障经济发展的重要主体。在讨论中国经济奇迹时，许多研究侧重于考察中央与地方纵向分权对地方竞争产生的促进作用④，而缺乏对横向权力结构在此方面作用的细致考察。从横向的国家权力结构来看，基层法院参与地方党委、政府主

---

① 张五常. 中国的经济制度：神州大地增订版. 张五常，译. 北京：中信出版社，2009：158-169.

② 例如，2017年最高人民法院为"改善投资和市场环境，营造稳定公平透明、可预期的营商环境，加快建设开放型经济新体制提供更加有力的司法服务和保障"，专门制定《关于为改善营商环境提供司法保障的若干意见》。

③ 周尚君. 地方法治竞争范式及其制度约束. 中国法学，2017(3)；徐亚文，童海超. 当代中国地方法院竞争研究. 法学评论，2012(1).

④ MONTINOLA G, QIAN Yingyi, WEINGAST B R. Federalism, Chinese style: the political basis for economic success in China. World politics, 1995 (1); QIAN Yingyi, WEINGAST B R. Federalism as a commitment to preserving market incentives. Journal of economic perspectives, 1997 (4); 史宇鹏，周黎安. 地区放权与经济效率：以计划单列为例. 经济研究，2007 (1).

导的县域经济发展，而非对之施行刚性制约。这是地方"块块"结构能够"集中力量办大事"、推动当地经济发展的重要体制性条件，有助于推动中国经济发展。

不过，法院为经济建设服务的许多做法，特别是民商事领域中的一些活动时常被批评为"地方保护主义"（local protectionism）。司法地方保护主义话语出现在 20 世纪 80 年代。1986 年 4 月，最高人民法院院长郑天翔在第六届全国人大第四次会议上的工作报告中指出："在经济活动领域内，一些干部不是将法律作为保护人民合法权益和国家利益的武器，而是实用主义地对待法律，把法律当成保护本地区局部利益的工具。法院的判决，如果对本地有利，就高兴，就说法院的好话；如果法院判决本地应偿还外地的债务，就不高兴，就指责法院'胳膊肘往外拐'；甚至阻挠法院对一些案件的受理、判决和执行。"这是最高人民法院对当时出现的司法地方保护主义现象的批评。1988 年 4 月，郑天翔在第七届全国人大第一次会议上的工作报告中正式提出"地方保护主义"这一用语，重点批评在法院判决执行过程中"地方保护主义和本位思想严重，使法院判决的执行受到阻挠和干扰"。此后，一直到 2001 年，最高人民法院在全国人大会议上的工作报告均明确批评地方保护主义对法院审判执行工作的影响。例如，在 20 世纪 90 年代，这种地方保护主义十分严重，任建新就曾强调："目前存在的地方保护主义是建立和发展社会主义市场经济的大敌。

地方保护主义，搞条条块块的分割、封锁和垄断，实际上是保护落后，包庇违法。它破坏社会主义法制的统一和尊严，影响全国统一的、开放的市场体系的形成，损害国家全局利益和人民群众的根本利益，最终也损害本地区的长远利益。"[1]

与来自法院系统对地方保护主义的审视形成呼应的是，理论界围绕"地方保护主义"展开许多批评，并将此类批评作为推动司法体制改革的重要动因。例如，在20世纪90年代，不少学者批评有些地方为维护本地区经济利益，干预司法活动，导致许多经济案件难以审结、难以执行[2]。对此，一些学者提出要重构中国司法体制，尤其要增强法院系统的垂直性，从而防止地方党政系统干预司法[3]；还有学者从构建协议管辖制度和社会综合治理的角度，讨论解决司法地方保护主义问题的应对举措[4]。到21世纪之初，理论界依然存在对司法地方保护主义的批评。批评者的主要思路体现在两个方面：一方面是从建立和完善社会主义市场经济体制，尤其是构建全国统一市场

---

[1] 任建新. 加强和改革政法工作（节选）（1992年12月14日）// 最高人民法院办公厅. 最高人民法院历任院长文选. 北京：人民法院出版社，2010：277.

[2] 张英达. 克服司法地方保护主义刍议. 法学，1991（1）；刘仁文. 司法地方保护主义不能继续蔓延. 红旗文稿，1994（20）.

[3] 固重. 司法地方保护主义与法制建设新课题. 法学，1991（1）；刘太刚. 重划司法辖区 强化统一国家意识. 法学杂志，1999（2）.

[4] 俞昃雨. 管辖异议之诉质疑：兼谈司法上的地方保护主义问题. 中外法学，1990（3）.

的角度批评司法地方保护主义①；另一方面是从有关司法权属性的理论范畴出发批评司法地方保护主义②。现今，司法地方保护主义话语仍然是许多研究者认识和评判我国法院在经济发展中作用的重要依据，他们认为法院在服务地方经济发展的过程中处于从属地位，缺乏行使司法权所应有的自主性，进而以此作为讨论改革方案的前提和基础③。

然而，值得注意的是，地方保护主义问题在最高人民法院在全国人大会议上的工作报告中已经淡出。从最高人民法院和理论界对司法地方保护主义态度的对比来看，有几个问题值得思考：最近十余年，在理论界依然沿用此种话语认识和批评法院的情况下，为什么司法地方保护主义话语很少出现在最高人民法院在全国人大会议上的工作报告中？这是因为最高人民法院忽视了司法地方保护主义，还是由于不少研究者对司法地方保护主义的认识存在偏差？现在是否依然适合以这种有关司法

---

① 黄钟. 市场统一中国. 战略与管理，2002（2）；刘会生. 人民法院管理体制改革的几点思考. 法学研究，2002（3）.

② 刘作翔. 中国司法地方保护主义之批判：兼论"司法权国家化"的司法改革思路. 法学研究，2003（1）；吴良根，张智灵. 透析司法中的地方保护主义//南京师范大学法制现代化研究中心. 法制现代化研究：第7卷. 南京：南京师范大学出版社，2001.

③ 张千帆. 司法地方保护主义的防治机制. 华东政法大学学报，2012（6）；陈卫东. 司法机关依法独立行使职权研究. 中国法学，2014（2）；季卫东. 通往法治的道路：社会的多元化与权威体系. 北京：法律出版社，2014：115-116.

地方保护主义的批评话语作为改革设计的前提和基础？广为流传的话语是权力运行的意识形态基础构成了"象征秩序"[1]，其背后必定会有一定的实践形态与之对应。若要对这些问题作出回答，应当回到实践层面，经验性地把握当前法院对经济发展的回应形态，而不能简单地以20世纪八九十年代和21世纪之初的现实状况作为讨论的经验基础。

在不少论者的讨论语境中，"地方保护主义"所针对的"地方"主要是指市、县两级，特别是县域层面。无论是从我国经济发展的总体来看，还是从司法系统的角度来看，县域都居于非常重要的位置。在各层级法院中，最高人民法院发挥着围绕党和国家的政策制定并推动实施司法政策的职能，高级人民法院、中级人民法院充当最高人民法院的"政策助手"[2]，而基层法院则主要扮演具体实施相应司法政策的角色。无论是从法院数量上看，还是从发挥的作用上看，基层法院都有着基础性意义，因而考察基层法院对县域经济发展的回应形态，能够成为考察我国法院对经济发展回应形态的重要切入点，同时可以由此来审视司法地方保护主义话语。本章试图在贴近经验的层面讨论这一问题，而非首先采取规范性的立场对此作出

---

[1] 吉登斯．民族-国家与暴力．胡宗泽，赵力涛，译．北京：生活·读书·新知三联书店，1998：21．
[2] 杜豫苏．上下级法院审判业务关系研究．北京：北京大学出版社，2015：181．

评判。

一 基层法院对县域经济发展的回应

1. 基层法院对经济决策的承接

在我国各个层级的治理体系中，党委是整合经济决策的核心主体，将经济决策向政权体系各个组成部分输出。就全国宏观经济形势调控而言，中央通过党的组织系统，将对经济工作的总体要求层层传递到地方党委，由地方党委在本区域贯彻。就各地具体的经济形势而言，地方党委是地方经济政策和发展格局的决定者。只有党委才能最广泛地调动辖区内的力量和资源参与当地经济发展。党委进行辖区内经济决策整合，会面临处理全国宏观经济形势与地方具体经济形势之间关系的问题。一方面，地方经济发展受制于全国经济形势，需要中央宏观调控；另一方面，地方经济发展有其具体情况，地方治理系统基于政绩动力和地方具体所需，会有与中央宏观调控要求并不完全一致的利益偏好和政策取向。

在县域治理中，党委整合经济决策的主要方式是召开会议。通过这些会议，党委对宏观经济形势以及当地经济发展状况作出分析和判断。党委与基层法院党组之间是领导与被领导的关系，法院需要承接党委的经济决策。在不同时期，二者之间具体的权力支配方式存在差异。在基层法院院长（党组书记）人选的实质性话语权由党委掌握的情况下，由党委向法院直接传输地方经济决策的做法比较普遍。随着上级法院对下级法院院长人选的话语权增强、法院财政供给向"多级财政共同负担的差异供给"模式转变①，党委的经济决策对基层法院审判执行工作的直接影响在弱化。一位在江苏省X市H区法院工作30多年的法官在接受访谈时曾谈道："在以前县委对法院院长有比较大的决定权的时候，法院参与地方党委的会议非常多，也非常积极。现在，地方上有的会议法院院长也要去参加，但是比以前少多了，更多的是参加中院的会议，接受中院的工作安排部署。"

随着法院系统纵向一体化增强，上级法院对下级法院的管控得到强化，基层法院审判工作的推动力主要来自上级法院，服务经济发展的要求也主要是由上级法院提出。最高人民法院距离最高政治中心近，承担着吸纳和执行中央经济决策的政治功能②——将中央经济决策转化为司法政策，通过司法政策规范和引导各级法院将审判执行工作服务于经济发展。在此方面，每年的中央经济工作会议是形成和释放宏观经济政策要求

---

① 左卫民，等. 中国基层司法财政变迁实证研究（1949－2008）. 北京：北京大学出版社，2015：335-345.
② 侯猛. 中国最高人民法院研究：以司法的影响力切入. 北京：法律出版社，2007：136.

的重要场合①。除了直接吸纳中央的经济决策之外,最高人民法院还会结合中央决策,会同相关部门研究、整合、制定具体的指导意见和工作机制。最高人民法院的回应具有宏观性和整体性,其围绕国家政策而制定并实施的司法政策辐射整个法院系统,这些司法政策经由高级人民法院向市、县两级法院传递。

各省份间的区域位置、发展状况存在较大差异,司法工作需要与省情相结合。在此方面,高级人民法院和中级人民法院发挥着重要作用。在省级层面,高级人民法院会结合省委的部署和本省总体情况,将最高人民法院的宏观性和整体性的司法政策具体化。在市级层面,中级人民法院会吸纳市委有关当地经济发展的要求,将最高人民法院、高级人民法院的指导意见在本市法院系统内进一步具体化。而从市委的角度看,市委在作出经济决策和开展工作部署时,会结合各县(市、区)经济发展的要求和布局,与此同时,各县(市、区)党委也会在市委决策的基础上开展工作部署。

2. 基层法院对经济发展的回应方式

企业是经济活动最重要的主体,法院服务地方经济发展主

---

① 例如,可参见《最高人民法院关于认真贯彻中央经济工作会议精神为实现明年经济发展目标提供有力司法保障的通知》《最高人民法院关于认真学习贯彻中央经济工作会议精神的通知》。

要体现为服务企业的生产经营活动。具体来说，基层法院对经济发展的回应主要有以下四种方式，其中后三种属于司法职能的延伸。

一是发挥审判执行职能。审判执行工作是法院的业务工作，也是法院服务地方经济发展的基本方式。进入司法程序的民商事案件、刑事案件、行政案件均有可能影响地方经济发展。从司法实践看，一些类型的案件与地方经济发展的联系比较紧密，如企业破产案件、劳动争议案件、民间借贷案件、社会保险案件、农业发展相关案件、城乡结构调整相关案件、金融纠纷案件、消费者权益纠纷案件、环境保护案件等。其中，商事案件的审判执行对地方经济发展的影响尤为明显。法院通过审判执行工作服务经济发展，并不是被动地依据法律裁判，而是会保持一定的能动性——结合经济发展形势把握审判执行的裁量尺度。此方面的司法文件中经常会出现"慎重""妥善""积极""加快""促进""着重""依法""严格"等用语。这些用语意味着不同的办案尺度、办案节奏以及相应的司法资源配置。对于重点工程项目，基层法院会集中司法资源，加大保障力度。例如，江苏省盐城市中院发布的一份名为《盐城市中级人民法院关于全市法院保增长保民生保稳定二十条措施》的文件要求全市各基层法院：

> 加强对国家投资的重点工程项目的司法保障力度，在手续完备情况下，做到即诉即立，接到财产保全、先予执行申

请的，应当在48小时内做出裁定并立即执行。相关案件专设台账管理，并报市中院备案。审理正在建设中的国家重点项目工程引发的案件，原则上不得查封、冻结、扣划国家为扩大内需投入的专项资金。严厉打击侵占或不当使用国家为扩大内需投入资金的犯罪活动，充分运用财产刑等刑罚手段，最大限度地挽回国家损失，确保国家资金的有效使用。

二是开展司法调研。司法调研侧重于从面上了解情况，增强法院管理层以及办案法官的宏观把握能力。具体而言，司法调研的作用主要体现在以下三个方面：（1）引导司法方向。最高院、高院承担公共政策研判和制定功能①，这两个层级法院开展的司法调研在引导司法方向上的作用最为显著。最高院、高院一方面会依靠自身力量开展司法调研，了解宏观经济形势对司法活动的影响；另一方面也会通过推动中级人民法院、基层法院开展司法调研，获取、分析和研判下级法院提供的信息，并将之作为制定司法政策的重要依据。除了由上级法院推动之外，为了确定适宜的司法工作方向，基层法院也会开展相关调研。例如，江苏省X市J县在城市快速发展建设阶段因拆迁产生的矛盾纠纷比较多。为了便于把握好政策方向和办案

---

① 张友连.最高人民法院公共政策创制功能研究.北京：法律出版社，2010；黄韬.公共政策法院：中国金融法制变迁的司法维度.北京：法律出版社，2013；郑智航.最高人民法院如何执行公共政策：以应对金融危机的司法意见为分析对象.法律科学，2014（3）.

尺度，该县法院由分管副院长带领，组织民一庭和行政庭法官到重点工程单位调研了解情况。(2) 创造司法知识。经济发展所需要的知识类型并不只是法律知识本身，法官可能缺乏足够的知识来应对与经济发展相关案件的复杂性以及经济领域的一些问题，以至于难以深入认知和把握"外部复杂性"[①]。基层法院会通过与党政部门、企业召开座谈会的方式开展司法调研，调查了解当地经济发展形势，弥补法院内部对多方面知识类型供给的不足，并将与地方经济发展相关的知识类型纳入司法实践的整体知识体系。(3) 协助地方决策。许多基层法院会通过一些专题性的司法调研，将调研报告报送地方党委、人大、政府，为地方党委、人大、政府应对地方经济发展问题提供建议和决策依据。有的基层法院还会组织人员参与党委、政府的政策制定过程，开展决策前的法律风险预测评估。例如，江苏省南京市 A 区法院为了服务 A 区金融生态环境建设，曾经到全区 10 家银行、15 家保险公司和 24 家担保公司调研，走访网点 46 个，发出调查问卷百余份，了解全区金融体系运行状况和特点，评估其中的法律风险，形成调研报告后报送区委、区政府，并将调研报告提供给各金融机构参考。

三是发送司法建议。对于在案件审理或者是职能延伸中发

[①] 波斯纳. 波斯纳法官司法反思录. 苏力, 译. 北京：北京大学出版社，2014：5-12.

现的地方经济发展存在的问题，法院会主动向有关党政机关、行政部门、企业、行业协会或工商联等发送司法建议①。与地方经济发展有关的司法建议主要有这样一些类型：（1）保障裁判执行型司法建议。这类司法建议早已规定在民事诉讼法和行政诉讼法中，不过在实践中很少出现。（2）程序瑕疵补救型司法建议。在行政诉讼案件或者非诉行政执行案件中，如果行政行为在程序上存在瑕疵，但未违反法定程序，一般来说法院不会撤销行政机关的行政行为，而是会向该行政机关或其上级行政机关发送司法建议，提醒并督促其规范行政行为。（3）完善公共政策型司法建议。例如，江苏省南京市J区法院在一份名为《关于开展"企业服务年"活动的实施意见》的文件中提出："密切关注宏观经济环境变化在司法审判领域给企业带来的各种新情况和新问题，深入开展调查研究，及时提出应对措施和建议，统一裁判、执行标准，提高对各类敏感问题发展趋势的预测能力和有效解决疑难复杂问题的能力，为党委、政府正确决策提供法律对策上的智力支持。"（4）矛盾纠纷预防型司法建议。例如，江苏省镇江市D市法院在《关于当前金融危机形势下依法保护和服务企业发展十条措施》中提出："结合办案中发

---

① 司法建议在我国司法实践中早已存在。自最高人民法院于2007年3月1日发布《关于进一步加强司法建议工作为构建社会主义和谐社会提供司法服务的通知》之后，司法建议开始在司法活动中得到广泛运用。

现的企业经营管理中存在的普遍性问题和苗头性问题，针对企业完善内部管理、规范对外经营活动、预防和减少企业内部纷争和外部经营风险等方面，积极提出应对和防范措施，并及时向相关企业发送司法建议，促进企业健康稳定发展。"

四是联系服务对象。这种方式主要针对受经济环境变化影响较大、司法需求迫切、对社会稳定影响大的企业，有时也会包括重大建设项目。在市场经济条件下，企业需要融资担保、市场开拓、产业指导、行业规划、知识产权保护等方面的法律资讯。很多企业主要通过聘请法律顾问的方式获取法律资讯。一些基层法院也会通过开展联系企业的活动，掌握企业债务、拖欠工资、裁减员工、停产歇业等方面可能引发纠纷的问题。法院联系企业的形式多样，如开展座谈会、进行问卷调查、组织法律培训、寄送典型案例资料等。对于一些重大建设项目，有的地方会实施法院领导和主要审判业务庭负责人挂钩服务重大项目制度和审判业务部门向地方党委、政府专报重大项目信息制度。

在地方社会治理中，经济发展与维护社会稳定是两个紧密联系的主题。法院对县域经济发展的回应，不仅体现在对经济发展活动的直接促进，很多时候还体现在审理可能影响地方社会稳定的涉企案件。这些案件往往涉案金额大、牵涉人员多、协调难度大、对抗性强，并且会涉及诸多非法律领域的专业性问题。在这些案件的审理中，一方面地方党委、政府有介入案件处理的动力，另一方面由于司法资源和司法能力有限，基层法院也希望地方党委、政府参与其中。在有的人看来，地方党委、政府参与这种案件的处理也是地方保护主义，然而，这种观点忽视了我国社会治理中属地管理的责任层级结构。地方党委、政府介入市场的重要原因在于防止经济风险向政治风险转化①。所谓政治风险，主要是指市场运行出现的经济风险而引发的对社会稳定、政府信用产生消极影响的风险，这样的风险进而可能对政治稳定造成冲击。现在的普遍情况是，在市场主体（即便是对当地经济有重要影响的企业）之间发生的纠纷或案件，如果没有对社会稳定产生较大影响，地方党委、政府不会介入其中，而是将之视为市场经济的正常现象，由企业自身承担市场运行风险。

二 基层法院的自主性回应及其机理

1. 基层法院回应方式的自主性

在县域经济发展中，基层法院扮演着"配合者"的角色，配合地方党委、政府实施应对经济发展的政策措施。不过从调

---

① 向静林．市场纠纷与政府介入：一个风险转化的解释框架．社会学研究，2016（4）．

研经验看，基层法院对县域经济发展的回应具有较大的自主性，而非像许多论者所认为的带有突出的"地方保护主义"色彩。这种带有自主性的回应，一方面达到了服务地方经济发展的要求，另一方面保留了独立审判的制度空间。

首先，基层法院积极参与服务地方经济发展的内在动力较弱。在公共财政供给模式确立之前，特别是在上级财政资金所占比例较少的阶段，基层法院的收入来源有法院收取的诉讼费和地方财政两种，法院运行受地方财政的影响比较大。在我国当时税收体制中，地方财政主要受到地方企业税收影响，不仅地方党政系统有动力维护本地企业的生产经营状况，而且基层法院也有基于自身运行状况而产生维护本地企业利益的动力，甚至普遍出现法院参与招商引资的现象。随着公共财政供给模式确立，基层法院基于自身运转经费的考虑而参与地方经济发展的动力已大为削弱①。从调研了解的情况看，全国各地基层法院已经普遍不再参加地方招商引资的目标责任考核。尽管没有参与地方经济发展的硬性考核，但是对于基层法院而言，这些事项属于加分项。例如，在 X 市，从 2005 年开始，各基层法院都无须参与地方招商引资的目标责任考核。由于基层法院的财政供给并未完全实现由上级财政保障，法院的部分运行经

---

① 因当地财政供给结构的差别，这一点在不同的地方呈现出一定的差异。

费、干警福利待遇还需要由当地财政提供。因此，当地许多基层法院为了增加运行经费、提高福利待遇，还是会参加地方治理系统组织推动的一些服务经济发展的工作，从而获得在地方综合考核中的评先评优机会。一般而言，法院只要参与地方工作，在年度综合考核中都能够达到考评要求，从而获得相应的奖励。时任X市H区委政法委副书记在接受访谈时就曾坦言："地方党委比较给法院、检察院这两家面子，通常来说这两家在考核中都会拿到考核目标奖。"如果基层法院财政来自上级政府财政的比例更大，可以预见的是其参与服务县域经济发展的内在动力会进一步减弱。

其次，基层法院审判与县域经济发展相关的案件时有较强的中立性。例如，H区法院一位副院长在访谈中曾言："法院'为地方经济发展保驾护航'，这个主要还是体现在文本上，现在基本上牵涉不到个案。如何发展地方经济，这是区里的事情，对于法院而言，我们公正办案就行了。如果联系的企业有什么纠纷，在现在这种法治环境和政治环境下，我们也不可能没有底线地直接帮忙。不过，法院每年还是会在报告中强调是在为地方经济发展服务，毕竟'有为才能有位'。"这种中立性受到地方治理系统介入司法的动力弱化和当事人主义诉讼模式两个方面因素影响。随着经济体制改革推进、市场经济秩序逐步完善、法治话语兴起，特别是最高决策层不断强调防止领导干部干预司法活动①，地方治理系统主动介入法院审判的制度空间受到限缩，在此方面的介入动力趋于弱化。在当事人主义的诉讼理念和制度架构的影响下，法院在民商事案件审判中的职权主义色彩趋于减弱。在绝大多数民商事案件的审理中，法院会遵循当事人主义的诉讼模式。对县域经济发展有较大影响的民商事案件的双方当事人，一般都是有较大能量的主体，能够调动广泛的社会关系资源。如果审判活动受到地方治理系统影响，法官不能居中公正裁判，利益受损一方会有能力诉诸更高层级的法院，甚至是诉诸传媒舆论。一旦出现这样的局面，无论是地方治理系统还是基层法院，都会陷入被动境地。

最后，基层法院对县域经济发展的回应还带有很大程度的象征性。一些基层法院会根据当地党委、政府的中心工作部署，结合经济发展要求制定相应的司法文件。例如，江苏省X市H区人民法院曾根据区委工作会议提出的"幸福H区"建设，制定了《H区人民法院关于为"幸福H区"建设提供法律服务和保障的实施意见》，该文件得到区委书记批示。从调研了解的情况看，H区人民法院出台这样的文件以象征意义为主。对此，该院一位副院长坦言："这样便于向地方党委、

---

① 参见《中共中央办公厅 国务院办公厅关于印发〈领导干部干预司法活动、插手具体案件处理的记录、通报和责任追究规定〉的通知》（中办发〔2015〕23号）。

人大汇报工作时有话可说，有'亮点'可讲，不至于干瘪瘪地汇报案件数量。"根据地方党委经济建设中心工作出台此类文件，能够体现法院对地方党委中心工作的回应，有助于法院获得地方治理系统的正面评价。在更多的情况下，基层法院有关保障地方经济发展的文件是在上级法院推动下制定的。在全国或省域经济形势面临一些共性问题时，最高院、高院会出台相应的司法政策，中级人民法院和基层法院在这些司法政策的框架内制定实施意见。不过在很多情况下，基层法院制定的这类文件并未对审判执行工作发挥指导作用，法官在审判执行业务工作中不会依据本院的此类文件，而是依据最高院、高院的文件处理。

2. 自主性回应的形塑机理

这种带有自主性的回应形态受到所有制、经济发展模式、经济结构等多种因素影响，有其深层的形塑机理。一方面，随着所有制改革的推进以及经济发展模式的变化，地方党政系统推动实施司法地方保护主义的动力已经非常微弱；另一方面，由于各地经济结构不同，某些地方依然会存在内生于当地经济结构的地方保护主义现象。

首先是所有制改革的深入推进减少了地方党委、政府干预案件审判执行的动力。在"地方保护主义"比较严重的20世纪80年代中后期以及90年代，国有经济和集体经济在国民经济中所占比重大，地方大量经济活动由地方政府职能部门直接管理。在这种情况下，地方党委、政府有较强的动力介入可能影响这些企业生产经营状况的审判执行活动。正是在这样的背景下，最高人民法院在全国人大会议上的工作报告多次批评了这种地方保护主义现象。1997年党的十五大之后，国有企业改制大规模施行，国有及国有控股工业企业数量大幅减少①。在市场经济条件下，地方政府没有市场垄断权，不能搞地区封锁，不能阻止外地企业进入本地市场。为了适应地区竞争，许多地方政府大力推动公有制企业民营化，以抓住经济发展的主动权②。在这个阶段，政府体制改革也在推进，许多直接管理经济的职能部门被撤销或合并。

在这种情况下，地方治理系统直接介入法院审判执行个案的现象大幅减少。例如，2009年江苏省南京市J区法院的一份文件即已指出："对辖区内的企业，不论是本地企业还是外地企业，不论是国有企业、集体企业还是民营企业，都做到一视同仁，杜绝地方保护主义和部门保护主义，依法保证企业都

---

① 参见国家统计局．中国统计年鉴（1999）．北京：中国统计出版社，1999：17；《中共中央关于完善社会主义市场经济体制若干问题的决定》（2003年10月14日）．

② 曹正汉．国家与市场关系的政治逻辑：当代中国国家与市场关系的演变（1949～2008）．北京：中国社会科学出版社，2014：54－56．

在一个平等的投资环境和发展环境中生产、经营。"① 国有企业和乡镇集体企业大规模改制之后，各地大多数企业是民营企业和外资企业，地方政府与辖区内绝大多数企业都失去了产权关系，到了县一级就更是如此。这意味着政企关系发生重要变化，地方政府对地方经济不再是按照原有体制中基于所有权关系而实施管理，如产品价格制定、企业生产计划制定、物资调配等都不再属于政府管辖范围，而是由企业和市场自主决定。在这样的基本背景下，20世纪80年代末90年代初基于所有权关系而引发的"地方保护主义"已经很少出现。在当下，非公有制经济在国民经济发展中发挥重要作用，平等保护非公有制经济已成为重要的司法政策。

除了所有制变动会对司法地方保护主义产生影响之外，经济发展模式的变化也抑制了地方保护主义的产生。1992—2000年，许多地方政府为应对市场化改革，调控当地经济发展、抓住经济发展主动权的方式发生了转变：由微观控制转向宏观控制，由"经营企业"转向"经营城市"，到2000年以后由"抓住办企业的权力"、限制民间个人办企业转向"抓住土地开发权"、鼓励与吸引本地和外地商人办企业。民营企业对地方经济发展的贡献突出地体现为促进GDP增长、增加地方财税、

---

① 参见南京市J区人民法院发布的《关于开展"企业服务年"活动的实施意见》。

带动民生就业，这些都成为激励地方官员积极作为的重要因素。在这种情况下，地方政府保护本地企业而排斥外地企业的做法与"经营城市"的发展模式相悖。2016年营业税改征增值税（简称营改增①）在全国全面推广试行之后，地税份额缩减，地方政府基于保持和增加地方财税而实行地方保护主义的动力进一步减弱。

进一步来看，各地经济结构的差别会影响地方保护主义的产生。地方党委、政府对涉及当地经济发展的民商事案件审判执行的影响、介入程度及介入的具体方式，与地方经济结构和发展阶段存在紧密联系。目前，全国总体上已经是民营企业在经济总量上占据主要份额②，但是这在不同地方会呈现出不一样的特点。在当地国有企业较多或者涉案企业为当地国有企业的情况下，地方党委、政府影响相关案件审理的动力会比较大；在经济发展不是主要采取"经营城市"的模式，而是依靠大量本地企业的地方，当地党委、政府对于涉及本地企业的重

---

① 营改增，是指以前缴纳营业税的应税项目改成缴纳增值税，增值税只对产品或者服务的增值部分纳税，减少了重复纳税的环节。2016年3月18日召开的国务院常务会议决定，自2016年5月1日起，中国全面推开营改增试点，营业税逐步退出历史舞台。参见国务院发布的《全面推开营改增试点后调整中央与地方增值税收入划分过渡方案》。

② 我国民营经济具有"五六七八九"的特征，即贡献了50%以上的税收、60%以上的国内生产总值、70%以上的技术创新成果、80%以上的城镇劳动就业、90%以上的企业数量。习近平.在民营企业座谈会上的讲话.人民日报，2018-11-02（2）.

要案件的审理执行会更为重视，有尽可能保护本地重要企业利益的动力。

在这样的背景下，随着所有制改革的推进、地方公有制经济所占比重大幅降低，一些学者所批评的法院偏袒本地企业、实行地方保护主义的现象很少出现。20世纪80年代中后期和20世纪90年代各地普遍发生的"原料大战"（1985—1988年）、"产品大战"（1988—1992年）和"政策大战"（1992—1998年）这种分割市场的地方保护主义现象已经很难再见到。面对大量民营企业和外资企业，地方政府并无多少动力对本地企业实行有别于外来企业的特殊保护。除此之外，按照有关民事经济案件级别管辖的规定，基层法院管辖的民商事案件的标的额不会太高。即使存在对本地企业的特殊保护，一般也是因为存在权钱交易的腐败行为，而这并不是制度设置本身能够绝对避免的。

三 基层法院对经济发展的作用限度

1. 专业分工与治理功效

在市场经济环境下，为了有效地推动经济发展，地方政府有对法律服务的内在需求。这种需求可以通过两种渠道来满足。一种是通过体制内的渠道，主要体现为体制内的法律职能部门为地方经济决策、执法办案提供法律服务。例如，由法制办提供法律咨询，或者由司法局管理的公职律师为政府提供法律服务[①]。另一种是通过市场化的渠道，体现为政府在法律服务市场上购买服务。例如，政府聘请律师担任法律顾问，由律师为政府的决策和管理提供法律服务。许多地方政府会吸纳律师参与重大投资、项目建设等方面的决策和工作实施，由律师起草法律文书，从法律专业的角度提供建议。

2018年前，各级政府均设有法制办和公职律师，但是受到法律职业市场发展的影响，体制内的法律职业人才远比法律服务市场中的法律职业人才少，难以充分发挥法律职业人才为地方经济决策和执法办案提供优质法律服务的作用。例如，在2016年，湖北省N市C县法制办只有三个工作人员，这在很大程度上能够体现出中西部地区的普遍情况。公职律师也存在类似问题。许多公职律师执业经验较为缺乏，相对熟悉的是政府部门的文件起草、审查以及行政诉讼工作，但是对于民商事法律业务较为陌生。与此相比，法院有大量法律职业人才，具备为地方党政系统提供法律服务的专业能力。法院是承担司法职能的国家机构，不宜深度参与为地方政府提供专业法律服务的活动，不过有的基层法院还是会参与一些这样的活动，这主要还是因为当地的法律职业专业分工不够成熟。随着法律服务

---

① 2018年的党和国家机构改革将政府法制办归入司法行政部门。

市场进一步发展，将基层法院从为地方党委、政府提供法律咨询的角色中分离出来的条件会逐渐成熟。但不可忽视的是，中国律师业的发展在2000年之后明显表现出向超大型城市（如北京、上海、广州、深圳等）以及经济较发达省份（如广东、浙江等）集中的趋势，目前这种趋势更加明显；而在一些欠发达地区，律师的数量增长却停滞甚至出现下滑[1]。在这种情况下，很多地方仍然会有法院参与提供专业法律咨询的实际需求。

  联系企业是基层法院服务地方经济发展的举措，不过这种举措在很多情况下并未真正发挥显著作用。法院联系企业的主要出发点是帮助企业发现和预防生产经营中的法律风险，然而受制于人员力量和工作安排，法官一般很难有比较充足的时间和精力走访企业，深入了解企业生产经营状况。从调研了解的情况看，比较常见的做法是，承担联系企业任务的法官会在送达司法文书、开展法律宣传的过程中，顺便到所联系企业走访。法院在服务企业中的作用不明显，还有一个很重要的原因是法律服务市场已经形成专业分工，企业对防范法律风险的需求可以通过法律服务市场得到满足。对此，有的法官就认为："让我们给企业提供法律服务，这其实是越俎代庖。如果企业

---

[1] 刘思达. 割据的逻辑：中国法律服务市场的生态分析. 增订本. 南京：译林出版社，2017：28.

真正需要法律服务，老板自己会去聘请专门的律师，律师在企业上花的精力肯定比我们法官多得多。"

2. 可能存在的偏差及其防范

从保障公正行使司法权的角度看，基层法院需要改进或取消一些过多耗费司法资源、不利于公正行使审判执行职能的举措。在为地方经济发展服务不能通过在个案审判中施加倾向性保护的情况下，法院主要是通过审判职能延伸活动来体现其在地方经济发展中的"作为"。在不少法官看来，这些活动的"面子工程"色彩比较重。如果从司法权公正、有效运行的角度来看，法院主动开展服务地方经济发展活动的必要性并不大，甚至可能会给司法权运行带来不利影响。例如，法院开展联系企业的活动会存在主动服务与保持司法中立的矛盾问题。例如，早在多年之前，江苏省高院的一份文件已经指出，法院"在联系企业的过程中，要在法律规定和国家政策允许的框架内履行职责，发挥作用，从法律的角度为规范企业经营和治理提出意见和建议，避免把联系企业等同于帮助企业打官司，更不能越俎代庖，变成企业的法律顾问"①。中立性是司法的重要属性之一，但是法官在联系企业

---

① 参见《江苏省高级人民法院关于印发〈关于深入推进人民法院联系企业活动的意见〉的通知》（苏高法〔2009〕388号）。

的过程中会出现与部分企业联系过于密切的情况，以至于企业涉诉后会引起另一方当事人对司法公正产生质疑。对此，江苏省高院提出："对涉及所联系企业的案件，要严格遵守回避制度等法律规定，坚持平等保护，禁止对其他企业和当事人实行差别待遇，切实维护公正廉洁的良好司法形象。"

所有制改革以及经济发展模式的变化，弱化了地方治理系统实施地方保护主义的动力，不过地方党委、政府在推动地方经济发展过程中依然有决定性影响。例如，地方党委、政府在这些方面仍然掌握着明显的主导权：(1) 本地经济发展的年度计划和长期规划、长远发展战略和产业政策；(2) 对财政资金的支配和对地方金融机构的影响，尤其是通过政府担保对银行信贷的影响；(3) 招商引资；(4) 项目审批；(5) 土地出让和使用；(6) 实施合同和协调纠纷等①。在这些方面，地方党委、政府与企业会保持很紧密的联系，而这种联系容易滋生某些地方保护主义现象。具体来看，其会因各地所处发展阶段的不同而存在差别。例如，H区在招商引资热潮期间，地方党委、政府为了保护招商引资企业而干预审判的现象比较普遍。进入招商引资后期阶段，地方党委、政府基于招商引资考虑，对招入本地的利税企业大户给予优惠政策和偏袒保护的动力已

---

① 周黎安. 转型中的地方政府：官员激励与治理. 上海：格致出版社，2008：292.

明显减弱。

随着经济体制的变化以及市场经济秩序的完善，地方保护主义现象已经很少出现，然而在实践中依然还会存在。许多地方普遍采取"经营城市"的经济发展模式，征地拆迁成为推动地方经济发展的重要步骤。为了减少征地拆迁中的阻力，防止影响当地经济发展布局，有地方曾要求法院对涉及征地拆迁的行政诉讼案件一律不予受理。这种做法实质上是地方保护主义。不过既有的体制架构存在克服这种地方保护主义的机制，因而无须变革法院在地方党政系统中的结构位置。随着法院系统自上而下纵向一体化加强，上级法院对下级法院的管控能力强化，可以通过上级法院介入，必要时通过上级党委施加影响，来克服地方保护主义。例如，江苏省高院于2014年3月向省人大常委会专题汇报全省法院行政审判工作，行政诉讼中地方保护主义问题引起人大代表的关注，省委、省人大主要领导要求积极配合法院依法履行行政审判职能，尊重并支持法院解决行政案件不立不裁问题。此后，江苏省高院很快派人员到无锡进行现场办公，与当地党政主要领导交换意见；同时，省高院党组还派出专门工作组，在无锡开展驻点督办，当地行政案件不立不裁问题迅速得到解决。针对执行案件中的地方保护主义问题，近些年则主要是依托建立和强化执行体制的纵向管理，通过提级执行、指定执行来解决。

小　结

地方能够成为推动中国经济腾飞的重要因素，相互之间开展竞争，促进地方经济发展，进而促进全国整体经济发展，与中国特定的国家权力结构有关。在中国的国家权力结构中，"地方政府（广义上）是相对发达国家具有压倒性优势的制度存在"，尤其是在土地财政的逻辑作用下，"成为丝毫不亚于企业的市场参与者"[①]。从横向权力结构来看，主要涉及地方各级党委、人大、政府、法院、检察院之间的权力结构关系。在地方治理系统中，对经济发展发挥主导作用的是党委和政府。横向的权力结构关系，会对同级政权体系的运行逻辑和运行效率产生重要影响。在我国整体性国家的基本体制下，国家各个组成部分都围绕党中央以及各级地方党委所确定的中心工作部署和开展工作。在以经济建设为中心的环境下，如何服务于经济建设、在经济建设中发挥怎样的作用是国家政权体系各个构成部分确定自身工作安排的重要依据。

从经验层面看，在当前条件下，基层法院依然需要参与县域经济发展，以一定的举措对之作出回应。之所以如此，是因

---

① 赵燕菁.大崛起：中国经济的增长与转型.北京：中国人民大学出版社，2023：178.

为法院系统嵌入党政体制的整体治理结构之中，要结合党政体制的总体布局开展司法活动。这是我国政治体制具有较高整合力的突出体现，这种整合力在推动中国经济发展中起到显著的作用。随着市场经济的不断发展，法院受理的经济纠纷日益增多，法院的审判活动对当地经济纠纷会产生非常直接的影响，进而会关涉当地经济发展；与此同时，党政系统也会基于经济发展的需要，对法院提出相应的要求，法院需要对此作出回应。在这种基本背景下，基层法院在由县际竞争所推动的县域经济发展中发挥怎样的作用、以什么样的方式发挥作用、审判职能的公正行使与服务经济发展之间的融合和张力呈现什么样的状态是现在需要讨论的问题。不过，这并不意味着现在普遍存在法院违背公平原则、偏袒地方企业的"司法地方保护主义"。实际上，随着所有制、经济发展模式、经济结构等因素发生显著改变，基层法院对县域经济发展的回应具有较大的自主性，并非被动地受制于地方党委和政府。尽管实践中依然存在某些地方党委、政府实行地方保护主义，影响当地法院独立、公正地行使司法权的现象，但是依托上级党委的领导与统摄作用以及法院系统的纵向管理，现有体制存在解决这一问题的具体机制，而无须通过强调法院脱离地方治理系统的变革举措来实现。

如果从防止因私谋利的"地方保护主义"来看，企业为了自身利益寻求有利的审判结果，并不会限于求助地方党政领导干部，也会依靠上级法院法官。实际上，在法律体系日益复杂、审判业务日益专业化、上下级法院之间愈发纵向一体化的背景下,审判活动中存在大量隐蔽的、非正式的司法知识。由上级法院法官介入其中,通过审判业务活动中的微妙操作而获得有利于特定一方裁判结果的做法更易实施,这其实也是一种"地方保护主义"。然而这种意义上的保护主义,却被指向地方治理系统中的司法地方保护主义的批评话语所遮蔽[1]。这种意义上的司法地方保护主义实际上是腐败,与基于地方治理需求而实施的保护举措存在显著差别。

与此前历次司法改革相比,已经完成的"四五改革"的一个显著特点是提出要"彰显审判权的中央事权属性"。不少研究者认为,这一定位所针对的是"司法地方保护主义",并将此种认识作为司法改革的前提。然而,这一章的分析表明,如果回到经验层面展开细致的考察,可以发现理论界对审判权的中央事权属性的理解与实践经验存在较大的偏差。"五五改革"延续了前一轮改革有关审判权的中央事权属性的基本定位,不过在具体表述上略有差异。对此,"五五改革纲要"提出要"准确把握"审判权的中央事权属性。若要做到"准确把握",应当回到现实经验,从实践中提炼理论,从而厘清改革的前提,为改革的政策设计提供契合经验基础的起点。

---

[1] 刘忠. 司法地方保护主义话语批评. 法制与社会发展,2016 (6).

我国的经济发展模式是对法院体制改革有深刻影响的宏观结构性因素。随着民众、学界以及决策层对发展主义模式不断展开批评和反思，中央逐渐由以经济增长为中心转向重视社会综合发展，强调"面对国内改革发展稳定的繁重任务，我们坚持以科学发展为主题、以加快转变经济发展方式为主线，按照稳中求进的工作总基调，及时加强和改善宏观调控，把稳增长放在更加重要位置，在稳增长、调结构、促改革、惠民生等方面都取得了积极进展"①。宏观层面的这种变动会对法院在经济发展中的角色、作用以及运行形态产生影响。当"发展型地方主义"（developmental localism）不再是我国经济社会发展的关键影响因素时，通过司法方式对地方治理系统施加刚性约束才会成为可能。就目前而言，这个阶段还没有真正到来。在这种情况下，试图通过加强司法系统的纵向一体化对地方政权体系施加刚性约束，未必真的能够奏效。

---

① 习近平. 经济增长必须是实实在在和没有水分的增长（2012年11月30日）//习近平. 习近平谈治国理政：第1卷.2版. 北京：外文出版社，2018：111.

第四章 维护社会稳定中的基层法院

> 中国的问题，压倒一切的是需要稳定。没有稳定的环境，什么都搞不成，已经取得的成果也会失掉。*
>
> ——邓小平

早在 20 世纪 70 年代末，国家就强调社会稳定的重要性。在当时的环境中，这种意义上的稳定主要指向的是政治秩序。从 20 世纪 90 年代中期开始，维护社会稳定工作更加侧重于"人民内部矛盾"，强调要正确处理改革、发展、稳定之间的关系。到了 2000 年左右，稳定问题主要有两个重要表征：一是"信访洪峰"持续高涨，二是"群体性事件"频发。在许多讨论者看来，这两个方面是判断社会秩序是否稳定的敏感信号。随着法治建设不断推进，国家更加重视用法律手段化解矛盾、

---

* 邓小平. 压倒一切的是稳定（1989 年 2 月 26 日）// 邓小平. 邓小平文选：第 3 卷. 北京：人民出版社，1993：284.

维护社会稳定，司法机关在维护社会稳定中的作用日益凸显①。对此，习近平强调："维护社会大局稳定是政法工作的基本任务。要处理好维稳和维权的关系，要把群众合理合法的利益诉求解决好，完善对维护群众切身利益具有重大作用的制度。"②

与此同时，一些研究者批评维护社会稳定压力对司法造成消极影响，提出要进一步增强司法机关的独立性，改革法院内部的组织形态和管理机制，将权力放给独任法官或者合议庭，削弱甚至消除来自法院管理层以及外部治理系统对法官行权的影响，从而排除维护社会稳定压力对司法的干扰。这种批评有积极意义，有助于纾解片面强调维护社会稳定工作而造成的多方面困境，促进以法治化的方式化解矛盾纠纷。不过在作出这种批评时，一些研究者并未对受维护社会稳定压力影响的法院组织形态进行细致的考察。从实践经验看，在维护社会稳定压力的影响下，法院内部的组织形态和管理机制与法律文本的规定、许多研究者的期待存在一定的差异。如果说法律文本中的是正式制度，那么实际形态中蕴含了许多非正式制度。"在许多情形下，非正式过程运作……与我们从官方的正式制度或文

---

① 葛洪义．"维稳"语境下的司法改革．南风窗，2010（26）．
② 习近平．促进社会公平正义，保障人民安居乐业（2014年1月7日）//习近平．习近平谈治国理政：第1卷．2版．北京：外文出版社，2018：148．

本资料上看到的正式、理性的形象时常形成鲜明的对比。"①若要就维护社会稳定压力对法院运行产生的影响作出恰当评判，离不开考察在这种压力影响下的法院组织形态和内部管理。

法院组织形态的建构和运行是历次司法改革的重要内容。对如何设定法院的组织形态，根据不同的立论基础会得出不一样的结论。形态是一种结构性要素，不同的元素经过有机的排列组合会构成多种形态。组织形态是一个组织在时空之中的表现形式，包含着机构设置、人员安排、机制运行、权责划分、资源配置等方面元素②。在中国的具体语境中，法院组织形态各方面元素的设置或安排，归根结底体现为法官个体（一定意义上包含合议庭）行权与法官管理层权力的配置问题。在维护社会稳定是各级党委、政府非常重视的工作事项的情况下，法院组织形态如何设定就不是一个孤立的问题，而是需要将维护社会稳定压力纳入其中进行考量。中国的社会政治稳定是一种刚性稳定，具有明显的运动式治理和组织化调控色彩，这种运动式和组织化运行特质也会显著地影响到法院的组织形态及内

---

① 周雪光. 寻找中国国家治理的历史线索. 中国社会科学，2019（1）.
② 对于"组织形态"的详细讨论，参见杨少杰. 进化：组织形态管理. 北京：中国发展出版社，2014：32-40。

部管理①。人们如果立足于"法官个体本位",就会认为要进一步变革法院组织形态,弱化甚或取消院庭长的管理权限,以此实现"法官独立"。依循这种进路,相当于要彻底改变法官行权的外部环境。因为只有改变这种外部环境,才能消除维护社会稳定压力对法官行权的影响。但是,如果从社会事实以及既有制度架构看,法院以及法官行权无法超脱于一定的外部环境。在此种结构性约束条件的影响下,以"法官个体本位"为基础的"法官独立"是否应当成为改革的目标,是一个需要讨论的问题。实际上,中国法院建构与运行遵循的并不是"法官个体本位",而是"法院整体本位",以利用法院整体审判资源化解纠纷作为基本态势。在应对维护社会稳定压力时,法院运行体现的也是整体本位模式,注重调动整体资源应对多方面的维护社会稳定压力。基于此,这一章从"法院整体本位"的视域出发,考察维护社会稳定压力对法院组织形态和内部管理的塑造,为法院组织形态、相应的管理方式或机制的建构和运行提供一种思路。

具体而言,本章将这个问题置于县域治理的层面考察。县域治理在我国的国家治理中居于重要位置,法治建设的成效均需要落在这一层级②。在推动维护社会稳定的工作体系中,县

---

① 唐皇凤."中国式"维稳:困境与超越.武汉大学学报(哲学社会科学版),2012(5).

② 公丕祥.新时代的中国县域法治发展.求是学刊,2019(1).

域的地位也尤为显著,中央反复强调要把矛盾和问题化解在县域,"县一级处于社会矛盾的前沿,县委书记处在维稳第一线,一定要履行好责任"①。在各级法院中,基层法院发挥着基础性的作用,承担的维护社会稳定压力最为直接,也最为繁重。由于嵌入党政体制,加之地方治理系统表现出较强的维护社会稳定的偏好,基层法院的组织形态以及相应的内部管理也受此影响。基于这样的考虑,这一章在县域治理场域考察维护社会稳定逻辑对基层法院运作形态以及内部管理的塑造,将此作为考察秩序整合压力对中国法院行权影响的一个具体切入点。

一 基层法院与地方党政的互需关系

维护社会稳定是地方党政系统和基层法院共同面临的问题。在这种压力的影响下,党政系统与基层法院之间存在紧密的互需关系:一方面,党政系统需要法院参与地方维护社会稳定工作;另一方面,法院也需要党政系统在维护社会稳定工作上的支持。

1. 法院对地方维护社会稳定工作的参与

在改革开放之前,法院主要是作为专政工具,相对从属性

---

① 习近平. 做焦裕禄式的县委书记(2015年1月12日)// 习近平. 习近平谈治国理政:第2卷. 北京:外文出版社,2017:147.

地发挥维护社会稳定的作用。从改革开放到2000年左右，法院在维护社会稳定方面作用的自主性逐渐增强。从2000年左右开始，以信访潮和群体性事件为主要标志，维护社会稳定压力日渐显著，单纯的司法手段难以有效应对诸多社会矛盾和纠纷，从而法院要以能动方式参与维护社会稳定。基层法院参与维护社会稳定的方式主要有两种：一是履行审判执行职能，二是开展审判职能延伸活动。

从法学角度看，纠纷是社会冲突的表现，"减少、避免或消除冲突总是构成特定制度下社会控制的基本任务"①。在社会秩序出现较大范围不稳定的情况下，国家会通过自上而下的动员，采取运动式治理方式，尽快恢复秩序。其典型体现为1983年、1996年、2000—2001年、2010年、2014年的"严打"行动②。这几个时间节点与社会转型、特定区域以及发展阶段所面临的突出问题有着密切关系。在面临严峻治安形势的情况下，中央决策层通过党政体制启动高强度动员，最高人民

---

① 顾培东. 社会冲突与诉讼机制.3版. 北京：法律出版社，2016：16.

② 1983年"严打"的基本背景是：随着"文革"结束，大量知青返城，但城市难以提供充分的就业空间。1996年"严打"的基本背景是：党的十四大提出"建立社会主义市场经济体制"，经济发展进入转型期。2000—2001年"严打"的基本背景是：随着市场化改革的全面深入推进，社会治安再一次面临严峻形势。2010年"严打"是为了给上海世博会和广州亚运会的成功举办创造良好的社会治安环境。2014年"严打"是局部性的，主要针对新疆的社会秩序问题。

法院、最高人民检察院、公安部、司法部等政法机关以及各级党委、政府开展具体部署，对刑事司法资源进行重新调配整合，在较短时间内集中力量解决突出的刑事犯罪问题。"严打"行动对法院的运作形态会产生影响，法院的职能活动需要围绕"严打"部署和开展。例如，2001年4月，在中央作出开展"严打"整治斗争的决策之后，H区法院按照区委和上级法院的部署和要求，迅速成立"严打"整治斗争领导小组，并下设办公室，按照区委部署全院抽调14名干警与公安机关、检察机关的干警一起参与"严打"行动。

  我国社会秩序总体平稳，绝大多数案件对社会稳定没有显著影响。从笔者在多地调研了解的情况看，对社会稳定或秩序整合有重要影响的主要是由征地拆迁、环境污染、土地规模流转、民间借贷等利益涉及面广、社会矛盾尖锐、涉及群体人数众多的问题引发的纠纷。这些纠纷潜藏着群体间的对抗，处理不当很容易引发群体性社会冲突。此类纠纷尽管直接指向的是某个具体的当事人，但是往往隐含着对社会管理者，尤其是当地党委、政府的不满，进而在激化之后会体现出很强的政治属性[1]。对于这些纠纷，很难用常规方式处理，尤其是很难简单

---

[1] 有学者认为，这些纠纷体现出的是基础性社会矛盾。所谓"基础性社会矛盾"是指反映我国阶层及群体间主要对抗，对我国社会发展和社会稳定具有深层次影响的社会矛盾。顾培东．能动司法若干问题研究．中国法学，2010（4）.

地按照法律条文规定对案件作出评判。处理这些纠纷,法院需要以能动的方式审理,在兼顾平衡各方面考量的基础上形成解决纠纷的有效方案。

每年"两会"、春节、国庆等重要活动或节假日期间都是重点的秩序整合时间阶段,法院审判执行工作的具体安排会与维护社会稳定工作周期相契合。例如最高人民法院的一份文件针对个别地方法院在执行工作中出现当事人死亡的情况,要求各级法院:

> 立即着手对正在执行程序中的所有案件进行认真排查,查找风险点,可能激化矛盾的,在"两会"期间一律暂停采取强制措施,发现存在不稳定的苗头、倾向的,要及时请示汇报,采取有效措施予以控制、化解。"两会"期间,对普通案件的执行,也要全面分析案情,工作中要严格规范执行行为,坚持依法执行、文明执行,要把说服教育放在首位。努力做好思想疏导和释法工作。凡因人民法院执行工作人员行为不当或者作风简单粗暴导致发生暴力抗法事件,或者造成其他严重后果的,要严肃追究直接责任人员和相关领导的责任①。

除了履行审判执行职能之外,审判职能延伸活动也是基层

---

① 参见《最高人民法院执行局关于做好2015年"两会"期间执行工作谨防发生突发事件的紧急通知》[法(执)明传〔2015〕4号]。

第四章　维护社会稳定中的基层法院

法院参与维护地方社会稳定的重要方式。法院被纳入"党委领导、政府主导、综治协调、各部门齐抓共管、社会力量积极参与"①的社会治安综合治理工作格局,需要按照综合治理的要求开展工作。在综合治理体系中,各个单位结合自身职能特点实施维护社会稳定、防范风险的工作。在基层社会,许多地方,尤其在农村,法律服务资源总体比较缺乏,没有充分地实现市场化供给。在这种情况下,基层法院会延伸审判职能,参与构建多元纠纷解决机制。例如,最高人民法院在全国基层法院积极推动"枫桥式人民法庭"建设,尤其强调要促进人民法庭与镇政府、派出所、司法所等形成"大维稳"格局,建立重大矛盾化解机制②。除此之外,法院还会以审判活动作为载体开展普法宣传。普法宣传的方式有很多,其中巡回审判是一种重要的普法方式。这样的活动既方便了当事人,又能对当地群众起到一定的教育作用。

社会治安综合治理体系构成了法院运行重要的外在体制环境。无论是党政系统还是一般民众,在很多时候都会以综合治

---

① 2016年2月27日,中共中央办公厅、国务院办公厅印发的《健全落实社会治安综合治理领导责任制规定》第四条规定:"严格落实属地管理和谁主管谁负责原则,构建党委领导、政府主导、综治协调、各部门齐抓共管、社会力量积极参与的社会治安综合治理工作格局。"

② 参见《最高人民法院发布"打造枫桥式人民法庭 积极服务全面推进乡村振兴"典型案例——融入基层社会治理篇》(2022年6月2日)。

理的标准要求法院和评价法院工作。在每年向人大所作的工作报告中，法院如果要获得比较好的评价，除了审判执行工作之外，审判职能延伸活动也是工作亮点。大多数人大代表和社会公众并不会直接通过参与审判活动获得对法院工作状况的感知和进行评价，而是通过他人转述或者法院开展的公共活动作出评判。这种外在因素构成了法院运行的重要制度环境。对于法院而言，开展审判职能延伸活动是参与构建多元纠纷解决机制的方式，也是增进与社会互动、融合的重要途径。通过开展这些活动，基层法院可以与党政部门、基层群众组织、企事业单位等建立起合作和互助联系，这种联系有助于增强法院对社会治理的回应能力。

2. 党政系统对法院维护社会稳定工作的支持

地方党政系统对基层法院维护社会稳定工作的支持主要体现为两个方面：一是矛盾尖锐、问题敏感、涉案人数众多的案件的审理执行，二是涉诉信访。在处理这些问题的过程中，基层法院存在可调动资源不足的问题，要通过党委、政府统筹协调多方面的治理资源。需要地方党政系统介入的案件往往带有群体性的意见表达和利益诉求，反映了深层次的社会矛盾与社会转型期发展失衡、公共政策失当有着显著联系。尽管有些案件已进入司法程序，但是个案背后更为广泛的社会矛盾和冲突并不是单靠司法方式就可以解决的。在化解一些涉及群体众多、影响重大的案件时，法院面临的突出难题是案件的复杂性与法院司法能力的有限性之间的矛盾①。

从调研经验看，企业（尤其是重要企业）破产案件对地方社会稳定会产生显著影响，这类案件的处理是许多地方基层法院面临的突出难题。在企业破产案件的处理上，采取怎样的应对举措——是对企业实施破产，还是防止简单的"一破了之"、为企业应对危机和后续发展留下空间和机会，需要结合企业的生产经营情况、当地就业形势、地方产业结构和经济发展政策等，作出慎重的权衡取舍。地方党委、政府是相关经济社会发展政策的制定者和实施者，对当地经济社会发展的宏观局面和政策要求更为了解，而基层法院掌握的有关经济社会发展的信息较为有限。在这些案件的处理中，法院会尽量避免简单地判决，并根据地方党委、政府提供的政策考量建议，多做债权人的协调工作，争取债权人和解或者促使企业重整成功。除此之外，在这样的案件中，职工就业也是十分棘手的问题，需要法院在审判时将地方党委、政府的考量纳入其中。妥善处理这些问题，需要有很强的动员能力和资源整合与供给能力，但是基层法院在此方面存在明显的不足。在中国的治理体制中，只有

---

① 这一点具有一定的普遍性。例如，美国学者考默萨认为，在"人数众多、问题复杂"的情况下，司法很难在各种有不同合理性但彼此冲突的复杂诉求中找到适合的解决方式。考默萨．法律的限度：法治、权利的供给与需求．申卫星，王琦，译．北京：商务印书馆，2007：164-184．

党委、政府才具备这样的统筹协调和组织实施能力。

一些对地方社会稳定有重要影响的案件还会触及政策调整层面的问题。不少矛盾和纠纷有其历史原因或政策原因，如果法官只是按照法律规定的标准作出裁判，就很难实现"案结事了"，甚至会引发新的矛盾。政策层面的问题不一定符合诉讼条件，难以被纳入司法程序，但确实是案件"延伸性"[①] 的一个方面，需要在案件的实际解决过程中予以回应。然而，司法机关没有足够有效的民意收集和处理能力，特别是基层法院，尤其缺乏这样的能力。这些问题有的尽管并不符合诉讼条件，但是会通过信访途径进入党政系统。在这些案件的处理上，司法系统重视地方党委、政府的作用。对此，早在多年前，最高人民法院的一份文件即已指出：

> 对于起诉到法院的群体性行政争议，符合法定起诉条件的，应当依法及时立案受理，不得拒之门外；对于不符合起诉条件的，或者不属于法院主管的问题，在依法作出处理前，应当向起诉人说明原因，告知其依法解决问题的途径，并视情况通知有关部门做好稳控工作；对于政治

[①] "延伸性"这一概念取自"延伸个案"司法。关于"延伸个案"司法，请参见 BURAWOY M. The extended case method. Sociological theory, 1998, 16 (1)：4 - 33；朱晓阳."延伸个案"与一个农民社区的变迁//张曙光，邓正来. 中国社会科学评论：第 2 卷. 北京：法律出版社，2004.

性、政策性强，难以单纯通过行政诉讼解决问题的争议，要慎重对待和处理，尽可能通过当地党委、政府统一协调解决……

对于重大复杂和有影响的群体性行政案件，要主动及时地向当地党委汇报，在党委的统一领导和协调下依法妥善处理。进一步加强与行政机关的沟通与联系，取得行政机关的理解和配合，增进司法与行政的良性互动。对于案件中反映出的苗头性、倾向性问题以及有可能引发群体性案件和影响社会稳定的问题，要及时提出司法建议，便于党委、政府及时采取措施，从源头上预防和减少群体性行政争议的发生。要加强同新闻媒体的协调与联系，注意正确引导舆论，防止对群体性行政案件的恶意炒作①。

除此之外，地方党政系统对基层法院维护社会稳定工作的支持还突出地体现在涉诉信访问题的处理中。涉诉信访问题成为法院系统面临的突出问题，大致可以分为两个阶段。一个阶段是20世纪80年代，这一时期的涉诉信访工作主要围绕处理因国家路线转变而出现的历史遗留问题展开。实际上，20世纪80年代的涉诉信访案件并不少，但是并未成为困扰法院正

---

① 参见《最高人民法院关于妥善处理群体性行政案件的通知》（法〔2006〕316号），该文件至今仍属于最高人民法院"现行有效"的司法文件。

常运行的难题。在1989年开始到2000年最高人民法院向全国人大所作的工作报告中,只有1997年的工作报告简单提及信访问题。这一年的工作报告只用一句平淡的话谈到信访工作:"各级人民法院进一步加强了处理告诉、申诉工作,共处理告诉、申诉信访520余万件(人)次。"涉诉信访成为各级法院面临的突出难题是从2000年开始,特别是2004年涉诉信访大幅上升。对此,2001年的工作报告指出,"认真做好信访工作,切实解决人民群众的合理要求,防止矛盾激化,全年共处理人民群众来信来访939万余件(人)次,对维护社会稳定起了积极作用",还提出要"加强立案及信访工作",将信访工作与维护社会稳定联系起来。2005年的工作报告则指出:

2004年,人民群众涉诉来信、来访大幅上升。针对这一变化,我院充实加强接访工作力量,改进工作方法,提高工作效率,全年共办理来信来访147 665件人次,上升23.6%。由我院直接立案审查1 542件,其余按审级管辖规定交由地方各级人民法院审查。本着"有诉必理"的精神,我院要求地方各级人民法院建立"信息灵敏,反应快捷,责任明确,措施有力"的工作机制,严格信访工作责任制,重点解决重复访、集体访等难点问题。地方各级人民法院全年共办理群众来信来访422万件人次,上升6.2%。

面对突出的涉诉信访问题,最高人民法院一方面强调各级法院要提高审判质量,从源头上减少涉诉信访,另一方面强调构建相关制度和机制应对信访问题。大多数涉诉信访案件可以通过诉讼程序化解,但是对于一些不服终审判决或裁定的上访人,法院很难单独依靠自身力量有效应对。在许多涉诉信访案件的处理上,无论是办理涉诉信访终结手续,还是落实终结后的稳控措施,都离不开地方党委、政府支持。在实践中,普遍形成了"源头在提高办案质量,基础在依靠党委和政府支持,关键在稳控当地"的工作思路,实施"党委领导、法院理诉、政府解难、多元化解"的涉诉信访工作机制。近年来,国家更加强调用法治化的方式化解涉诉信访问题,然而这并不意味着排除地方党政系统介入,实际上体现的方向是"程序正当性下的综合调整"①,依然注重运用多种治理资源。

为了促进化解涉诉信访案件,基层法院会定期主动向党委、政法委、人大常委会等汇报涉诉信访工作,向政府、政协通报相关情况。对于地方党委、政府主要领导和政法委领导的信访接待活动,基层法院会派领导班子成员参与,争取地方党政对法院涉诉信访工作的支持。对于一些疑难复杂的信访案件,法院会预约相关单位联合接访。对于一些涉及面广、影响

---

① 彭小龙. 涉诉信访治理的正当性与法治化:1978—2015 年实践探索的分析. 法学研究,2016(5):100-106.

大、情况复杂、矛盾容易激化的案件，法院会提请党委领导牵头化解。有的信访人反映的问题，从表面上看是以案件审理或执行问题为理由，但实际上是希望寻求生活救助。对于这样的信访案件，法院会结合当事人具体情况，与信访局、司法局、民政局等部门联系，启用司法救助基金。对于一些生活有困难，但是并未得到赔偿或者没有得到司法救助的当事人，法院也会主动争取党委、政府支持，通过经济补偿、行政救济、社会援助等方式，帮助其解决部分生活困难问题。

二　基层法院组织形态的适应性调整

在维护社会稳定压力的影响下，基层法院与外部系统之间存在紧密、复杂的互动，形成了一些并未明确规定于《人民法院组织法》《法官法》的组织形态和运行机制。即使法律文本设定了法院组织形态的正式制度，法院在应对维护社会稳定问题时呈现的许多非正式制度的建构和运作形态也是法院组织形态的重要组成部分。非正式制度以及相应的运行机制尽管并未被规定在法律文本中，但是仍然对法院化解维护社会稳定难题产生了显著的作用。这种由非正式制度调适的组织形态之所以能够存在，很重要的原因在于这种调适能够为《人民法院组织法》《法官法》所规定的法院管理层与法官个体之间的权责关系容纳。

1. 案件维护社会稳定属性的界定

基层法院审理的绝大多数案件依靠司法程序即可化解，只有极少数案件会转化为带有维护社会稳定属性的案件。司法案件向维护社会稳定案件转化，体现在法院内部转化和地方党政系统转化这两个层面。

立案、审判、执行等环节均可能存在涉及秩序整合的因素，基层法院会根据问题大小和严重程度，通过"承办人—庭长—分管副院长—院长—审委会"这样的传输途径反映和回应。例如，江苏省 X 市中级人民法院的一份文件要求全市两级法院"提高对群体性案件尤其是涉及各级政府的群体性纠纷的敏感性，严格审查，审慎立案。对集中受理三件以上的涉同一企业的系列案件，各审判部门要加强信息沟通，在调查摸底、分析原因的基础上，及时向分管领导汇报，由分管领导指定由最先受理该系列案件的庭室或民二庭集中审理"。在法院内部，判断案件是否可能引发维护社会稳定问题的标准主要有这样几个方面：（1）涉及主体是否广泛、是否具有群体性特征；（2）是否涉及民生问题；（3）社会关注度；（4）矛盾激化程度；（5）当事人是否重复访；（6）当事人性格是否偏执。具体来说，法院主要通过风险评估机制和重要案件报告机制实现对案件属性的认定与转化。

风险评估是对案件秩序属性的评估，评估为具有社会稳定风险的案件会被列入维护社会稳定工作中。对于可能影响地方社会稳定的案件，基层法院会加强对案件的风险排查，梳理案件中存在的矛盾和隐患，对各种风险因素（如案件裁决后可能产生的突发性不稳定因素、当事人过激行为等）、风险程序以及防范化解风险的应对措施等进行分析，制定预案。在基层实践中，这方面的重点是对敏感性和群体性案件、当事人矛盾激化的案件作出风险评估。例如，X市中级人民法院的一份名为《关于民商事审判中进一步加强司法矛盾化解工作的意见（试行）》的文件就指出，如果出现"扬言或可能上访滋事的重点人员；因房屋拆迁、征地补偿、劳动争议、企业改制或破产、城市建设等敏感性案件可能诱发的群体性、极端性涉诉事件；当事人可能败诉，且家庭生活极度困难，可能引发社会问题的案件"，两级法院要重点进行风险评估和风险防范。

社会稳定风险评估机制贯穿立案、审判、执行各个环节。在立案登记制改革之前，法院普遍采取的是立案审查制，审查的一个重要方面是案件对社会稳定是否可能产生不利影响。当然，立案登记制改革的实施也并不意味着"有案必立，立案即审"。实际上，受理超出法院审理能力的案件，不仅案件得不到有效解决，还会损害司法公信力[①]。从调研了解的情况看，

---

① 陆永棣.从立案审查到立案登记：法院在社会转型中的司法角色.中国法学，2016（2）；于龙刚.人民法院立案环节的压力化解策略及其改革.现代法学，2019（5）.

立案环节实际上依然会起到初步界定案件维护社会稳定属性、分流疏导案件的作用，将部分案件导入多元纠纷解决机制中，"确保不因受理不当或立案不慎，引发上访事件"（访谈江苏省X市H区法院立案庭庭长）。在审判、执行环节，如果出现矛盾激化、引发上访等问题，法院也会展开风险评估，采取防范和应对措施。对此，H区法院在《关于做好全国"两会"前后涉诉信访工作的通知》中指出："对于正在审理、执行的各类案件，尤其是涉及民生、社会关注度高、矛盾易激化及可能引发极端事件的案件，要制定详细预案，依法认真审理、执行，严格把握案件进度，防止因考虑不周、工作不细致而产生负面影响。"

除了风险评估之外，对于可能存在影响社会稳定因素的案件，相关业务部门会在立案、审判、执行等环节向分管副院长、院长、审委会报告，其中特别重大的案件会逐层向中院报告，甚至可能要由中院向高院报告备案。随着报告层级逐渐提升，法院系统对案件维护社会稳定属性的判断也会升级。除此之外，基层法院还会向地方党委和人大报告、向政府通报可能影响地方社会稳定的重要案件。例如，江苏省S县法院的一份名为《关于为"保增长、保民生、保稳定"促进县域经济平稳较快发展提供司法保障的若干意见》的文件强调：

> 对于众多债权人向同一债务企业集中发动的系列诉讼案件、企业破产清算案件、集团诉讼案件、群体性案件等

可能存在影响社会稳定，导致社会矛盾激化以及审判工作中发现影响县域经济发展的突出问题，及时向上级法院和区委汇报，并加强与政府部门沟通与协调，积极争取区委区政府领导和政府部门支持，主动做好稳控工作。

法院内部认定案件维护社会稳定属性的主体是审委会。在本辖区有重大影响的案件、群体性案件等易引发维护社会稳定问题的案件属于审委会讨论的案件范围，审委会对政治、社会压力以及法律因素进行"协调平衡"，实现案件处理的合法化[1]。对此，江苏省高级人民法院的一份文件指出："对于群体性案件、索要农民工工资等容易在年底激化矛盾、引起突发事件的案件要制定完备的执行方案与风险防控预案，重大敏感案件要及时提交审委会讨论。"[2] 对于一些日常性、一般性案件的维护社会稳定属性的认定，在实践中会通过院长办公会商议决定。H区法院一位副院长在接受访谈时曾谈及："我们这里一直坚持院长办公会集中处理重大信访案件制度，确保这些信访案件能够得到及时有效的化解。"在实际操作中，还存在比较机动灵活的转化机制，例如由承办人或接访人向分管副院长汇报，分管副院长向院长汇报，由院长对案件维护社会稳定

---

[1] 王伦刚，刘思达．基层法院审判委员会压力案件决策的实证研究．法学研究，2017（1）．

[2] 参见《江苏省高级人民法院执行局关于稳妥开展执行工作、防止出现过激事件的通知》（苏高法电〔2015〕819号）。

属性的认定以及相关工作的部署直接作出决定。

能够转化为地方维护社会稳定问题的案件，一般都是对县域治理的重点工作、中心工作有影响的案件。司法案件转化为县域治理中的维护社会稳定案件，需要由法院党组向地方党委汇报，由地方党委通过党委召开的会议讨论决定①。除了以会议的方式界定案件维护社会稳定属性之外，在有的情况下，地方党委书记的态度、承诺、指示等也可以对界定案件维护社会稳定属性产生一些影响。有些案件对地方社会稳定的实际影响不大，但是进入了信访渠道，地方党政体系和基层法院就会面临由此带来的信访考评压力，因而这些案件也会成为维护社会稳定案件。对于这些涉诉信访案件，主要是通过政法委的协调机制，由多个相关部门共同对案件属性作出界定。

2. 法院责任体系的再造

案件的维护社会稳定属性得到界定后，案件处理过程的责任体系也会随之发生变化。当只是单纯的司法案件时，法院和法官是纠纷解决主体，在案件处理中承担的主要是法律责任，此种法律责任是一种技术责任与职业伦理责任。案件转化为维护社会稳定案件后，案件处理过程中的责任还会包括社会责任

---

① 在社会稳定的属地管理原则和"党管政法"的组织构架的影响下，地方党委不可能不介入这些案件的处理过程。陈柏峰．领导干部干预司法的制度预防及其挑战．法学，2015（7）．

和政治责任，而且法律责任从属于社会责任和政治责任。在维护社会稳定案件的处理中，法院的责任体系被再造，形成了政治责任、社会责任和法律责任并存，且以政治责任、社会责任为主的责任体系。不过，政治责任和社会责任的承担超出了法官个体的承受能力，需要由法院整体承担。

对于法院而言，责任体系的再造首先体现为重塑内部责任体系。经过重塑的法院内部责任体系主要包括强调院庭长的管理责任和实施包保责任制这两个方面。在这种内部责任体系中，法院院长需要为全院的维护社会稳定工作负总责，是第一责任人；各个业务庭庭长是本部门维护社会稳定责任的第一责任人。对于社会关注度大、影响面广、敏感的案件的审理，通常会强调"法院院长要亲自过问，主管院领导要具体负责"（访谈H区法院院长），并且还会要求院庭长参与问题的处理过程，或者担任审判长。例如，X市中院的一份名为《关于积极应对宏观经济形势变化为我市经济发展提供司法保障的二十条措施》的文件要求市、县两级法院"出现重大上访事件时，相关处理部门主要负责人和分管领导要及时到场处置，事件未平息，处置人不能离开"。

在实践中，还会通过领导批阅重要信访件制度、预约接访制度、包案督办制度等一系列具体制度强化法院管理层的责任。强调院庭长的责任，主要源自两个方面：一方面，院庭长基于自身的行政管理职权，掌握较多行政资源，可以通过调动这些资源，推动案件的化解和稳控。另一方面，维护社会稳定工作也是畅通诉求表达、沟通了解民意的过程，是院庭长加强审判管理的切入点。通常来说，办案法官如果遇到可能涉及维护社会稳定问题的案件，会主动向院庭长汇报案件情况，寻求管理层帮助。调研中不少法官都认为，在涉及维护社会稳定的案件处理中，如果及时向院庭长汇报，院庭长会帮承办人"担担子"。有法官还强调："特别是涉及可能引发群体性事件的案件，我们也会慎重一些，不会擅作主张。"

包保责任制是将维护社会稳定压力具体化到个人，特别是将特定案件当事人及相关稳控工作分配到人，形成定时间、定人员、定领导、定责任、包案件处理的"四定一包"的责任落实机制①。包保责任在稳控信访当事人中最为常见，其管理目标主要有两点：一是确保包保的信访人不出现越级上访，特别是赴省进京上访；二是通过多种方式尽可能实现息访罢诉、案结事了。随着法院系统"纵向一体化"管理的强化②，基层法院内部的包保责任制主要是在上级法院的推动下建立。例如，这里有X市H区法院的一份包保责任表（见表4-1）。

---

① 田先红. 基层信访治理中的"包保责任制"：实践逻辑与现实困境：以鄂中桥镇为例. 社会，2012（4）.
② 刘忠. 规模与内部治理：中国法院编制变迁三十年（1978—2008）. 法制与社会发展，2012（5）.

表4-1　X市H区法院涉诉信访稳控包保责任表

序号	上访人	案由	案号	责任人	包案领导	协助包案	反映主要问题
1	HYG	偷税	10刑初43号	GZQ（刑庭庭长）	DXR（副院长）	CXM（专委）	其兄HYQ因偷税案，被我院判刑一年半，上诉后被中院驳回，申诉至中院、省高院被驳回
2	GXG	诈骗	14刑初161号	GZQ（刑庭庭长）	DXR（副院长）	CXM（专委）	因诈骗罪于2015年2月12日被我院判刑，上诉后被中院驳回，申诉至中院、省高院被驳回
3	DSG	农业承包合同	13民二267号	YCY（民二庭庭长）	DXR（副院长）	CXM（专委）	不服一审判决，上诉后中院维持原判，申诉至中院、省高院被驳回
4	XGY	农业承包合同	12民二243号	YCY（民二庭庭长）	DXR（副院长）	CXM（专委）	不服一审判决，上诉后中院维持原判，申诉至中院、省高院被驳回
5	GBC	合伙	11民一373号	LHJ（Y法庭庭长）	WJG（副院长）	YYS（政治处主任）	不服一审判决，上诉后中院维持原判，申诉至中院被驳回
6	YZY	医疗损害	14民一35号	LB（民一庭庭长）	WJG（副院长）	HQQ（专委）	不服一审判决，上诉后中院维持原判，申诉至中院被驳回

第四章　维护社会稳定中的基层法院

续表

序号	上访人	案由	案号	责任人	包案领导	协助包案	反映主要问题
7	SDZ	故意伤害	12刑初259号	GZQ（刑庭庭长）	DXR（副院长）	CXM（专委）	申诉至最高院被驳回，本人写过不再上访承诺书，2013年6月报过息访，待批
8	TJG	拆迁裁决	06行初31号	BWB（行政庭庭长）	HQQ（专委）	/	可能再上访，但对法院无意见。2010年6月报过息访，待批
9	TYZ	虐待	89刑初66号	GZQ（刑庭庭长）	DXR（副院长）	/	可能再进京，申诉至最高院（本人说不是上访），2014年10月报过息访，待批
10	TGH	析产、继承	11民一20号、34号	CGJ（X法庭庭长）	WJG（副院长）	HQQ（专委）	可能再进京，因耳聋无法沟通，2015年10月报过息访，待批
11	JYB	劳动争议	14民一121号	CGJ（X法庭庭长）	WJG（副院长）	YYS（政治处主任）	可能再进京，2015年10月报过息访，待批

包保责任人与审理案件的具体承办人并不完全一致。责任人一般是基层法院的中层干部，主要是对应业务庭庭长。从表4-1可以看出，H区法院涉诉进京信访案件被中院、省高院驳回，有些甚至被最高院驳回。从法律责任的角度看，审理案件的承办人已无须承担责任。包保责任制的实施在一定程度上重构了责任体系：一方面将不存在错案，或者不存在由工作不负责、不规范而造成瑕疵案件的承办人，从信访稳控压力中解

脱出来；另一方面将法院的管理层纳入信访稳控责任体系中，通过法院整体的管理资源以及法院可争取到的地方党政系统的治理资源，保证案件稳控工作有效开展。一般而言，上访者越难以应对、信访案件越重大，配备的包保专班的力量就越强、专班负责人的级别就越高。包保责任制包含了一定的责任追究机制，特别强调包保领导的责任，尤其是法院一把手的责任。例如H区法院2015年的一份工作总结中有这样一句话："坚持院领导包案制，坚持到案发地做工作，坚持到当事人家中做工作，坚持谁处理谁息访，从源头上加强防控。"这是一种高位推动、权责边界模糊且变动的责任追究机制——通过高强度的责任追究压力，督促基层法院整体以及相关人员做好稳控工作。

包保责任制的强度与政治敏感周期正相关，经常被用于确保重要节假日、党和国家重要会议或活动期间不发生有重大影响的涉诉信访，尤其是不发生进京涉诉非正常上访。2014年X市中院一份名为《关于做好全国"两会"前后涉诉信访工作暨领导干部接访工作的通知》的文件对全市两级法院的涉诉信访工作提出这样的要求："全国'两会'期间，凡是因为信息不灵，形成重大信访事件的；凡是因为工作不当，造成进京上访的；凡是因为管控不力，导致重点对象进京的；凡是因为责任不落实或处置不当，造成严重后果的，一律都要严肃进行责任倒查，严格按照有关规定追究相关单位和人员责任。"除了在涉诉信访问题上会采取包保责任的方式之外，在一些对地方社会稳定有显著影响的案件，特别是群体性案件的处理上，也会采取包保责任的方式重塑责任体系，将治理责任明确到人。

除了重构内部责任体系之外，基层法院还会构建内部责任体系与外部责任体系之间的衔接机制。这主要包括两个方面：一是与地方党政系统之间的责任衔接，二是与上级法院之间的责任衔接。就第一个方面而言，基层法院和地方党政系统都有动力推动建立责任衔接机制。从基层法院的角度看，法院难以胜任稳控工作，需要地方党委、政府的支持和配合。法官平时办案压力大，很难有充分的精力顾及包保对象行踪，单靠法院和法官难以及时获取包保对象信息，因此需要依托地方党委、政府以及基层组织体系获取相关信息。从地方党委、政府的角度看，在属地管辖的治理体系中，进入司法程序的维护社会稳定案件实际上也是地方治理中的维护社会稳定案件，需要将之纳入地方维护社会稳定工作通盘部署。

近些年，大量社会矛盾出现在基层，维护社会稳定日益成为基层政权的主要工作。维护社会稳定能彰显相关领导干部（特别是地方党委书记）"驾驭全局的能力"，考验的是"执政能力"（访谈山西 Q 县副书记）。在县域治理中，地方党委、政府所持的是一种绝对稳定观，突出地表现为干部考核中的一系列"一票否决"和"零指标"，亦即党政主要领导的提拔、任用与信访稳定工作挂钩。在社会稳定方面主要的考核指标有信访量、集体访量、非正常上访量，以及围堵政府大门、围堵公路等事件的发生情况。一旦出现引发社会不稳定的事件，特别是群体性事件，相关主要领导就可能会被政治问责①。

就第二个方面而言，在维护社会稳定压力的影响下，上级法院会加强对基层法院的管理和控制。最为常见的一种管控方式是通过各审判业务部门的条线机制进行管理。具体的管理方式有制定规范性文件、开展专项检查、进行专题调研、召开条线例会等。除此之外，上级法院还会设置相应的考评办法。例如江苏省高院就要求："省法院各审判业务部门制定本条线涉诉矛盾纠纷化解工作考评办法。各级法院要细化目标任务，把各项目标任务和工作措施分解落实到各个部门和每一位干警，纳入部门和法官审判绩效考评。"② 这样的考评带有刚性的指导和约束作用。在考评指标中，涉诉信访是尤为重要的指标，上级法院会根据下级法院的涉诉信访数量（特别是进京、赴省信访）对下级法院进行排名、通报和奖惩。在涉诉信访矛盾处理问题上，中院对基层法院的管理和控制，既包括对其整体的涉诉信访问题进行监督管理，也包括通过各个业务庭对条线上的涉诉信访问题进行监督管理（见表4-2、表4-3）。不仅基层法院需要接受中院对其秩序整合工作的考评，中院也要接受

---

① 中共中央办公厅和国务院办公厅印发的《健全落实社会治安综合治理领导责任制规定》进一步强化了地方党委、政府的治理责任。

② 参见《江苏省高级人民法院印发〈关于深入推进涉诉矛盾纠纷化解工作的实施意见〉的通知》（苏高法发〔2010〕5号）。

高院的考评。基层法院与中院在维护社会稳定工作上的责任紧密相连。中院不仅会加大对基层法院的管控，在必要的时候也会调动自身力量参与基层法院的秩序整合工作。例如，为了开展驻京接访劝返工作，许多地方实行由中院与基层法院共同派人参与的共同派驻制。

表4-2 2018年X市法院涉诉信访矛盾处理进展情况统计表（条线）

序号	条线	2017年最高院登记进京访					2018年最高院登记进京访			中央政法委转办进京访			总办理情况				终结未办理数（件）
		信访2次以上			信访1次												
		交办数（件）	办结数（件）	办结率（%）	交办数（件）	办结数（件）	办结率（%）	交办数（件）	办结数（件）	办结率（%）	交办数（件）	办结数（件）	办结率（%）	总交办数（件）	总办结数（件）	总办结率（%）	
1	刑一	/	/	/	3	3	100.0	4	3	75.0	2	1	50.0	9	8	88.9	3
2	刑二	1	1	100.0	1	1	100.0	5	5	100.0	4	4	100.0	11	11	100.0	/
3	民一	3	3	100.0	13	13	100.0	9	9	100.0	3	3	100.0	28	28	100.0	5
4	民二	1	1	100.0	/	/	/	4	4	100.0	2	2	100.0	7	7	100.0	2
5	民三	4	4	100.0	10	10	100.0	5	5	100.0	1	1	100.0	20	20	100.0	7
6	行政	4	4	100.0	11	11	100.0	14	13	92.9	1	1	100.0	30	29	96.7	8
7	审监	2	2	100.0	6	6	100.0	4	4	100.0	2	2	100.0	14	14	100.0	1
8	执行	/	/	/	/	/	/	/	/	/	/	/	/	1	1	100.0	/
9	立案	/	/	/	3	3	100.0	1	1	100.0	/	/	/	4	4	100.0	/
合计		15	15	100.0	48	48	100.0	46	44	95.7	15	15	100.0	124	122	98.4	26

注：表中个别数据有误，系直接抄录于法院内部统计表。

表4-3　2018年X市法院涉诉信访矛盾处理进展情况统计表（法院）

序号	法院	2017年最高院登记进京访 信访2次以上 交办数（件）	办结数（件）	办结率（%）	2017年最高院登记进京访 信访1次 交办数（件）	办结数（件）	办结率（%）	2018年最高院登记进京访 交办数（件）	办结数（件）	办结率（%）	中央政法委转办进京访 交办数（件）	办结数（件）	办结率（%）	总办理情况 总交办数（件）	总办结数（件）	总办结率（%）
1	K区	3	3	100.0	5	5	100.0	6	6	100.0	/	/	/	14	14	100.0
2	Q区	2	2	100.0	14	14	100.0	10	9	90.0	5	5	100.0	31	30	96.8
3	P区	2	2	100.0	6	6	100.0	3	2	66.7	1	1	100.0	12	11	91.7
4	H区	2	2	100.0	2	2	100.0	6	6	100.0	2	2	100.0	12	12	100.0
5	A区	/	/	/	5	5	100.0									
6	L县	2	2	100.0	8	8	100.0	8	8	100.0				18	18	100.0
7	Z县	1	1	100.0	3	3	100.0	4	4	100.0	2	2	100.0	10	10	100.0
8	J县	2	2	100.0	1	1	100.0	3	3	100.0	/	/	/	6	6	100.0
9	Y县	1	1	100.0	4	4	100.0	6	6	100.0				11	11	100.0
合计		15	15	100.0	48	48	100.0	46	44	95.7	15	15	100.0	124	122	98.4

3. 组织运行机制的重构

基层法院审理执行的案件进入县域治理视野，由司法案件转化为维护社会稳定案件，案件处理机制会随之重构。具体而言，重构后的处理机制主要有这样几个方面。

一是成立领导小组，增强组织力度。维护社会稳定工作往往不只涉及单一部门，而是需要多个部门共同参与。为了重新整合分布于多部门的组织资源,地方党政系统和法院会根据具体维护社会稳定工作的需要,成立专门领导小组。领导小组是一种以任务为中心的组织模式。县域治理层面的维护社会稳定工作会根据任务的重要程度,由相应级别的党政领导干部担任领导小组组长。通常而言,维护社会稳定工作的领导小组组长由政法委书记或者政法委副书记担任,特别重大的维护社会稳定工作的领导小组组长会由党委书记担任。在领导小组中,党委、人大、政府、政协、监察委、法院、检察院等均会被列为成员单位。鉴于法院在维护社会稳定中的重要性,一些领导小组由法院院长或者分管副院长担任副组长。在基层法院内部,对于涉及地方社会稳定的重要案件的审理执行,基层法院也会成立领导小组,通常由分管副院长担任领导小组组长(特别重要的案件由院长担任领导小组组长),相关庭室负责人是领导小组的副组长或者成员。领导小组的主要作用体现为对维护社会稳定工作进行领导,推动县域治理层面各个部门之间、基层法院内部各个庭室之间的治理资源整合。

二是构建协调机制,减少部门壁垒。受到司法能力的限制,基层法院需要建立与地方党政系统以及上级法院的沟通协调机制,理顺法院内部的协调联动机制。例如,X市中院在2016年1—3月发布了一份有关涉诉信访办理情况的通报,要求各基层法院重视在涉诉信访问题上与地方党委、政府开展沟通:"各基层法院能解决的尽快解决,自己不能解决时,及时与党委、政府等相关部门进行沟通、协调，共同研究解决方案，寻求解决办法，争取在较短的时间内，通过电话、短信、微信、书信等方式将研究出的方案、方法及时告知信访人。"在基层法院，与地方党委、政府进行沟通的主要是法院党组，尤其是党组书记（亦即法院院长）。法院党组可以通过政法委向党委常委会或者分管的党委常委报告，也可以直接向党委常委会或分管的党委常委请示。有些地方会建立由政法委牵头组织的联席会议制度，通过联席会议办公室指导和要求相关单位做好重点维护社会稳定案件的稳控工作。为了提高应对维护社会稳定问题的能力，法院在内部会加强不同庭室之间的信息沟通，建立立案、审判、执行等部门的统一协调机制，形成整体联动。

三是整合司法力量，形成专业优势。在有些地方，特定类型的案件大幅上升，会成为影响当地社会稳定的重要因素。由于存在案多人少的矛盾，为了保障特定类型的案件能够得到及时妥善处理，法院会重新整合调配司法力量。在江苏省无锡市，有几年当地劳动争议案件大幅度增加，针对这种情况，当地许多基层法院重视劳动争议审判队伍的结构建设，选调学历层次高、业务水平高的法官充实到劳动争议的审判队伍中，重新配备与审判任务、案件数量相符合的审判力量。例如，有的基层法院的民一庭成立了专门的劳动争议合议庭；一些劳动争议案件集中的基层法院还专门设立劳动争议审判庭，形成专业化的审判优势。

为了应对维护社会稳定压力，及时化解矛盾纠纷，基层法院以及地方党政系统采取政治动员的方式打破了基于科层理性的职能分工，将多部门纳入解纷过程，建立多部门间的联系协调机制，促进治理资源整合，重构组织运行机制和纠纷解决机制，形成更为灵活且有针对性的组织形态。在党政动员、部门整合的解纷机制中，地方党委、政府与法院在其中扮演的角色和发挥的作用存在区分。党委发挥着引导纠纷解决方向、开展政治动员的领导作用；政府负责调动行政系统内各个相关职能部门的治理资源，具体把握党委确定的解纷方向；法院主要从法律上提出解决纠纷的方案，协助地方党委、政府确定和实施的解纷举措达到法定条件、符合司法程序。法院的审判工作实际上是实现解决方案的一个环节或者一种方式。在一些对县域治理有重大影响的案件的处理过程中，党委是纠纷解决的实际决策者，政府是纠纷解决的主要执行者，法院是纠纷解决的重要执行主体。经过调适的组织形态，与法律文本的规定存在一定的差别。法律文本的规定主要是为应对常规性案件和日常治理而设置的，但是这种常规化的组织形态很难适应因维护社会稳定压力而产生的一些非常规性案件[1]。

---

[1] 非常规性纠纷反映出的往往不只是具体的个案性问题，而是带有普遍性的社会问题，蕴含着相同或相近阶层、群体的整体诉求，潜藏着某些阶层、群体与社会管理者之间的非良性互动甚至对抗。顾培东.试论我国社会中非常规性纠纷的解决机制.中国法学，2007（3）.

三　维稳压力的内部管理与审判运行

在我国的审判运行中,"人民法院依法独立行使审判权"是一个基本共识,亦为宪法所确认。不过一些研究者认为在中国司法实践中缺乏"审判独立"得以有效运行的制度空间,"审判独立"没有真正普遍实现,特别是在维护社会稳定压力的影响下,法院的实际运作形态不符合"审判独立"的要求,未能排除外部主体对法官以及合议庭行权产生的影响。在部分学者看来,改进方案在于推动法院组织形态和内部管理的深层变革,完全排除来自地方党政系统以及法院管理层的影响,确保法官(包括合议庭)完全独立地享有并行使审判权。然而,现代各种诉讼制度都以一定程度的相对封闭性来维系司法运行的相对独立性,同时又在相对独立的前提下保证诉讼或审判的相对开放。

如果从社会秩序的构建和维系的角度来看,审判制度是一种回应和保障社会秩序的控制机制①。这种控制机制需要面对两种类型的问题:一种是发生在个别社会成员或社会组织之间规模较小、冲突方式较为缓和、影响较轻的常规性纠纷。进入

---

① 庞德. 通过法律的社会控制. 沈宗灵,译. 北京:商务印书馆,2010.

法院的绝大多数案件都属于这种类型，以常规性的审判运行机制就可以有效应对。另一种是可能给社会秩序的稳定带来比较大冲击、反映深层次社会问题的案件。对于这类问题就很难囿于常规性的审判运行机制，而是需要创造出一些有助于应对这些问题的组织形态，重新调整法院的机构设置、人员安排、责任界限、资源配置，为这类纠纷化解机制的运行提供相应的组织条件。在此方面，就审判资源的运用而言，我国法院实际上形成了"简单案件由独任法官采用简易程序处理—一般案件通过合议庭依普通程序处理—重大、疑难、复杂、敏感的案件依其情况不同分别吸收其他审判资源处理"的运行模式①。在维护社会稳定压力的影响下，一些案件的处理不仅要吸收多种审判资源，而且还要整合多个治理主体和运用多种治理资源，依托不同于常规案件审理的组织形态。对于这样的组织形态，并不能简单地从"司法中心主义"的角度展开批评，而是要认识到其中蕴含的一些深层次问题。

一是维护社会稳定压力体现的是一种整体秩序，而整体秩序的维系离不开地方党政系统作用的发挥。在中国"条块结合，以块为主"的基本治理结构下，这种整体秩序得以维系和实现的主要责任主体是各级党委，维护社会稳定的第一责任人

---

① 顾培东.法官个体本位抑或法院整体本位：我国法院建构与运行的基本模式选择.法学研究，2019（1）：16-17.

是地方党委一把手，实行党政同责。由此，党委实际上成为此类纠纷解决机制的领导力量和指挥中枢。1991年通过的《中央社会治安综合治理委员会关于社会治安综合治理工作实行"属地管理"原则的规定（试行）》规定："社会治安综合治理工作实行'条块结合，以块为主'的属地管理原则，由各级党委和政府统一领导，社会治安综合治理领导机构组织实施，各部门、各单位各负其责。"2016年中共中央办公厅和国务院办公厅印发的《健全落实社会治安综合治理领导责任制规定》延续了这方面的规定。在这样的责任体系要求下，地方党政系统有介入处理对地方社会稳定有重要影响案件的内在动力，而法院则是这一整体秩序处理机制的一个构成部分。

二是处理维护社会稳定案件的目标在于获得综合效益，而非只是单纯作出法律评价。在维护社会稳定压力的影响下，地方党政系统希望事态不扩大，尽可能在本层级范围内化解纠纷。但是如果从司法案件的角度看，法院处于被动、居中的角色，诉讼成本高、司法程序烦琐、审判周期长，难以用较为高效的方式实现地方治理目标。也就是说，二者的目标存在一定程度的张力。而且，"法律统治必然导致规则统治，然而规则仅仅是规则而已，它并不考虑社会的道德价值和政治理想"[①]。

---

① 科特威尔.法律社会学导论.潘大松，刘丽君，林燕萍，等译.北京：华夏出版社，1989：182.

在属地管理责任的压力下，党委、政府是地方治理的责任主体，为了及时化解问题，必定需要多样且较为灵活的治理方式和多种治理资源。法院为了尽快从维护社会稳定压力中解脱，也希望能够借助地方党政系统及时化解纠纷，而不只是作出一纸判决。

三是维护社会稳定工作的综合性要求与法院职能的专业性规定之间存在一定的张力。法院以行使审判职能为主，审判权按照专业化的要求运行。但是在基层社会，许多问题尤其是许多维护社会稳定案件会带有非常明显的综合性的特点，解决综合性问题需要有比较全面的协调和统合机制。涉及维护社会稳定的案件往往与社会转型过程中利益格局深刻调整有关系，维护社会稳定工作需要多个部门协同配合行动，维护社会稳定工作的具体实施也需要综合运用多种方法。在应对综合性问题时，法院以及法官的专业性能力会表现出明显不足，特别是在法院的人员配置、掌握的治理资源以及协调统筹能力等方面均存在明显不足的情况下，更需要依托党政系统形成并运行非常规性纠纷化解机制。

"审判独立"这一原则关涉法院以及法官如何与外部系统进行互动、在这种互动关系中处于怎样的位置。一方面，应当在法院与外部系统之间、法官与法院管理层之间建构一定的隔离带。大多数常规性案件的审理，不需要法院以及法官与外部系统进行复杂的互动，这总体上能够确保法官有比较大的独立空间。另一方面,法院与外部系统之间、法官与法院管理层之间的隔离带并不是绝对的。在一些重大、疑难、复杂、敏感案件,尤其是对社会稳定会产生显著影响的案件的处理中,法院与外部系统之间存在紧密的、复杂的互动,这对法院的组织应变能力提出了很高的要求。从组织学的角度看,组织应变力是一个组织效力高低的重要衡量标准,而此种应变力又突出地体现在对危机事件的应对上[1]。正如组织学家西蒙(Herbert A. Simon)所说:"即使有对组织目标的强烈认同,对密切协调的需要也是系统的巨大负担,影响着其在已经变化的环境下进一步提高有效性的能力。"[2] 在存在复杂互动和密切协调的情况下,如果简单恪守完全意义上的法官个体的"审判独立",并据此设定法院组织形态,会因法官个体的局限性而不利于案件的处理。

因此,为了提高法院的组织应变能力,需要借助党政体制对法院的组织形态进行必要的调整。从国家治理体系的纵向维度来看,维护社会稳定压力依托压力型体制和"谁主管谁负责""条块结合、以块为主、有机结合的属地管理"的治理原则自上而下地推动展开。这两项原则由中共中央、国务院于

---

[1] 刘圣中. 当代中国公共行政的组织基础:组织社会学视野的分析. 上海:复旦大学出版社,2013:239.

[2] 西蒙. 今日世界中的公共管理:组织与市场. 杨雪冬,译. 经济社会体制比较,2001(5).

1991年发布的《关于加强社会治安综合治理的决定》正式提出，并为此后的维护社会稳定工作所延续。压力型体制的权责体系具有权责不对等的特点，越往下级，权力越小，但是其承担的直接治理责任越重[①]。这种纵向维护社会稳定体制将冲突场域向下转移，防止矛盾和冲突向上汇聚、集中爆发，增加了下级党政系统的治理风险，降低了上级党政系统的执政风险。下级政权体系为了应对维护社会稳定压力、化解治理风险，会通过动员和整合，调适组织形态，从而提升组织运行效率，而法院内部的组织形态和管理机制则嵌入此种更为广泛层面的组织形态的建构和运行之中。

小　结

我国社会秩序总体上稳定有序，出现的矛盾和冲突绝大多数是可以控制的局部性问题。这种稳定局面的存在，一方面与经济发展、社会进步的红利密不可分，另一方面也与高度重视稳定工作密切相关。评价我国法院在维护社会稳定压力中的运行状况，需要将法院的组织形态以及内部管理置于这样的基本背景下来认识。基层法院在维护社会稳定压力形塑下的实际组

---

① 贺雪峰.行政体制中的责权利层级不对称问题.云南行政学院学报，2015（4）.

织形态以及面临的问题，是中国整个法院系统在维护社会稳定压力中现实处境的一个缩影。在权力集中的体制中，中央对社会稳定高度敏感，会通过纵向体系将压力传输到地方各级政权体系和横向的政权组成部分，从而形成以"治-综治"为基本取向的法治模式①。在中国社会转型真正完成之前，基础性社会矛盾依然会不断产生并作用到包括法院在内的各级政权体系，维护社会稳定就依然会成为各级政权体系建构和运行需要考量的重要问题。与此同时，鉴于县域治理在国家治理，尤其是维护社会稳定中的基础性意义，县级治理体系在此方面的职责更为突出。在这种背景下，基层法院的组织形态以及内部管理的建构和运行离不开此种外部约束条件。实际上，此类问题也并不只是中国所独有。例如，美国学者夏皮罗认为，"普遍存在的模式是，审判是作为政权主体中的一部分来运行而不是作为一个独立的实体存在"，"在许多社会中法院的重要功能是一种具有特殊形式的社会控制，目的是为政权重新获取支持"②。在法院组织形态和内部管理问题上，我国历次司法改革总体上是向独任法官和合议庭放权，以实现"去行政化"、塑造"扁平化管理"结构。这样的努力无疑有其积极意义，但

---

① 喻中．论"治—综治"取向的中国法治模式．法商研究，2011(3)．
② 夏皮罗．法院：比较法上和政治学上的分析．张生，李彤，译．北京：中国政法大学出版社，2005：29，33．

是在外部环境或条件尚未明显改变,尤其是大量影响社会稳定的基础性矛盾还普遍存在的情况下,法院组织形态及内部管理的变革就不是一个孤立的问题,而是需要置于更为整体的视域中考察,以审慎的态度开展。

第五章　县域治理中的法院非业务工作

所有的适应都是知识。[*]

——亨利·普洛特金

我国各级法院的工作事项中，除了审判、执行方面的业务工作之外，还有大量非业务工作。从直观层面看，在既定的约束条件下，法院、法官分配在业务工作与非业务工作上的时间和资源此消彼长。在"案多人少"压力普遍不断增大的情况下，为了促进化解人均办案压力、提高办案效率，法院减少甚至取消非业务工作，从而增加法官的办案时间。2016 年 7 月中共中央办公厅和国务院办公厅印发的《保护司法人员依法履行法定职责规定》第三条要求："任何单位或者个人不得要求法官、检察官从事超出法定职责范围的事务。人民法院、人民

---

[*] PLOTKIN H. Darwin machines and the nature of knowledge. Cambridge, Mass.：Harvard University Press，1993：228.

检察院有权拒绝任何单位或者个人安排法官、检察官从事超出法定职责范围事务的要求。"这一规定背后的重要考量在于防止"超出法定职责范围的事务"过多损耗法官的时间和精力,从而确保审判、执行业务有充足的时间保障。从解释学的角度看,实践中必定会存在这样的问题:如何解释这一规定中的"超出法定职责范围的事务"?什么样的事务属于"超出法定职责范围的事务"?是否所有非业务工作都属于这里所说的"超出法定职责范围的事务",因而不得要求法官参与其中?实际上,无论是采取平义解释、扩张解释或者限制解释,都无法对上述问题作出准确的回答。之所以如此,是因为"所谓'解释',就其根本来看不是一个解释的问题,而是一个判断问题"[1]。

问题的难点也正在于如何对法院的非业务工作作出判断,如何认识和把握我国法院的大量非业务工作是个难点。无论是英美法系的法官还是大陆法系的法官,总体上均处于较为纯粹的工作环境中[2]。很大程度上正是由于这种与其他国家差别的存在,所以难以找到恰当的理论视角认知和理解我国各级法院

---

[1] 苏力. 解释的难题:对几种法律文本解释方法的追问. 中国社会科学,1997(4).

[2] 有关欧美一些国家法官工作事项的介绍,参见最高人民法院司法改革小组. 美英德法四国司法制度概况. 韩苏琳,编译. 北京:人民法院出版社,2002;宋冰. 程序、正义与现代化:外国法学家在华演讲录. 北京:中国政法大学出版社,1998:1-30。日本法官的工作事项比较纯粹,业务工作之外的事项很少,参见秋山贤三. 法官因何错判. 曾玉婷,译. 北京:法律出版社,2019。

普遍存在的非业务工作。如果只是基于法律职业主义视角[①]，不少论者会认为，司法职能之外的非业务工作占据法官的办案时间，不利于法官集约高效地开展司法活动，因此要减少此类事务，最好是将非业务工作从法院完全剥离。然而，大量非业务工作已普遍、长期存在，并且很多工作实际上是在以制度化的方式运行，这就必定有其存在的道理。由此，对于这一问题的认识需要超越法律职业主义视角。这一章讨论法院的非业务工作，力图以"语境论"的进路[②]，从制度逻辑切入，认知和把握这些非业务工作的治理功能及运行机理。需要注意的是，也要分析部分非业务工作在一定的约束条件下的功能限度，尤其是对司法业务工作可能造成的消极影响，进而探究相应的改进方案和矫正举措。

从研究范式来看，探究这一问题可以用两种范式。一是个体本位范式。目前还缺乏对法院非业务工作的专门学术探讨，不过从许多学者对法院内部管理以及法院与外部关系的讨论中可以看出，不少研究是以个体本位范式来认识这一问题的——将法官个体行权及其个人感受作为出发点，认为要尽可能排除与司法业务工作无关的工作事项，创造纯粹的、专业化的工作

---

① 法律职业主义以专业性、公共性和自治性作为基石，参见李学尧. 法律职业主义. 北京：中国政法大学出版社，2007：5-7.

② 苏力. 也许正在发生：转型中国的法学. 北京：法律出版社，2004：233-266.

环境，从而提高司法业务工作的专业效能。二是整体本位范式。这种范式倡导将法官个体行为置于法院整体组织形态中、将法院建构与运行置于整体治理体系中考察。如果依循这种范式，对于非业务工作是否应该在法院存续、其中的利弊如何权衡、有关非业务工作的安排如何改进等问题的认识，就不应只是从法官个体行权的角度来把握，而是应当着眼于法院整体的建构与运行，进而在更大范围的治理体系中理解这一问题。

如果从整体本位范式审视法院的非业务工作，需要将之置于中国体制架构和社会环境中来认识。对中国法院非业务工作产生最为显著影响的体制因素是我国的治理结构：许多非业务工作与治理结构存在较高的契合度，受治理结构统摄。对于法院非业务工作的功能及机理的认识，也要结合治理结构来把握。从法治建设的角度看，对非业务工作展开研究的落脚点应当在于细致考察和分析这些工作对司法业务工作的影响，尤其是对司法能力的影响。在司法领域，治理结构的统摄能力最终也要体现为司法能力，亦即提升产出司法产品的能力。这一章以笔者在基层法院调研获取的经验材料作为基础，在县域治理场域中考察蕴含于法院非业务工作中的运行机理。

一 基层法院非业务工作的主要类型

这里讨论的"非业务工作"是指法官需要参与的非审判执

行职能事务，不包括日常性的行政管理事务，也不包括审判管理事务。在法院内部，有专门行政人员从事日常性的行政管理，少数具有法官身份的庭室负责人也会参与其中；审判管理工作与审判执行业务紧密相连、业务性强，属于业务工作。基层法院的非业务工作有多种类型，涉及诸多方面。我们可以将非业务工作提炼概括为以下四种类型（见表5-1）。

表5-1　江苏省X市H区法院非业务工作概况表（2016—2018年）

年份	类型	次数	内容
2018	纪律规范	11	（1）"述职、述廉、述学"工作会议；（2）党风廉政教育会；（3）意识形态和党风廉政主体责任汇报会；（4）党风廉政建设述职评议会；（5）年度工作会议暨党风廉政建设工作会议；（6）党员领导干部民主生活会；（7）作风建设"大会战"动员会；（8）党建学习交流会；（9）党建学习交流会；（10）党建学习交流会；（11）组织学习整治形式主义、官僚主义工作意见
	伦理教化	6	（1）分享学习党的十九大报告心得；（2）参与市、区两级"最美妈妈""最美家庭"评选；（3）新老队员篮球赛；（4）春节联欢会；（5）复转军人庆"八一"活动；（6）观看党史专题教育片
	职能延伸	11	（1）妇女法制宣传活动；（2）妇女权益保护公益讲座；（3）"3·15"专项普法活动；（4）参与电视台《德法润我家》栏目；（5）青年法官"五四"普法宣传；（6）参加"党群议事会"活动；（7）"法治宣讲进校园"活动；（8）开展以"反欺凌、防欺凌、法律护航青少年健康成长"为主题的青少年维权专项活动；（9）进企业宣讲预防职务犯罪知识；（10）为全区行政执法人员授课；（11）"宪法宣传周"活动

续表

年份	类型	次数	内容
2018	综合参与	4	(1) 院团委组织团员助力国家卫生城市复审迎检工作；(2) 开展"感恩母亲节 关爱贫困母亲"活动；(3) 在本院开展节能宣传周活动；(4) 院长到社区开展"创建进万家 文明大走访"活动
2017	纪律规范	6	(1) 党风廉政建设责任制考核报告会；(2) 党建工作例会；(3) 纪检组长就"五一"期间严防"四风"问题及在干警中营造文明节俭、风清气正的政治生态做专题讲座；(4) 开展意识形态工作责任制学习活动；(5) 召开"从严从实落实党风廉政主体责任"专题民主生活会；(6) 赴反腐倡廉基地开展警示教育
2017	伦理教化	10	(1) 举办"青年干警论坛"；(2) 参加纪念抗战革命烈士活动；(3) 到井冈山参加党性教育学习；(4) 开启"爱步健走、健康欢乐之端午行"徒步之旅；(5) 开展"六一"快乐童年亲子趣味活动；(6) 举办"旗帜鲜明讲政治"专题党课；(7) 举办喜迎党的十九大的朗诵比赛；(8) 承办全市法院系统第三届羽毛球赛；(9) 集中观看党的十九大开幕式；(10) 团委组织专题学习党的十九大报告
2017	职能延伸	16	(1) 行政庭法官为市地税局执法人员授课；(2) 行政庭法官受邀到卫计委交流研讨；(3) 行政庭法官受邀为区市管局执法人员授课；(4) 院长赴联系点调研；(5) 参加"党群议事会"活动；(6) 进行"3·15"街头普法；(7) 参加基层法律培训员活动；(8) 开展法治宣传月活动；(9) 与联系点举行结对文明共建活动；(10) 到市农商行开展法律讲座；(11) 组织"四位一体"物业纠纷化解座谈会；(12) 开展"三进三帮"大走访大接访大化解活动；(13) 开展以"守护希望·共筑未来"为主题的系列预防青少年犯罪宣传教育活动；(14) 进农村商讨多元矛盾纠纷化解；(15) 举行"国家宪法日"宣誓及法治宣传活动；(16) 法官兼任区委法律顾问

续表

年份	类型	次数	内容
2017	综合参与	8	(1) 参加区残联党支部主办的"关注弱势群体构建和谐社会"主题党建活动；(2) 参与文明交通行动；(3) 组织集中无偿献血活动；(4) 参观区广播电视台；(5) 启动人大代表"千百万扶贫济困大行动"宣讲活动；(6) 指导联系村开展文明城市创建工作；(7) "八一"前夕慰问市武警支队；(8) 院领导走访贫困户
2016	纪律规范	7	(1) 年度工作总结暨廉洁司法集中教育活动动员大会；(2) 走进实境课堂接受廉政警示教育；(3) 院长为全院干警上廉政党课；(4) 院长为区四套班子领导以及乡镇、各部门负责人宣讲预防职务犯罪知识；(5) 纪检组长以"学党规、守党纪、做忠诚干净有担当的法官"为主题，为全院干警上党课；(6) 某副院长为全院干警讲授"两学一做"专题教育党课；(7) 召开学习习近平总书记"七一"重要讲话专题会议
2016	伦理教化	5	(1) 春节联欢会；(2) 举办学习先进法官事迹研讨会；(3) 组织端午亲子游艺活动；(4) 集中观看家风家规专题教育片；(5) 召开庆祝建党95周年暨"七一"表彰大会
2016	职能延伸	3	(1) X派出法庭开展妇女维权专题知识讲座；(2) 开展"3·15"普法宣讲活动；(3) 进企业开展"与法同行，法官说法"活动
2016	综合参与	3	(1) "八一"走访慰问市武警支队；(2) 七夕节开展无偿献血献爱心活动；(3) 主办首届区中学生法律知识竞赛决赛

1. 纪律规范型工作

党的纪律是规范共产党员思想和行为的一系列制度和要

求，包括政治纪律、组织纪律、廉洁纪律、群众纪律、工作纪律、生活纪律等，由党章、党内条例与规定、党的其他重要文件等构成。党的组织体系嵌入国家机构组织体系，党的纪律亦嵌入其中并规训党员的言行。为了确保党纪能够发挥作用，法院会通过一些具体形式开展相应的非业务工作，具有中共党员身份的法官需要参与其中。在正式的政治话语表达中，这类工作往往被归为"党风廉政建设"。在此方面，法院的纪律规范与外部治理系统中其他机关的纪律规范具有明显的同构性，共用一套以党内法规为主要内容的规范体系。在法院系统，党风廉政建设与司法作风建设密切相关，以"党风廉政建设"为标识的纪律规范型工作会成为推动法院内部司法作风改进的重要机制。

从受众特征来看，纪律规范型工作有两种：一种是面向法院内部，另一种是面向地方党政系统。面向法院内部的纪律规范型工作的具体形式有很多，例如学习中央会议精神、开设廉政警示教育党课、举办廉洁座谈会等。除此之外，许多纪律规范型工作与法院内部业务工作作风存在紧密联系。例如，H区法院的一份名为《落实党风廉政建设责任制实施细则》的文件将接受案件相关人钱物、请吃、娱乐、旅游以及其他利益，与律师进行不正当交往，在委托审计、评估、拍卖、变卖、鉴定或者指定破产管理人等活动中与相关机构和人员恶意串通、弄虚作假、违规操作，不按规定时间接访，办理案件超期限，违规插手、干预、过问、打听他人办理的案件，违规泄露合议庭或者审判委员会讨论案件的具体情况，对诉讼当事人、代理人的咨询不积极回答，无故训斥诉讼当事人，庭审时仪表不端庄等事项列入党风廉政建设的具体考核之中。这些工作强调法院党组成员的责任，尤其是院长（党组书记）的责任。院长和党组书记由同一人担任，主抓法院的全面工作，党风廉政是其工作内容的重中之重。在此方面，院长（党组书记）是第一责任人，院长与分管院领导、各部门负责人签订党风廉政建设责任书，明确各自开展党风廉政建设的具体责任。

基于职能的特殊性，法院会开展一些面向地方党政系统的纪律规范活动，地方党政系统也会邀请法院组织相关领域的法官开展相应的活动。例如，在X市H区召开的一次党建周例会上，区四套班子领导以及乡镇、各部门负责人参加会议，区法院院长宣讲了预防职务犯罪的相关法律知识。有时这种非业务工作也会融入法院业务工作的开展过程。例如，江苏省X市L县法院与县纪委联合开展经常性的庭审警示教育。在相关案件庭审前三天，法院会通知县纪委办公室，由县纪委办公室组织相关单位人员到庭旁听。

2. 伦理教化型工作

纪律规范与伦理教化存在交集，不过二者仍然有一定的差别。纪律规范的重点是党风廉政建设，强调党的组织体系内部的纪律要求，带有比较突出的刚性约束特点。伦理教化侧重强调法院与包括当事人在内的民众之间的联结和互动关系，带有软性约束特点。伦理教化体现在政治伦理、司法伦理、生活伦理三个层面，其中最为核心的是政治伦理教化。政治伦理教化的核心内容是为人民服务的理念，强调人民性和群众路线。基层法院开展政治伦理教化的方式有很多种，例如举办以核心价值观教育为主题的干警论坛、参观革命烈士纪念馆、观看先进事迹影片、开展学习典型选树活动等，这些都是政治伦理教化的重要方式。

从法律职业主义的角度看，司法伦理是一种职业伦理，主要以制度化的方式呈现和运行①。然而，在中国的政法传统中，司法伦理与政治伦理之间存在许多交集，既包括与政治伦理相对独立的部分，也有许多与政治伦理高度契合或者需要由政治伦理加以引导的内容。在基层法院的实践中，许多有关司法伦理的教育会融入政治伦理教化之中，其中，公正廉洁的司法伦理与主导政治力量倡导的政治伦理之间的联系尤为紧密。除此之外，法院还有一些关于生活伦理的教育活动，这些活动也发挥着道德观念濡化的作用。例如，推荐干警参加劳动模范、杰出工作者、最美家庭等评选，组织开展亲子活动，等

---

① 王申．司法职业与法官德性伦理的建构．法学，2016（10）；王申．法官道德须满足司法伦理的客观需要．政治与法律，2016（7）．

等。通过这些活动，法院干警可以感受到符合社会主流价值观要求的生活伦理规范，促进形成良好的家庭氛围和人际关系，在一定程度上有助于法官在审判与此相关的案件时，将相应的社会主流道德观念纳入考量之中。

伦理教化型工作形成了一套有别于只强调法律的话语模式。这种话语模式的突出特点是重视党与群众之间紧密的政治联系，认为司法工作是群众工作的一个环节——司法不仅要依据法律审判案件，还要获得群众的认可、信任和支持。这方面活动的开展为群众语言进入法院、影响法官的观念意识提供了一些渠道。通过开展这些工作，以为人民服务为核心的政治伦理、得到广泛认可的社会主流道德观念可以逐渐内化为法官的深层观念，嵌入司法业务工作的具体运行之中。

3. 职能延伸型工作

与其他类型的非业务工作相比，职能延伸型工作的重要特点在于，尽管这些工作并不属于业务工作，但是要以司法专业知识和技能的运用为基础，是司法职能在社会治理中的延伸。比较典型的职能延伸型工作主要有发送司法建议、为行政机关审查协议、组织普法宣传、参与构建多元纠纷解决机制。职能延伸型工作立足于法官的基本职能，在审判执行业务工作之外延伸和扩展司法职能的社会功效。

发送司法建议是法院参与地方社会治理的重要方式[1]。从调研了解的情况看，基层法院会给各个业务庭、派出法庭安排发送司法建议的工作任务，这方面的工作成为业务庭、派出法庭以及法官工作业绩的"亮点"和加分项，并与年终绩效考核挂钩。从发送主体看，各个业务庭、派出法庭都可能会发送司法建议；从接受主体看，党政机关、企事业单位均有涉及（见表5-2）。除此之外，为了提高行政机关行权的规范性，法院也会应行政机关请求，帮助审查一些协议，避免行政机关签订的协议不符合法律规定或者存在其他问题[2]。法院参与普法宣传的常见做法是利用节假日、法制宣传日组织法官到城区广场、主要街道、乡村集镇现场讲解法律知识、开展法律咨询。

---

[1] 早在2007年3月，最高人民法院就在《关于进一步加强司法建议工作为构建社会主义和谐社会提供司法服务的通知》中提出，"司法建议作为化解矛盾纠纷、提高社会管理水平的司法服务手段，是人民法院审判职能的延伸"。2012年3月，最高人民法院在《关于加强司法建议工作的意见》中进一步强调要重视司法建议。

[2] 类似的现象在西方国家也存在。例如，布兰代斯大法官（Justice Brandeis）是伍德罗·威尔逊（Woodrow Wilson）总统立法计划的主要设计者。在第二次世界大战期间，法兰克福特大法官（Justice Frankfurter）几乎每天都与罗斯福总统商讨战略和政策，还协助起草总统的讲话稿。福塔斯大法官（Justice Fortas）向林登·约翰逊（Lyndon Johnson）总统提供某些事项的咨询意见，包括越南战争、钢铁涨价以及避免运输业罢工的策略。澳大利亚首席大法官欧文·狄克逊（Owen Dixon）曾向州长们就宪法问题提供咨询意见，就外交问题向联邦政府提供咨询意见。宾汉姆.法治.毛国权，译.北京：中国政法大学出版社，2012：133-134.

例如，近几年，江苏省X市K区法院先后开展以"法治就在我身边""未成年人权益保护""暑假安全防范""开学第一课"等为主题的法治教育课。每年"八一"建军节，一些基层法院会到驻地部队开展"送法进军营"活动，还会邀请驻地部队官兵和退役军人旁听案件庭审。多元纠纷解决机制的构建需要由党委进行领导，整合协调各个党政部门、基层群众组织和企事业单位，基层法院也会参与其中。例如，为了促进妇女权益保护，湖北省N市C县法院与县妇联联合开展争创"妇女维权示范岗"活动，十多名女法官与对应乡镇妇联签订结对协议，进行有关妇女权益保护方面案件的业务指导。

表5-2 湖北省N市C县法院司法建议统计（2017年）

序号	发送部门	接受单位	主要内容	时间
1	审监庭	中国邮政速递物流公司C县分公司	要求投递人员和网上录入人员如实填写信息	12月
2	审监庭	某钢管制造有限公司	完善社保缴纳工作，加强安全培训	12月
3	审监庭	某食品有限公司	完善社保缴纳工作，加强安全培训	12月
4	审监庭	某汽车部件科技有限公司	缴纳社保，协助办理档案转移	12月
5	刑庭	县公安分局	审查环节更加细致，全面权衡利弊	6月
6	刑庭	县检察院	避免选择性执法，综合考虑全案案情	7月
7	行政庭	县安监局	自行撤销行政处罚决定	4月

续表

序号	发送部门	接受单位	主要内容	时间
8	行政庭	县人民政府	开展新《行政诉讼法》相关培训	5月
9	行政庭	县政法委	开展新《行政诉讼法》相关培训	5月
10	某法庭	某物业管理有限公司	促进物业管理规范化	6月
11	民一庭	县医院	患者应提供身份证明	7月
12	民一庭	某保险公司	注明款项用途	10月
13	民一庭	某保险公司	加强沟通联系	11月
14	民一庭	县交巡警大队	加强沟通联系	11月

4. 综合参与型工作

综合参与型工作的内容多、涉及面广，参与文明城市创建、招商引资、精准扶贫等均属于典型的综合参与型工作。这些工作一般是一定时期的中心工作，党委通过政治动员，推动党的组织体系、国家机构各个组成部分以及相关企事业单位参与其中[①]。这类事务正是目前容易引起争议的非业务工作。从法律职业主义的角度看，应当将这类事务从法院完全剥离。然而问题的复杂性在于，法官参与这类事务与"中心工作"模式

---

① 关于"中心工作"运行机理的深入讨论，参见杨华，袁松. 中心工作模式与县域党政体制的运行逻辑：基于江西省D县调查. 公共管理学报，2018（1）。

紧密相连。地方治理体系在治理资源有限且分散的情况下，将一些影响地方治理"大局"的工作设定为"政治任务"或者"中心工作"，通过压力型体制和运动式治理机制将分散的治理资源聚合起来，克服部门壁垒和科层惰性，形成治理合力，以应对常规治理能力不足的问题，在较短的时间内实现超常规治理效果。在中心工作模式的影响下，县域治理各个组成部分的职能专业性会被弱化，取而代之的是参与中心工作：基层法院与其他职能部门均须承担一些与本部门专业职能没有直接联系的任务。如果完全否定基层法院的综合参与型工作，在一定程度上这意味着对"中心工作"模式的否定，会减损地方治理体系整合治理资源的能力。如何在二者之间作出取舍？人们基于不同的立场会得出不同的结论，要对此作出审慎的权衡。综合参与型工作的具体事项种类较多，不同种类事项对司法资源的消耗、对司法能力的影响并不一样，究竟哪些综合参与型工作应当从法院完全剥离、哪些还难以剥离、哪些应当保留，须通过多方面的考量再作出判断和取舍。

二 基层法院非业务工作的功能限度

从实践理性的层面来讲，参与非业务工作会对法官认识和处理问题的视角及方式产生影响。许多非业务工作的开展，体现出法院内部管理的一些侧面、法院（及法官）与外部系统之间诸多方面的实际联系，会对司法职能的行使产生影响。

1. 非业务工作的正向功能

对于法院非业务工作的正向功能的认识，基于不同的视角或出发点会得出不一样的结论。如果立足于法院整体与外部系统之间的有效衔接和互动，以及法院整体审判执行职能的行使，可以从如下三点认识和把握非业务工作的正向功能。这些功能实际上都在不同侧面有助于提升法院的司法能力。

一是促使法官接受主导意识形态濡化。意识形态是"具有符号意义的信仰和观点的表达形式，它以表现、解释和评价现实世界的方法来形成、动员、指导、组织和证明一定的行为模式和方式，并否定其他的一些行为模式和方式"[1]。受到意识形态濡化作用的影响，执行者会按照主导政治力量确定的理念对一些问题作出回应。这方面的倡导既有分散的宣传教育，也有系统的理论学习。法院和党政机关都会被纳入意识形态宣传和教育之中，通过"文化适应"[2] 共享一套相同或相近的观念

---

[1] 米勒，波格丹诺. 布莱克维尔政治学百科全书. 邓正来，译. 修订本. 北京：中国政法大学出版社，2002：368.

[2] 按照政治学者莫里斯·迪韦尔热（Maurice Duverger）的观点，"只有经过一个文化适应过程才能确立并维持共识，这过程的目标是让本集体所有成员都接受和消化标准、方法、价值和角色"。迪韦尔热. 政治社会学：政治学要素. 杨祖功，王大东，译. 北京：东方出版社，2007：75.

意识。法院多种类型的非业务工作，都会从相应的侧面宣传主导政治力量的方针政策，传输"坚持党的领导""司法服务大局"等理念，这些方针政策或理念会成为塑造法院与地方治理系统的互动关系、法官与民众的互动方式的观念因素，促使法官在司法过程中形成全局思维和能动理念①。

二是增强法院与外部联结的综合性。基层法院与外部的联结并非只有专业维度，也有体现综合性特质的联结维度。职能延伸型工作立足于司法职能，在审判执行业务之外依托多种活动，推动法官参与整体治理体系。与地方党政干部相比，法官拥有的专业性的法律知识和能力，有助于其在这些活动中发挥积极作用。对于司法职能的行使而言，这些工作的开展有利于法院密切与地方治理系统的联系，便于法官在执法办案（尤其是执行工作）中借助地方治理系统化解一些难题。综合参与型工作和法官的职能定位没有直接联系，但是在客观上也发挥着扩展基层法院（及法官）与外部社会之间联结关系的功能。例

---

① 实际上，法官作出的不少判决很难不受政治价值观影响。对此，美国法学家劳伦斯·弗里德曼（Lawrence M. Friedman）认为："对于司法制度而言，法治的观念并不必须意味着法官作出的判决不受政治的影响，也不意味着判决不具有政治意义或不对政治制度发生作用；不意味着法官超脱于价值体系和思想观念；也不意味着其判决是以盲目、机械的方式作出的。法官和公务员不是机器，他们是人，具有人的情感和思想；他们也有自己的好恶，有政见，有价值观。"宋冰. 程序、正义与现代化：外国法学家在华演讲录. 北京：中国政法大学出版社，1998：124.

如，法官可以通过参与精准扶贫，了解底层民众的生活状况；通过参与乡村振兴建设，把握农村社会的现实情况。在这些活动中，法官与社会公众之间的联系涉及情感治理、生活境况、社会管理等多个向度。一些非业务工作所构筑的多向度联系，有助于减少法院与社会主体之间的疏离感，法官可以从中获得多方位的社会认知，形塑与社会主体打交道、思考案件纠纷背后深层次社会问题的能力。

三是构建法院与外部联结的政治意涵。基层法院与外部系统之间的联结并不只是体现为法官与当事人之间的互动，还蕴含着党与群众之间的联系，从而有了政治意涵。这种联结有刚性和弹性两种。刚性体现为通过纪律奖惩规范法官的言行，引发社会公众对司法者公正形象的期待与认可；弹性体现为通过政治伦理塑造法官的观念意识，引导法官将主导政治力量强调的政治伦理体现在执法办案中。具有这种政治意涵的联结关系包括两个方面的特点：一方面是权责边界的柔性化。法官不仅要重视法律规定的权责边界，还要耐心细致地做好解释和教育工作。如果法官在审判执行中没有耐心细致地做好群众工作以至于引发了矛盾或问题，即便从法律系统的角度而言不需要承担责任，也会受到来自政治伦理的否定评价。另一方面是联结关系的相对紧密性。法官与当事人之间的关系是党群关系的一部分，关系到社会公众对主导政治力量的评价和认同，因而法官需要遵照党群关系的要求，构建司法与社会公众之间相对紧密的联系纽带。

2. 非业务工作的功能限度

非业务工作有一定的正向治理功能,不过这些功能的发挥并非没有限定条件。在有些情况下,部分非业务工作所能发挥的正向功能是有限的,甚至还会带来负面效应。例如,江苏省高级人民法院的一份文件就指出了这方面的问题:

> 要紧贴法院职能,把开展专题教育同做好法院各项工作紧密结合,同加强司法为民公正司法紧密结合,做到有机融合,协调推进,真正做到两手抓、两不误、两促进。要把专题教育与思想政治建设结合起来、与严明政治纪律结合起来、与司法作风建设结合起来、与从严管理队伍结合起来、与加强制度建设结合起来、与提高司法能力水平结合起来,防止出现专题教育与法院工作相互脱节的"两张皮"现象[①]。

概括而言,影响非业务工作正向功能发挥的因素主要有四个方面:(1)在案件数量不断增加的背景下,许多非业务工作的开展会加剧法官办案压力。近几年,化解"案多人少"的矛盾成为司法改革的重要动因。由于办案数量多、压力大,许多

---

① 参见《江苏省高级人民法院关于在全省法院开展"三严三实"专题教育的通知》(苏高法〔2015〕129号)。

法官不太愿意花费时间和精力用于非业务工作。（2）观念意识濡化作用弱化。纪律规范型工作和伦理教化型工作的重要功能在于，用主导政治力量倡导的意识形态和社会主流道德观念引导法官的言行。然而，无论是法官还是社会公众，观念意识都更加多元，齐整的观念意识整合很难实现。（3）在高强度动员的体制结构中，如果不注意将政治倡导和动员整合力度控制在适当程度之内，很容易导致非业务工作过多，被上升为地方治理"中心工作"的非业务工作占用法院过多的司法资源，影响司法职能工作的正常开展。（4）法律职业主义观念的影响日渐增强。法律职业主义从社会分工、专业化、自治性等方面证成业务工作、排拒非业务工作。随着法官队伍的专业化水准越来越高，更多的法官（尤其是年轻法官）接受并认同法律职业主义观念，对不少非业务工作持明显的排斥态度。

受到多方面因素的作用，部分非业务工作会对业务工作产生负面影响。一是挤占审判执行业务工作的办案时间。从调研了解的情况看，一线法官主要是业务型法官，其工作时间以开展司法活动为主，各种类型的非业务工作都会在不同程度上占据法官原本就较为紧张、稀缺的办案时间。近几十年来，"诉讼爆炸"是我国社会转型期出现的一个突出现象，法院承载着较重的案件负荷。为了应对这一问题，法院不断进行改革，在组织机制和运行技术上都作出了许多努力和创新，总体上保持了较好的适应性。然而，由于我国法院管理体制存在较强的外部性，非业务工作较多依然是一个影响审判资源集约高效运行的因素。二是妨碍司法权的中立性。例如，为了推动旧城区改造，个别地方党委会采取高强度动员的方式，要求包括法院在内的各个国家机关及相关单位参与拆迁工作；为了集中应对某一阶段的特定行政执法难题，个别地方党委、政府也会动员各个部门参与联合执法，甚至要求法院也安排人员参与其中。一旦在这样的事务上发生诉讼，由于有工作人员参与其中，法院的中立性将会受到质疑。又如，部分职能延伸型或者综合参与型工作，在扩展法院（及法官）与外部社会主体之间联系纽带的同时，也可能会给某些社会主体与法官建构不正当联系提供一定的滋生条件。三是在一定程度上会强化法院内部的层级化控制。我国法院审判权运行过程存在比较明显的层级管理的特点，过强的层级管理会对审判权的独立行使产生消极影响。许多非业务工作的开展主要遵循自上而下单向度的行政化逻辑，这会在业务工作之外增强法院管理层对法官的层级化控制。

法院内部组织形态呈现为层级化的治理机制，不同层级的主体所承担的职能存在差异。总体而言，院庭长承担较多的对外承接工作，通过层级式传输机制和行政主导的回应机制对接外部治理体系提出的要求，而一般法官则以司法职能业务工作为主。在这种治理机制中，非业务工作在法院内部不同主体之间并不是均质分布的，不同主体的业务工作受非业务工作的影响也存在差别。在基层法院，除了极少数非业务工作须全员参加之外,大量非业务工作由院庭长主导、少数法官参与,这就形成了"办案法官主要承接业务工作、院庭长承接大量非业务工作"的分工格局。类似的分工格局在院长、分管院领导与庭长、副庭长之间也存在。总体而言,院长、分管院领导以承担非业务工作和审判管理工作为主,实际开展的审判执行业务工作相对较少;庭长、副庭长以审判执行业务工作为主,与此同时承担一定的非业务工作①。在庭长中,派出法庭庭长与机关庭长在承担非业务工作上也会存在差别。在乡镇财政能力较弱、为派出法庭提供经费支持较小的地方,派出法庭庭长较少参加由乡镇主导的一些职能延伸型和综合参与型工作;而在乡镇财政能力较强、为派出法庭提供经费支持较大的地方,派出法庭庭长则会倾向于积极参加由乡镇主导的一些职能延伸型和综合参与型工作。

从动力机制看,法院内不同主体在参与非业务工作上的动力存在显著差别。法院管理层(尤其是院长、分管院领导)会有较强的动力推动开展一些非业务工作。特别是在职能延伸型工作上,法院管理层会有开展工作"创新"的动力,这些"创

---

① 一项关于某区刑事法官工作时间分配的实证调查也得出类似的判断结论,即一线刑事法官的工作时间及工作精力主要集中于办案,非办案事务占用工作时间较少,而担任领导职务的法官(庭长)也将大部分时间用于办案,参见左卫民.时间都去哪儿了:基层法院刑事法官工作时间实证研究.现代法学,2017(5)。

新"是其工作业绩的重要组成部分。在一些不会对司法权威性、中立性产生不利影响的综合参与型工作上,法院管理层(尤其是院长)有一定的动力推动参加——通过这些活动为法院获取更多经费奖励、拓展并密切与地方治理系统的联系。在低同质化的背景下,由于对激励因素的感知存在较大的差别①,不同法官对非业务工作的态度也会存在差异。有些法官愿意通过参与这些工作获得更好的工作业绩考评;而有些法官在这些工作上则缺乏积极性,认为它们干扰了业务工作的开展。

三 基层法院非业务工作的嵌入机理

我国法院的非业务工作产生并运行于一定的制度架构和文化-认知系统之中②。概括而言,基层法院非业务工作的运行机理体现在两个方面,分别是双系统嵌入和双过程嵌入。在这种双重嵌入中,法官参与的许多非业务工作,既是法院(及法官)与外部之间的一种联结渠道,也是内部管理的一种调节装

---

① 李晟. 低同质化背景下的中国法官外部环境约束. 北大法律评论,2014,15(2).

② 按照组织社会学中制度主义的观点,文化-认知性要素构成了关于社会实在的性质的共同理解以及建构意义的认知框架,参见斯科特. 制度与组织:思想观念与物质利益:第3版. 姚伟,王黎芳,译. 北京:中国人民大学出版社,2010:65。

置。各类非业务工作会在不同程度上占据法院业务工作的时间和资源。究竟如何合理安排非业务工作，尤其是减少或者排除哪些非业务工作，要在对双重嵌入机理妥当把握的基础之上才能作出适宜的判断和选择。

1. 双系统嵌入：司法系统与治理系统

从发生机制、推动机制和考评机制看，非业务工作既嵌入地方党委领导的治理系统，由党委推动实施，接受党委考评，也嵌入上下级法院的纵向司法系统，由上级法院推动实施，接受上级法院考评。在法院内部，这种双重嵌入通过审判与司法、行政交织融合的"合一"组织模式[①]实现。地方党委和上级法院在推动和考评基层法院非业务工作上有比较多的交集，许多工作是在二者的共同作用中实施。例如，基层法院会邀请地方纪委、上级法院纪检监察部门的相关人员到本院开展党风廉政主题讲座，邀请地方组织部、上级法院负责组织人事工作的相关人员到本院参与民主评议和干部选任工作。许多非业务工作承接于地方党委和上级法院这两条渠道，受到地方党委和上级法院双重影响。

双重影响在不同时期的地位和作用并不一样。依据调研经

[①] 陈杭平. 论中国法院的"合一制"：历史、实践和理论. 法制与社会发展，2011（6）.

验,这样的时间节点在 2000 年左右。在此之前,基层法院法官参与的非业务工作主要由同级地方党委推动和考评。在此之后,中级人民法院在推动和考评基层法院非业务工作上的工作机制日益丰富,推动和考评力度逐渐增强。这种转变主要受到三个方面因素的影响:(1)人事权的变动。以 2001 年《法官法》修正为标志,地方党委在制度层面对法院院长人选的影响力弱化,实质性的决定权由上级法院掌握,从而强化了法院"纵向一体化垂直领导"①。(2)法律职业主义话语兴起。随着国家治理转型,司法的作用更为突出,与此相伴的是法律职业主义日益成为一种重要话语。在这样的背景下,由上级法院管理部分非业务工作,有助于防止基层法院同级地方党委因对法院非业务工作的过度介入而干扰法院的业务工作。(3)技术条件改善。随着技术条件的改善,特别是互联网信息技术的普及,上级法院有较为便利的技术手段对下级法院的各项工作进行管理与考评。原先法院的许多非业务工作由同级地方党委管理与考评,现在也会由上级法院管理与考评。

  上级法院在推动和考评基层法院非业务工作上的影响日益重要,但这并不意味着地方各级党委的影响力消失。实际上,中级人民法院会通过吸收党委对法院非业务工作的要求来展开

---

  ① 刘忠. 条条与块块关系下的法院院长产生. 环球法律评论, 2012 (1).

部署。例如，为了落实市委《贯彻落实〈中共江苏省委关于落实党风廉政建设党委主体责任、纪委监督责任的意见（试行）〉的实施办法》，江苏省 X 市中院党组成立了落实党风廉政建设责任制领导小组，将《关于成立落实党风廉政建设责任制领导小组的通知》发给各基层法院，要求基层法院具体实施。又如，每年中秋、国庆期间是党风廉政建设的重点时期，各地纪委均会着重开展阶段性的监督检查工作。对于地方大多数党政部门，县（市、区）纪委会直接发文，或者直接将市纪委文件转发至各部门。笔者在 X 市调研时了解到，基层法院接收的是来自中院转发的市纪委文件（《关于开展中秋国庆期间作风建设监督检查工作的通知》），而非县（市、区）纪委文件。

在司法系统和地方治理系统之间，法院不同类型非业务工作的嵌入情况存在一定的差别。尽管上级法院在各项非业务工作上的影响力不断增强，但是地方治理系统在纪律规范型和综合参与型这两类非业务工作上依然保持较强的影响力。就纪律规范型工作而言，党的纪律传导和执行的主要责任主体是各级党委，各级党委必定会保持在此方面的影响力。具体而言，地方党委主要通过两种组织载体保持这种影响力：一个是设置在法院的党组，另一个是派驻法院的纪检组。综合参与型工作关涉党委在块块层面的统筹协调。随着中央对司法体制改革日益重视，各地党委已经普遍不再要求法院参与一些会影响司法权威性、中立性的活动，不过依然会在某些综合参与型工作上保持一定的影响力，要求法院参与其中。最为典型的是各级法院均参与精准扶贫和乡村振兴工作。在有些情况下，为了避免过多影响法院工作，有些综合参与型非业务工作是法院的加分项而非必选项。职能延伸型工作与司法职能紧密相关，在此方面发挥主导作用的是上级法院。基层法院管理层和部分一线法官也有内在动力依托职能延伸型工作开展"创新"，拓展和密切与地方治理系统之间的联系。与这些方面的工作相比，伦理教化型工作承担的是意识形态濡化功能，司法系统和地方治理系统均无太强偏好主导此类工作，通常是根据来自更高层级的要求开展，而较少主动提出或推动。

2. 双过程嵌入：司法运行过程与党群互动过程

非业务工作的运行既嵌入司法运行过程，对之发挥作用；也嵌入党群互动过程，对之产生影响。党群关系的互动模式渗透于司法运行过程，党群关系成为司法过程的重要向度。

非业务工作对司法过程的嵌入主要体现为两个方面。一方面，非业务工作成为塑造法官观念和行为的重要环节。党和国家的大政方针、特定时期的司法政策可以通过多种形式的纪律规范和政治学习活动为法院干警吸收，成为其内在的观念意识，促使司法活动与政策要求保持较高的契合度。在此方面，纪律规范、伦理教化、职能延伸等方面工作，都会在不同层面影响法官的司法观念和行为。另一方面，非业务工作可以成为开展业务工作的重要推动机制。例如，根据中央提出的党的群众路线教育实践活动要求，各地会采取多种方式开展活动，法院会将一些业务工作纳入其中。以江苏省X市中院为例，该中院曾要求全市两级法院参与市委党的群众路线教育实践活动领导小组开展的"四风"突出问题专项整治，其中的一个重要切入点是开展涉诉信访积案清理专项整治。在这种情况下，非业务工作和业务工作在同一过程中开展。借助非业务工作中的政治话语和政治要求，法院系统可以形成一定的整合力和动员力，以"高位推动"[1]的方式开展相关的审判执行业务工作。

非业务工作还嵌入党群关系的互动过程。从法律职业主义的角度看，法官开展的业务工作以专业性为导向，以法律专业的视角界定法院（及法官）与当事人、一般公众之间的关系。然而在党政体制中，司法承载着整体性的责任伦理，社会成员对司法的期待实际上蕴含着对主导政治力量的期待，许多非业务工作是将党群关系纳入法院（及法官）与社会成员的互动中[2]。在形塑党群关系的过程中，纪律规范、伦理教化、职能

---

[1] 贺东航，孔繁斌．公共政策执行的中国经验．中国社会科学，2011（5）．

[2] 中共中央2019年印发的《中国共产党政法工作条例》第六条规定，政法工作应当遵循的原则包括"坚持以人民为中心，专门工作和群众路线相结合，维护人民群众合法权益"。

延伸、综合参与等不同类型的非业务工作均会发挥一定的作用。纪律规范型工作主要着眼于构建党群关系互动的刚性纪律框架；伦理教化型工作的重点在于倡导符合党群关系的政治伦理要求、符合社会主流价值观的司法理念；职能延伸型工作有助于以亲民便民的方式，让社会成员接近和获得法院提供的司法服务；综合参与型工作在此方面的影响突出地体现在法院参与送温暖、精准扶贫以及其他社会公益活动之中。

在我国四级法院中，党群关系维度对于基层法院具有尤为突出的意义。无论从法官人数看，还是从案件数量考察，基层法院都是我国法院系统的最主要部分；基层法院是司法与社会主要的接触点，基层法官与基层社会的接触也最为频繁、密切。在基层社会，许多当事人法律意识不强，多以朴素的社会公正观认知和评判司法活动，许多事务的规则化程度不高，不少案件涉及家庭生活、社会生态等多方面因素，这些都会使得基层司法不能只强调专业化的司法知识技能和司法程序，还要能够贴近基层社会的风俗民情、生活样态、正义观念，从而为基层民众提供"接近司法"或"接近正义"（access to justice）[①] 的便利渠道。

---

① 卡佩莱蒂. 福利国家与接近正义. 刘俊祥，等译. 北京：法律出版社，2000：125-140.

小　结

我国法院不仅有业务工作，还有大量非业务工作，这体现了法律职业主义与政治法学之间的分殊及联系①，二者之间的张力必定还会在未来一定时期内存在。大致从20世纪50年代开始，我国逐渐形成了政党、国家、社会高度整合的"总体性社会"，国家治理具有突出的总体性治理的特质②。随着改革开放的开启，社会形态、治理方式在不断变化，但是总体性治理的基本框架和主要机制依然得以延续，在推动我国社会的发展中发挥着显著的作用，甚至成为中国模式或中国经验的重要构成部分。法院非业务工作的大量存在，正是总体性治理在司法领域的延伸。在这种治理格局中，各级党组织一方面需要构建与社会成员之间广泛、普遍的联系，另一方面要打通各个治理主体（尤其是党和国家机关）之间的科层壁垒。许多非业务工作不仅存在于法院的工作中，也存在于其他机关的工作中。除了职能延伸型工作之外，各个机关还有大量其他的非业务工

---

①　刘忠从法院院长选任所需知识类型的角度讨论了二者之间的分殊与对立，参见刘忠. 政治性与司法技术之间：法院院长选任的复合二元结构. 法律科学，2015（5）。

②　渠敬东，周飞舟，应星. 从总体支配到技术治理：基于中国30年改革经验的社会学分析. 中国社会科学，2009（6）.

作要处理。这些工作无论是在内容上抑或是在工作方式上，都有着较高的同构性。这些非业务工作的重要功效在于打通科层壁垒，填补科层体系无法触及和覆盖的空间，促成政党体制与社会成员之间建构起紧密的关联。在当代中国的法治实践中，这种紧密的关联是主导政治力量获得较高政治认同和绩效合法性的重要基础。

如果按照经典科层制理论所注重的专业分工、职业化、程序性的标准来看，诸多非业务工作很难为科层体系容纳。在党政体制中，"政治"与"行政"体现为"双轨一体"的特质，形成政治引领、统筹、融通行政的治理结构①。这种治理结构不仅要应对科层体系中的问题，还要应对许多并不为科层体系容纳的问题，以及在科层体系中边界模糊的问题。之所以如此，是因为我国的治理体系需要通过整体性治理获取较高的绩效合法性，而非只满足于实现程序正当性。在推进国家治理体系和治理能力现代化的进程中，各个部门之间更加精细的专业划分和功能分殊是总体趋势，科层制的运行逻辑被纳入党政体制的具体制度和机制之中。在这种情况之下，政治系统部署的工作（包括

---

① "政治"指称当代中国治理过程中执政党执掌国家政权、运行国家治权的特定要求和形态。"行政"则是指由科层制政府所承担的执政党治理国家的要求与意志的执行体系和过程，是一种常规性政府治理形式。在此意义上，可以将法院的司法业务工作归为"行政"的范畴。王浦劬，汤彬. 当代中国治理的党政结构与功能机制分析. 中国社会科学，2019（9）.

大量非业务工作），经由科层制逻辑转化之后，很有可能变为单纯形式化、程序性的工作，而忽视这些工作所欲追求的实质性内容。就这一章讨论的主题而言，这就会导致一些非业务工作损耗了司法资源，却并未很好地实现所要追求的实质目标。

法院的非业务工作有着一定的正向功能。一方面，这种正向功能体现为增强主导政治力量对法院的影响，确保相应的政治倡导和要求能够顺利进入法院；另一方面，这种正向功能还在于有助于提升法院对国家和社会治理要求的敏感度与回应性，而这种敏感度与回应性正是司法能力的重要构成部分。不过，也需要看到，某些非业务工作确实损耗司法资源，滞碍司法能力的提升。从非业务工作的功能及机理来看，要着重减少的应当是综合参与型工作，其中可能影响司法中立性、权威性的工作（典型的如招商引资、行政执法等）尤其应当从法院剥离；而纪律规范、伦理教化、职能延伸等类型的非业务工作的开展，也应当立足于改进和提升司法能力，合并存在较大重合度的事项，尽可能减少对法官办案时间和精力的占用。由此可见，问题的关键并不在于排除非业务工作，而是应在妥当理解总体性治理运行逻辑的基础上，立足于提升司法能力，恰当筛选并合理安排非业务工作，发挥其正向功能，减少部分非业务工作对司法资源的损耗，尤其是防止地方力量借助某些非业务工作与法官建立不正当联系，甚至侵蚀司法的公正性，这应当成为基层法院非业务工作的改革方向。

第六章 整体政制视角中的司法与治理

不谋全局者,不足谋一域。*

——陈澹然

在各级法院中,基层法院具有基础意义;在国家治理体系中,县域治理也是大国治理的基础,"郡县治,天下安"①。基层法院和县域治理分别是中国法院体系和国家治理体系的缩影。考察基层法院的运行形态,可以为进一步探究各层级法院做好铺垫。目前学者们对法院的许多研究带有"法院中心主义"的特点②。以"法院中心主义"视角考察法院的运行,有其必要性和积极意义,有助于凸显法院的地位,增强

---

* 参见《寤言·迁都建藩议》。

① 习近平. 做焦裕禄式的县委书记. 北京:中央文献出版社,2015:66.

② 关于对"法院中心主义"的反思,参见强世功."法治中国"的道路选择:从法律帝国到多元主义法治共和国. 文化纵横,2014(4).

司法权的权威性。然而,"法院不能被孤立地看待,而应被视为作为政府权力的来源之一的大规模政治体系的组成部分"①。因此,还需要以整体政制视角展开经验性的考察和分析。

一 整体政制视角的理论意蕴

1. 整体政制视角的提出

何为"整体政制视角"?可以重点从以下三个方面具体把握:

第一,这是政制的视角②。这里所言的"政制"包括两重含义:一是法律文本上设置的国家政治体制,二是实际运行中的国家治理结构和治理体系。这种视角要求将法院作为一种政制装置来分析,而不能孤立地看待法院。目前,部分有关法院

---

① 费斯.如法所能.师帅,译.北京:中国政法大学出版社,2008:68.

② "政制"对应的英文 constitution,也被译为"宪制"。例如:亚里士多德.雅典政制.日知,力野,译.北京:商务印书馆,1959。如苏力所言,所谓宪制(或政制)问题,"是指一国以基本政治法律制度,应对的本国的重大、长期和根本的问题,如国家的统一、人民的团结和国内各民族的团结等;都只有通过长期政治法律实践,并配合相关的经济文化发展,才能予以化解、缓和或解决的麻烦",参见苏力.何为宪制问题?:西方历史与古代中国.华东政法大学学报,2013(5).

运行和司法体制改革的研究，实际上是以权力分立与制衡的政制架构为基本模式。但是，各国的政制形态不一致，经典分权模式并非普适且没有缺陷，并且许多国家的政制架构很难简单地被分为立法、司法和行政三个部分①。考察中国司法体制的运行和改革，应当将之置于国家整体的政制架构中认识，不仅要分析司法技术层面的问题，也要分析政制意义上的法院运行机制。

第二，这是整体性视角。首先是分析立场的整体性。相当部分有关法院运行的讨论是以"法院中心主义"视角考察问题，自觉不自觉地成为基于法院立场的论证，忽视了单纯的法院立场可能带有的局限性。采取整体性的分析立场，应当结合国家治理体系各个组成部分的多种立场，在多种立场中探寻相对平衡、综合的立场。这意味着要承认每一种立场的相对合理性、正当性，而不能囿于法院立场，更不能以法院立场否定其他立场。在我国的地方治理体系中，党委、人大、政府都是重要的治理主体，要承担相应的治理责任。在诸多治理主体中，党委和政府的治理责任最为繁重，二者担负着大量的治理事务。在这样的格局中，不能简单地将地方治理系统的权力以及相应的诉求视为是不正当的，以至于先验地认为法院的权力以

---

① 关于这种权力分立学说的一种反思，参见阿克曼. 别了，孟德斯鸠：新分权的理论与实践. 聂鑫，译. 北京：中国政法大学出版社，2016.

及诉求才是正当的,认为应该排除地方治理系统对法院的一切影响,甚至认为应当使法院超脱于地方治理体系、保持高度的独立性。其次是评价标准的整体性。政制架构中的各个组成部分要服务于国家治理的总体目标,国家政制运行的总体功效是评价各个组成部分运行效果的根本依据。实际上,即便是西方学者也承认:"作为组织,国家是一个非常复杂的实体,内部存在许多不同的组成部分。由于国家的单一性质,即'集权的'特点,国家的不同部分紧密结合为一体是很基本的,国家必须通过明确的安排来规定每一个部分的权限、人员和设施。这样,国家的每一个部分不仅仅是作为一个独立的权力中心,而且也是国家的有机组成部分,使国家作为一个整体在实现自己的目的方面具有更高的权能。"① 最后是将政制架构的运行与经济、社会、文化环境相结合。政制架构并不是孤立地运行,而是在特定的经济、社会、文化环境中运行,并随之进行复杂、多样、反复的调整和适应。一方面,政制架构要发挥影响经济、社会、文化环境的作用;另一方面,政制架构也要适应经济、社会、文化环境。

第三,在中国的具体语境中,运用整体政制视角的关键在于准确理解党政体制。具体可以从四个方面来认识"党政体

---

① 波齐.国家:本质、发展与前景.陈尧,译.上海:上海人民出版社,2007:24.

制"：其一，党的领导是全面的领导。党对国家治理的领导是全方位的领导，"党政军民学，东西南北中，党是领导一切的"。这是当代中国政党政治与西方政党政治最为关键的差别。其二，整体目标和整体功效的判断主体是党。这种判断说到底是一种政治判断。"政治是统率、是灵魂，贯穿于各项工作之中，因而它就不是局部的问题，而是涉及整体和全局；反之，凡是关系到整体和全局的事情，必然也具有政治性。"[1] 全国层面问题的决定权在中央，地方层面的大局问题由相应级别地方党委结合具体情况作出判断和选择。其三，党政体制具有统合性。国家权力之间的分工建立在党的领导权的完整性和统合力的基础之上。党掌握着国家的治理权，国家机构分别掌握着立法权、行政权、监察权、审判权、检察权等权力，治理权统摄立法权、行政权、监察权、审判权、检察权等。法院行使审判权，这是党政体制中的国家机构之间权力分工的体现，以党政体制的统合性为基础。其四，党政体制具有层级性。党的领导体现在两个层级：一是就全党、全国而言，党中央是最高决策中心，并且只存在这一个中心。二是在各级地方治理层级中，各级地方党委在服从中央以及上级党委领导的前提下，是同级治理体系的决策中心，并且在一级治理体系中只有这一个

---

[1] 王沪宁.政治的逻辑：马克思主义政治学原理.上海：上海人民出版社，2004：282.

中心。

2. 整体政制视角中的司法体制

如果以整体政制视角考察法院，以下三个方面的问题尤为重要：

一是司法体制与党政体制的兼容性。这一问题主要体现为三点：(1) 司法权依法运行的自主性。司法权与党政体制的兼容，应当在遵循司法规律、坚持法院依法独立公正行使审判权的基础上展开，而不能违背司法规律、突破法院依法独立公正行使审判权的原则，否则不仅不利于司法权的正确行使，也不利于党政体制的有效运作，会损害司法公正和党政体制的权威性。(2) 权力结构上的兼容性。司法权配置须与党的领导的核心权力结构相适应，与人民代表大会制度下的"一府一委两院"的权力结构相适应。我国法院独立行使审判权，并不是脱离党的领导和人大监督。(3) 运行机制上的兼容性。党政体制有诸多成熟的成文或者不成文的运行机制，司法权的运行不可能脱离这些实际运行机制而存在，因而要在正视党政体制成熟运行机制的基础上，探索能够体现和尊重司法规律、与党政体制相兼容的司法权运行机制。

二是司法体制与我国的经济、社会、文化环境的融合性。重视司法体制与外部经济、社会、文化环境的融合性，并不意味着要求司法权无原则地迁就外部环境、牺牲司法底线。在司法体制与外部环境的相互关系上,司法权要恪守依法独立行权底线,以确保司法公正。党政体制形成于社会主义革命和建设时期,但当前我国的经济、社会、文化等各方面的环境都发生了显著的变化,一些具体层面的制度和机制未必适应现有环境,因此要创造富有活力的新制度和机制来适应新环境。《中共中央关于深化党和国家机构改革的决定》指出:"当前,面对新时代新任务提出的新要求,党和国家机构设置和职能配置同统筹推进'五位一体'总体布局、协调推进'四个全面'战略布局的要求还不完全适应,同实现国家治理体系和治理能力现代化的要求还不完全适应。"[1] 与此相应的是,司法体制要随着党政体制的调整而变革,建立与经济、社会、文化环境相适应的体制机制:一方面要重视外在环境对司法提出了怎样的要求,另一方面也要探究司法可以对此作出何种回应。强调法院在国家治理中的作用,反映出国家治理的深刻转型,即由全能型国家治理模式转向有限型国家治理模式,由国家承担无限治理责任的模式转向国家承担有限治理责任的模式。在转型过程中,要通过法律界定治理责任,必要的时候还需要依司法程序进行认定。在此意义上,司法成为界定国家权责边界的重要政治设置。然而,同样不可忽视的是,在我国基层社会,国家

---

[1] 参见《中共中央关于深化党和国家机构改革的决定》(2018年2月28日中国共产党第十九届中央委员会第三次全体会议通过)。

与民众的关系尚未实现高度法治化，这种转变还要经历较长的过程。

三是通过各层级法院的有效运行，促进实现司法体制整体有效运行，进而实现司法系统与外部系统之间的融合。这主要包括两个方面。其一，各级法院的功能定位。我国有四级法院，不同层级法院受理案件的特点、所处环境的特征、面临问题的特质既有共性之处也有差别之处，不同层级法院承担的功能存在分殊。要厘清各个层级法院的功能定位，在此基础上探究整个法院系统在国家治理体系以及经济、社会、文化环境中的功能定位。其二，上下级法院之间的相互关系及联结机制。不同层级法院承担的功能有所差别，要恰当定位上下级法院之间的关系，构建适当的联结机制，实现各层级法院所承担功能的有效衔接，以促进法院系统整体功能的充分发挥。基层法院的功能定位主要有两点：其一，实质性地解决纠纷；其二，发挥社会控制功能。与此相关的基层法院内部管理，也要围绕这两项功能的有效实现而展开。相比较而言，规则之治的功能在基层法院并不突出，可以由二审法院发挥纠错和统一辖区内法律适用的功能。在促进法院系统与外部系统的融合中，应结合党政体制的层级治理和运行机制，探究各个层级法院的功能定位、上下级法院的联结机制。

二　司法与治理的融合及张力

在我国的治理体系中，基层法院是县域治理体系的组成部分，要参与县域治理；同时基层法院以司法职能为主责，基于宪法和法律独立行使审判权，所以其又有相对独立性，并不完全从属于县域治理。总的来说，目前基层法院与县域治理之间的关系呈现出融合与张力并存、以融合为主的形态。这种关系形态并不是固定不变的，而是会因外在整体环境的影响而变动，基层法院的组织形态及其内部管理应当与之相适应。

1. 基层法院与县域治理的融合

目前，在县域治理场域，司法与治理之间总体上呈现出融合状态，司法活动和治理活动均能实现比较有效的运行。二者之间的融合集中体现在基层法院与地方治理系统的融合、基层法院与地方社会系统的融合这两个主要方面。

首先来看基层法院与地方治理系统的融合。这种融合状态可以概括为地方治理系统的相对主导性与基层法院的相对从属性的结合。之所以是"相对"，是因为基层法院在县域治理中并不是依附于地方治理系统，而是在有较大独立性的基础之上参与地方治理系统主导的县域治理。二者的融合状态是我国党政体制在县域治理中运行的结果，是特定政制架构下的制度化状态。这种融合主要体现为：（1）基层法院可以依靠其与地方治理系统之间的制度性联系纽带，通过向地方党委、人大、政府等反映自身的需求、存在的问题以及面临的困难，借助地方治理系统重新整合资源、形成合力，改善基层司法生态，提升基层司法的整体能力。（2）县域治理的要求能够比较顺利地进入基层司法过程。地方治理系统关于县域治理中经济发展、社会稳定等方面的要求，可以通过"一体双轨"司法调节机制以及法院内部组织架构制度性地向基层法院传输，确保基层司法及时、顺畅地接收地方治理要求，促使基层法院将自身工作置于县域治理体系之中展开。（3）上级法院成为基层法院与地方治理系统之间的融合状态的重要调控主体。基层法院与地方治理系统是"相对从属-相对主导"的关系：基层法院能够有较大的自主空间，很大程度上是因为上级法院在司法政策、人事管理、审级关系、司法资源配置等方面对下级法院调控力的增强，上级法院成为影响基层法院在县域治理体系中的地位和作用的一个关键因素。由于上级法院同样嵌入党政体制，因此不太可能出现上级法院对基层法院进行过高强度的控制，以至于县域治理要求难以进入基层司法。实际上，上级法院既可以限制基层法院参与县域治理的具体方式和参与深度，也可以推动基层法院参与县域治理。对于一些可能超出现有司法能力的案件或问题，一方面上级法院会积极主动地与同级党政系统沟通，另一方面上级法院也会推动基层法院与县域党政系统沟通，以调动更多的治理资源化解司法难题。

再来看基层法院与地方社会系统的融合。这方面的融合主要受到两个方面因素影响：一是生活因素。绝大多数法官长期生活在区域范围比较有限的基层社会，处于基层的熟人社会关系网络之中，难以脱离这种生活场域。这种生活因素的影响作用会体现在许多普通案件的审理执行过程中，便于法官汲取带有地方特点的风俗民情和治理需求，更好地结合法理、事理与情理。这种融合具有很大程度上的人格化特质，与法官个人的人生阅历、处事方式联系密切。二是制度因素。基层司法与地方社会系统之间的融合状态是基于制度性要求而形成的。制度因素的影响主要体现在两个方面：一是有助于密切基层司法与县域治理之间联系的体制结构。这种体制结构主要体现为我国司法体制是嵌入"条块结合"的治理结构，为基层司法积极融入地方社会系统提供了体制保障，有助于确保地方社会系统的诸多因素通过"一体双轨"司法调节机制传输并体现在基层司法的运行过程之中。二是构建能够促进、密切基层司法与地方社会系统联系的具体工作机制。许多地方都在实行由地方党委推动构建的多元纠纷解决机制，近年来更是在探索"诉源治理"[①]，将多种主体、多种社会资源纳入纠纷解决体系。在这

[①] 2021年2月19日中央全面深化改革委员会第十八次会议通过《关于加强诉源治理推动矛盾纠纷源头化解的意见》，为深化诉源治理指明了方向。有关"诉源治理"的探索，最早源于成都市两级法院，相关讨论参见四川省成都市中级人民法院. 诉源治理：新时代"枫桥经验"的成都实践. 北京：人民法院出版社，2019。

种纠纷预防和化解格局中，法院发挥着重要的功能，其他解纷主体也起到相应的作用。在这个意义上，基层司法与地方社会系统的融合依赖于法院与地方治理系统的融合。

2. 基层法院与县域治理的张力

值得注意的是，在实践中，基层法院参与地方治理的上述融合状态并非固定不变，而会因应制度条件、社会基础的改变而处于动态变化之中。这种动态变化或调适集中地体现在如下三个方面的适度张力之中：

首先是行政权与司法权之间的张力。这种张力集中地体现于法院是侧重于对行政权实施刚性制约，还是侧重于对行政权提供支持并辅之以一定的制约。行政权行使的主导逻辑是有效性，司法权行使的主导逻辑是合法性，二者在行政审判中始终存在难以完全消除的张力。法院的行政审判徘徊于规制行政权与支持行政权之间，要在维护行政权的有效性和维护相对人权益之间保持恰当的平衡[①]。在我国的城市化过程中，诸多社会矛盾和问题不断凸显，大量问题需要行政权给予及时有效的回应。很多案件的背后存在着非常错综复杂的利益博弈，法院要在依据法律规定的前提下，结合多方面的复杂因素，审慎地权

---

① 章志远．城镇化与我国行政法治发展模式转型．法学研究，2012（6）．

衡与评判。县域是推进新型城镇化进程的前沿地带,这些问题在县域治理中体现得更为突出。正如有行政法学者所说:"行政诉讼本质是一种国家权力结构的设计,行政诉讼的存在及其运作无时不涉及权力的配置、冲突及协调,因此谋求运作良好的行政诉讼,既必须把行政诉讼置于宏观的权力结构图景中加以考察,又必须仔细入微地观察行政诉讼具体运作中的权力关系。"[1] 从主流的行政诉讼理论来看,行政审判过程应当由司法权主导。但是这种主导性与我国行政权居于实际上的主导地位的"一府一委两院"格局并不契合,这就使得对行政权的制约与支持之间的张力更为明显。为缓和这种张力,主要通过两个方面的探索实践为司法权制约行政权提供制度保障:一是法院系统内部调整政策,加大指定管辖、异地审理和提级管辖的力度;二是依托党政体制,推动地方党委支持法院行权,健全行政争议解决机制。例如,早在 2006 年,中共中央办公厅和国务院办公厅即已联合下发《关于预防和化解行政争议健全行政争议解决机制的意见》,对各级党委和政府支持法院行使司法权提出了明确要求。

其次是司法资源配置上的张力。概括而言,这一方面突出地体现了集约与分散之间的矛盾。法院承担许多非业务工作,

---

[1] 杨伟东. 权力结构中的行政诉讼. 北京:北京大学出版社,2008:201-202.

这些非业务工作占用不少司法资源。基层法院嵌入地方治理体系，难以抵制来自地方治理系统安排的不少非业务工作。比较常见的有卫生城市创建、精神文明建设、扶贫帮困、新农村建设等。个别地方还会向法院安排参与交通管理、征地拆迁等任务。在案多人少压力不断增大的情况下，大量非业务工作会挤占司法资源、分散司法资源配置，进一步加剧人案矛盾。尽管中央和最高院曾发文禁止地方治理系统向法院安排某些非业务工作，但是由于法院在地方治理结构中处于相对弱势的位置，以及法院基于经费、福利等方面的考虑，也有参加地方综合考评的动力，法院仍会承担不少非业务工作。从法院内部的组织结构来看，法院实际上存在应对非业务工作的组织条件。就笔者调研过的基层法院而言，绝大多数非业务工作由领导班子成员以及行政综合部门承担，真正分摊到一线审判人员的非业务工作比较少。这种应对机制有助于缓解一线司法资源供给压力。但是，在个别地方，依然存在向一线审判人员安排大量非业务工作的现象，消耗了许多司法资源。因此，综合来看，需要从优化基层法院外部环境和优化法院内部组织结构两个方面入手，削减非业务工作给一线审判人员带来的压力，以便于集约高效地利用司法资源。然而，问题的复杂性在于，一些非业务工作从不同侧面对法院与外部系统之间的有效衔接及互动、法院整体审判执行职能的行使发挥了一定的正向功能。因此，也不能简单地排斥所有非业务工作进入法院。

最后，但同样重要的是，基层司法在末梢延伸过程中存在着结构变动与组织重构之间的张力。县域治理对司法向基层社会的延伸有着内在需求。在城市，随着单位制瓦解，司法成为化解纠纷、调控社会秩序的重要机制。在农村，随着人口流动性加大、乡村社会结构变动，村庄治权日益弱化，司法需要向乡村延伸，更多地承担解决矛盾纠纷的功能。与此同时，司法对于基层构建的权力组织网络也有着内在需求。从这两个方面来看，需要对基层社会进行组织重构。这种组织重构应当有助于司法与社会环境之间保持较好的融合，扩大司法的辐射范围，防止司法与社会之间形成隔膜。但是，组织重构面临着诸多方面的难题或挑战。在基层社会结构日益陌生化的趋势下，曾经在熟人社会中比较有效的价值标准、人情观念、面子评价等，现在经常难以有效发挥作用，基层司法在末梢延伸过程中可以利用的社会资本日益减少。在这样的情况下，法院如果过多着眼于推动基层社会的组织重构、促进司法权力的末梢延伸，就可能耗费许多司法资源，却未能收到良好的效果。但是，如果不积极推动基层组织体系重构，特别是推动构建基层组织体系与基层司法的有效衔接机制，也会加剧司法权末梢延伸乏力的困境，不利于提升司法运行的有效性，甚至会增加司法与社会的隔阂。

基于上述分析可知，法院参与地方治理所呈现的融合状态有诸多方面正向功效。概括而言，正向功效主要体现为：（1）有助于促进地方治理系统支持基层司法，保障审判执行工作顺利开展；（2）有利于增进司法与经济、社会生活的融合，提升司法权运行的综合效果；（3）有助于保证县域治理的完整性，使地方治理系统能够拥有比较完整的治理权，提高地方治理的有效性。但是，这种融合也可能对基层法院依法独立行使职权产生消极影响。如果过度融合以至于法院依附于县域治理体系，则无疑会过多消耗司法资源，减损司法资源的利用效率，影响司法公正。就二者之间的张力来看，适度的张力能够产生一些积极效果：一方面是有助于规范地方行政权力依法运行。法院可以通过行使审判权，特别是对行政案件的审理，对地方政府及行政部门的行为进行必要的规范和制约。另一方面是有助于法院更好地排除外部干预，依法独立行使审判权。在基层司法与外部系统之间保持一定的隔离带，对于防止外部因素过多介入甚至干预司法运行过程有明显的积极意义。

但是，如果二者之间存在比较突出的张力，也会引发一些消极后果，从而既不利于地方治理的顺利开展，也不利于审判权的顺利行使。从笔者调研了解的情况看，不少基层法院的管理者和一线法官担心，随着法院系统纵向一体化加强，如果法院与地方治理系统之间过于疏离，来自地方层面对执法办案的支持可能会弱化。任何一个案件都是发生在具体时空之中，这种时空特殊性要求法院的审判执行工作将与具体时空要素相关的多方面地方性因素纳入考量。这种综合考量的实现，一方面依靠法官个体的人生经验和社会阅历，个别性、具体化地（甚至可能带有人格化特质）汲取地方性知识；另一方面也要用组织化、制度化的方式，确保地方性知识向法院顺利传达，确保法院对这些信息作出及时恰当的回应。

如果法院疏离于地方治理系统，来自后一方面的组织化、制度化的支持可能会明显弱化。就目前的制度架构来看，法院与地方交流互动的主要正式制度渠道是通过党委、人大、政协等吸收地方性因素，而这些制度渠道得以有效运行的前提在于，地方党委对法院有实际的统摄能力，人大对法院保持有效的监督力度。如果为了凸显法院的独立性，将来自这些方面的制度渠道影响大幅减弱甚或消除，就可能出现法院完全排斥地方治理信息传输的情况。一旦出现这种情况，无疑不利于法院以及承办法官综合考量涉案信息，难以取得"法律效果"和"社会效果"的统一，甚至可能因案件得不到妥当化解而影响司法公信力。实际上，在我国"条块结合"的治理结构中，"块块"也发挥着监督制约"条条"的作用。

法院与地方治理系统之间的适度张力，是我国"条块结合"治理结构的内生结果。正如政治学者所指出的："从地方的角度看，是'条条'分割了'块块'，'块块'自感没有实权，影响地方党政机关职能的完整发挥；从中央的角度看，地方党政机关是经常运用所掌握的组织关系和人事权力，干扰'条条'的正常运作，甚至抱怨'一些地方政府从地区利益出发,常常置国家的利益而不顾,越权干涉一些部门的工作……'。"① 如果着眼于国家治理的整体功效,这种带有"条块结合"特征的司法体制也是一种动态调整机制,调整的方向、力度及功效会因决策层在不同时期对司法在国家治理中的作用和功能的调适而变化,从而适应各个阶段的国家治理需要。

三 基层法院改革的路径选择

1. 基层法院改革的基本考量

探究基层法院改革的路径选择,首先要明确基层法院的主要功能。就此而言,可以从三个层面认知和把握:一是县域治理在国家整体治理体系中发挥怎样的功能,二是基层法院与上级法院之间存在何种功能区分,三是基层法院的功能与县域治理体系之间的契合度。也就是说,对于基层法院的主要功能的界定,不能就法院而谈法院,而是要将这一问题置于更为广阔的视野中考察。

随着经济发展进入"新常态",国家开始从追求GDP增长为核心的单一取向的经济发展模式逐渐向综合化的经济发展模

---

① 朱光磊.当代中国政府过程.2版.天津:天津人民出版社,2002:424-425.

式调整，更加重视社会治理创新。之所以作出这种调整，一方面缘于经济发展是提升社会发展水平、维系和改善社会秩序的基础，另一方面则在于经济发展并不必然带来优质的社会发展水平、形成良性的社会运行秩序。在经济发展过程中，大量矛盾纠纷产生，如果不改进社会治理方式，这些问题必定会阻碍经济发展，限缩通过发展扩大改革红利的增量空间。在这样的形势下，县域治理在改进社会治理、维护社会秩序方面的作用尤为突出：县域治理的重要功能在于将纠纷化解在基层，实现矛盾不上交。在这个意义上，随着改革进入深水区，国家各方面发展进入新阶段，县域治理体系的纠纷解决功能和社会控制功能更为突出。

在我国各级法院中，绝大多数一审案件由基层法院审理，基层法院的主要功能在于实质性地化解纠纷，规则治理功能主要由二审法院实现。中院、高院以及最高院均受理二审案件，其中绝大多数二审案件由中院受理。除此之外，高院、最高院还要承担公共政策制定功能。如果基层法院不立足于实质性化解纠纷，就可能出现更多的上诉案件，衍生出比较多的公共政策问题，增加社会治理难度。进入法院的大多数普通纠纷在司法程序中能够得到化解；少数纠纷难以单纯依靠司法程序解决，会进入地方党政主导的治理系统，成为县域治理意义上的案件。这样的案件成为连接基层法院与县域治理的重要因素，横跨司法程序和地方治理机制。这些案件如果不能得到妥善处理，就会淤积在司法程序和地方治理系统中，成为阻碍基层司法和县域治理顺利运行的难题。

对于这样的案件，基层法院所要发挥的功能不仅仅在于解决纠纷本身，还要着眼于社会控制：既要妥善厘定纠纷当事人双方的权利义务边界，也要注意防范纠纷本身的外溢效应，尤其是纠纷对社会秩序可能造成的冲击。平息双方当事人的权利义务争议，是社会控制的一个重要部分；防范纠纷的外溢效应，也是社会控制的重要内容。对于这些类型的案件，基层法院解纷功能和社会控制功能的发挥离不开地方治理系统的支持与配合，往往要借助综合治理机制才能有效应对。就解纷功能而言，基层法院应当立足于实质性化解纠纷，而不仅仅是形式性审结案件，要尽可能做到"案结事了"，防止案件中的纷争和矛盾激化与上移。就社会控制功能而言，基层法院要参与地方党委、政府推动建立的多元纠纷解决机制和社会治安综合治理体系，在社会治理整体秩序中定位自身的角色。为了能够更好地发挥解纷功能和社会控制功能，基层法院应在保持审判中立的基础上，与外部治理系统和社会系统保持较高的融合度，以增进对社会生活实际情况的了解，提升对地方治理复杂性的把握能力。

在司法运作过程中，县域治理的有效性与基层司法的独立性之间的关系集中地体现为治理逻辑与法律逻辑的相互关系。对于大多数案件的处理而言，法律逻辑与治理逻辑并不存在很大的张力——法律效果与治理效果的目标具有一致性，可以共存于司法活动之中。在这种情况下，法律逻辑承担起为治理逻辑进行合法性证成的功能。但是在有些情况下，二者之间会存在一定的张力，即"在开放性和忠于法律之间存在着某种紧张关系"①。在这种情况下，如何在为地方经济保驾护航、维护地方社会稳定的同时，对具体法律规则作出恰当的解释以适应现实的治理需要，就会成为一个重要的问题。法律逻辑与治理逻辑的共存状态表明，在县域治理中，基层司法体现的主要是实效主义进路，尽可能在法律效果、社会效果和政治效果之间找到平衡点。

2. 基层法院改革的原则与向度

目前，理论界对基层司法的批评主要体现为"司法地方化"和"司法行政化"两个方面，以及由此延伸出的对司法地方保护主义、审判独立性不足的批评。这些批评有一定的道理，但是对问题的认识还不够全面。

从完整的国家权力架构来看，我国的地方治理实行"条块结合，以块为主"的治理结构。宪法和党章的体制框架设计，体现了这样的治理结构。在这种治理结构中，发挥主导作用的是地方党委。随着经济体制改革深入推进，市场经济秩序普遍

---

① 诺内特，塞尔兹尼克. 转变中的法律与社会：迈向回应型法. 张志铭，译. 北京：中国政法大学出版社，2004：84.

形成，政绩考评体系不断随之调整，司法地方保护主义得以产生的制度条件已经明显弱化。不过，理论界对此问题的普遍认知依然是主要问题在于地方治理系统对基层司法的干预。其中，有学者甚至将地方司法中出现"地方保护主义"的一个原因归结为人大权力的缺失，以至于纵容了地方党委、政府对法院的干预。但是，深入我国治理体制的实际运行过程观察，就会发现这样的观点有偏颇之处。基于前面各章的分析，探求基层法院的改革路径，应当着眼于整体政制视角，而不能局限于单纯的法律职业主义视角。具体而言，基层法院改革须秉持以下原则与向度。

一是坚持法院依法行使审判权的原则。前面章节侧重考察基层法院与地方治理系统之间的互动关系，认为基层法院要以适当的方式参与县域治理，而不能脱离县域治理。但是，这并不意味着要复归到"司法地方化""司法地方保护主义""司法行政化"盛行的时期。实际上，本书秉持的是"向前看"而非"向后看"的态度。"向前看"，意味着要在准确把握现状的基础上，探寻适宜的前行方向和具体方案。"向前看"，首要的前提在于坚持法治权威，而坚持法治权威在很大程度上又体现为对司法权威的尊重。地方治理系统基于地方治理的考量，在一些关涉地方治理大局的重要案件上，对法院的办案过程进行统筹协调，有其一定的必要性和合理性，但是要防范以"服务大局"为名行"干预司法"之实。对此，尤其要注意从如下方面积极构建相应的制度保障举措：(1) 为地方治理系统对司法过程的统筹协调建立健全的制度化渠道，确保以制度化而非个别性的方式保障地方治理考量向司法过程传输，确保传输过程的透明度和公开性。(2) 确保由法院掌握司法案件的终局处理权，地方党委、政府不能对案件的具体裁判提出带有强制性的终局处理意见。(3) 基层法院以审判职能为本位，主要通过审判职能服务于经济社会发展，而不能过于脱离审判职能。对此，要建立健全基层法院参与县域治理的事务筛选机制，防止因过多介入地方治理事务而消耗太多司法资源。(4) 重视通过审判职能合理引导地方治理的规范取向，促使地方治理按照符合法治精神的方式开展。

二是理顺"条条"与"块块"之间的关系。具体而言，尤其要注意两点：(1) 正确把握条块关系的主要矛盾和落脚点。在当前的政治生态和治理结构中，存在调控和防范地方党政机关不当干预司法的制度和机制。特别是，随着中央强力推行反腐败工作，地方党政机关依托条块结合治理结构对基层法院施加不当影响的空间已被明显限缩。在目前阶段，理顺基层司法中的条块关系，主要落脚点在于构建全方位、多层次的综合治理体系，增强妥善化解重大、疑难、复杂、敏感案件的综合能力。依托这一思路，条块关系的调整不能忽视地方治理的整体协调性，不能过于强调基层法院超然于地方治理体系的一面。(2) 妥当划定基层法院与地方治理系统之间的权力和事务边界。例如，目前引起较多争论的是法院参与非业务工作。这方面的争论表明，各方对二者之间的权力和事务边界还没有形成共识。对这方面问题的把握，要结合基层法院和地方治理系统两个角度展开，从而既保持司法中立、防止耗散司法资源，也保障地方治理系统的资源整合能力。

三是促进司法与治理的有效互动。地方治理系统通过何种方式对基层法院施加组织化、制度化、常规化的影响，基层法院以何种方式向地方治理系统作出回应，这些是县域治理和基层司法实践中需要解决的重要问题，其中的关键点在于防止非制度化或个人性的不当互动。随着最高人民法院、高级人民法院吸纳公共政策考量和形成公共政策的能力增强，地方治理中带有普遍性的问题在通常情况下能够体现在相应的司法政策之中，从而有助于通过法院系统自上而下的司法政策传输，实现基层司法与县域治理的有效互动。就此而言，可以重点从三个方面促进司法与治理的互动：（1）构建基层法院与地方治理系统之间的有效互动机制。由于地方治理中有一些带有临时性、机动性、灵活性的事务，基层司法过程也会出现一些需要灵活、妥当应对的难题。从数量上来看，这些问题未必很多，但实际上会对地方治理和基层司法产生十分显著的影响，需要及时化解。因此要重视构建针对这些问题的有效互动机制，特别是要改进政法委的工作方法和运行机制，增强沟通的协调性和及时性。（2）完善上下级法院之间的互动机制。基层法院在审判执行过程中会遇到一些带有普遍性的难题,要向上级法院及时反映这些问题,由上级法院与较高层级的党政系统沟通协调,构建更为有力的协调应对机制。就此而言,上级法院要对地方治理和基层司法实践的复杂性有较为充分的把握,建立健全吸收、整合地方治理问题和基层司法难题的分析与协调机制。(3)构建县域党政系统与上级党政系统之间的有效互动机制,利用党政系统内部的信息传输和反馈渠道,使县域治理考量向上级党政系统传输,经过上级党政系统的吸纳与整合,形成更具规范性的政策意见,进而传导至对应层级的法院。特别是针对地方治理中的重大问题,尤其要重视通过这一渠道促进司法与治理的有效互动。

四是构筑和完善协调联动机制。近年来,智慧法院建设正在如火如荼地开展,取得了不少成果,明显地畅通了法院系统内部的数据信息传递。但是,从法院与外部治理主体之间信息传输的实际效果来看,许多地方的法院与地方治理系统还没有实现数据资源的有效共享,联结渠道不畅通,联动机制不健全。这些问题在涉诉信访和执行方面体现得尤为突出。例如,一些涉诉信访案件的处理中存在联动机制不完善问题。法院对党委、政府针对信访人的救助、帮扶、稳控措施等情况不能实时掌握,党委、政府对信访人的诉求以及法院依法终结处理情况不能全面、及时知晓,这样就会导致在案件办理过程中难以形成合力。又如,在实践中还会出现这样的情况:党委、政府因没有及时获悉案件审理情况，对已经依法终结的信访案件仍然反复处理；对信访反映的并非针对法院的问题，党委、政府领导干部或工作人员在接访时仍然承诺当事人交由法院办理。一些地方党委、政府对涉诉信访法治化的理解存在偏差，在实施"诉访分离"之后，依然热衷于将信访事项导入诉讼程序；即便法院经过处理并作出不能通过司法渠道解决的结论，也怠于将本应依靠党委、政府解决的诉讼程序终结案件导出，导致一些信访案件仍作为涉诉信访案件滞留在法院久拖不决。

小　结

从宏观结构来看，我国正处于社会转型期，诸多问题都可以归结为两个方面：一个是秩序，另一个是发展。在现在以及可以预期的将来的很长一段时间内，发展模式决定了地方党委、政府要深度介入社会治理中，要在"改革、发展、稳定"中积极主动地发挥主导作用。在这种情况下，是否适合以及在多大程度、多大范围通过司法手段对地方治理系统施加刚性约束，这是一个需要探讨的问题。对于中国这样的大国而言，如何确保国家政权体系运行的活力，发挥"集中力量办大事"的制度优势，及时有效地回应诸多治理难题，这是摆在执政者面前的重要问题。随着法院在现代社会治理中的地位和作用日益突出，如何在保持既有制度活力的前提下，有效完善法院体制机制、改进司法权配置、优化内部管理，并不是单纯的司法问题。要将司法制度放置在我国政制运行的总体结构中，确定并发挥其功能和作用，建立起合理的治理秩序，形成能够与各方面社会治理机制协调的司法运行机制。适合国情的司法体制改革，尤其是契合实际的法院外部联结机制和内部管理机制的构建，必定要与既有政制建构和国家治理体系有较高契合度。评判一个制度的好坏，不能以个别事件的对错为标准，而要从总体效应上作出利弊权衡。制度变迁有非常复杂且审慎的成本收益考虑，只有在预期收益大于预期成本的情况下，行为主体才能积极推动并实现制度变迁。从"顶层设计"的角度来看，司法领域的制度变迁取决于决策层对于我国转型期治理模式的判断和选择，而这恰恰需要政治智慧，需要坚持面向大国治理的司法观。

结　语　面向大国治理的司法观

当代中国法治运行的核心逻辑是"政法"逻辑。"政法"逻辑的关键在于"政",是"政"决定"法","法"对"政"有着重要的规范作用,而非"法"决定"政"。"政法"逻辑不仅仅体现在观念层面,也依靠一系列体制机制支撑实现,从而构成大国治理有序展开的重要保障[①]。在政法逻辑中,"司法技术或者说法律这一配件的运作必须符合整个机器的操作原理,司法必须服从于共产党治理社会的目的。法律必须服从政治的要求,政治也要借助法律的技术,这种政治与法律之间的有机结合产生了一个独特的法律概念'政法',当然这不仅是一个概念,而且是一套学说,而且是一套组织机构,一套权力技术,一套成熟的法律实践"[②]。面对这样的画面,也许有的人会感叹现实离"理想"的法治状态还有比较大的距离,因此感到失落。然而,当现实与所谓"理想"不太一致之际,究竟

[①] 有关政法逻辑的系统阐释,可参见邵六益. 政法传统研究:理论、方法与论题. 北京:东方出版社,2022。

[②] 强世功. 法制与治理:国家转型中的法律. 北京:中国政法大学出版社,2003:123.

是该感叹现实,还是该审思"理想"?这也许并没有简单的答案。

在现实与"理想"发生碰撞和产生张力之际,尽管并不能简单地以现实来否定"理想",但是对于希望以建设性态度推动中国法治进步的人士来说,至少需要认真地对待现实,审慎地重思"理想",不断往返于现实与"理想"的适度张力之间。若要不断地往返于现实与"理想"之间,就要找到适合的途径和方法,帮助我们搭建沟通二者的桥梁。任何制度都不会绝对有利无弊,或者绝对有弊无利。我国治理体系中的权力配置需要走向制度化、法治化,司法权与治理体系中其他权力之间的关系也应当走向制度化、法治化。但是,制度设计要警惕依据先验原则开展,否则就有可能在实践中出现诸多张力,以至于制度的实际运行与制度的文本规定之间存在巨大的反差。在很多情况下,并不存在一个先天合理的制度设计。实际上,制度是在应对实践问题的过程中逐渐形成的,制度的成型是在渐进演变的进程中实现的,制度的合理性也是在不断经受实践的检验中浮现并证成的。

我国基层法院在县域治理场域中的运行逻辑,与以形式主义法治或法律自治原理为内核的司法模式存在显著差别,这种分殊正是上述现实与"理想"之间张力的一种集中体现。形式主义法治意蕴中的司法形态是 19 世纪理性主义的产物,认为司法是法律自治的一个核心环节,司法过程是技术化、逻辑化、理性化的运行过程。在这种法治理论的影响下,对司法的认知与评价通常会以法律系统甚或司法系统为本位而展开,更为偏重的是法律职业共同体的内向视角或"内在视点"[①]。

部分关于中国司法的研究带有不同程度的"法律东方主义"的色彩[②],以西方一些法治理论所倡导的法治模式来衡量、评判中国的法治实践。在"法律东方主义"的影响下,在有些人士看来,似乎中国法治进程中的许多实践是"反法治"的,不符合法治要求,以至于"作为主体的西方观察者可以不自知地声称拥有对于中国法的最终诠释权"[③]。在这种"诊断式"研究中,中国司法是"有问题"的,需要接受"诊断",否则就难以有序运行。中国的司法当然并不是完美的,存在不少问题,但是关键点在于诊断"是否存在问题"的标准是什么。是真正深入实践运行机理中诊断,还是从某种特定的"理想"标准或目标、原则出发来认识和评判?如果落入了"法律东方主义"的窠臼,往往很难对这些问题作出妥切的回答。

为此,要将司法问题作为"中国问题"的一个部分来思

[①] 田中成明. 现代社会与审判:民事诉讼的地位和作用. 郝振江, 译. 北京:北京大学出版社,2016:46.

[②] 络德睦. 法律东方主义:中国、美国与现代法. 魏磊杰, 译. 北京:中国政法大学出版社,2016.

[③] 魏磊杰. 东方法律主义的中国意涵. 开放时代,2018(6):145.

考，要从"问题中国"走向"理解中国"①，将中国的"司法问题"真正作为"中国问题"来对待，以中国社会转型期大国治理的复杂性为基础展开。如果要真正做到把中国的"司法问题"作为"中国问题"来认识，首先需要的是认识中国，要对社会转型期"'中国问题'究竟为何"、大国治理如何实现作出回答。这是本书的基本学术立场。当然，同样要注意的是，不能陷入"西方化"与"本土化"二元对立的意识形态或情绪化表达之中。这就要走一条从实践出发探寻中国司法的道路。从实践出发，特别是从社会转型期的大国治理实践出发，才能避免理念化甚至意识形态化的建构可能产生的误导；着眼于实践中未曾被理论表达出来的逻辑，也正是发现既有理论之外创新点的一条可行道路。

之所以要从大国治理实践出发认识中国司法，是因为基于西方特定历史和现实经验提炼的一些法治理论在解释中国司法实践时存在不足。西方法治理论在传播到中国后，往往以理论形态呈现出来，虽会释放出鼓舞人们追寻法治理想的热情，但是这种理论实际上有特定的经验背景，是从特定（某个国家、某些阶层或群体）的法治实践经验中提炼形成的。认识法治理论不应局限于观念和原则，而是要深入把握理论表达所蕴含的

---

① 方乐．从"问题中国"到"理解中国"：当下中国司法理论研究立场的转换．法律科学，2012（5）．

实践经验逻辑，否则就有可能不是将法治理论作为认识法治实践的分析工具，而是将之作为意识形态，简化对复杂法治实践的认知。因此，如果要深入认识中国法治实践与西方法治理论之间的张力，就应该在实践经验层面探析中西方法治实践的异同，同时在实践经验层面探寻二者之间可以通约之处，而不能"根据西方的定义在中国的复杂经验中选择与之相符的那些方面进行意义放大的研究，从而忽略了某些对于中国发展具有实质意义的方面"①。

在当代中国，党政体制规定并塑造着司法制度②。党政体制以及与之适应的司法制度，实际上是当代中国赶超型现代化的重要组成部分，是这种现代化进程得以顺利展开的重要的制度安排。在可以预见的未来较长时间内，中国的现代化进程仍然任重而道远。在这样的发展阶段，司法不仅仅是维系秩序的重要力量，也是一种推动社会变革、促进中国式现代化的重要力量。要在中国这样的大国推动现代化进程，实现有效的国家治理，就要能够"集中力量办大事"。从国家权力结构的角度来看，这要求国家的各个构成部分能够形成合力，共同推动中

---

① 邓正来. 中国发展研究的检视：兼论中国市民社会研究. 中国社会科学季刊，1994（8）.
② 郑智航. 党政体制塑造司法的机制研究. 环球法律评论，2020（6）.

国的现代化建设进程。在一定意义上而言，这个发展阶段依然会带有"一万年太久，只争朝夕"的紧迫感。中国式现代化既是一种现实，也是一种理想，而且是一种令人激情澎湃、极为波澜壮阔的理想。这意味着要变革、要调整，意味着会触及各个方面的利益格局变动，也意味着难免会引发较多的社会矛盾和纷争。在这种情况下，健全纠纷化解机制显得尤为重要，法院的重要性也更为凸显。然而也要认识到，面对经济发展和社会稳定这两大基本的治理主题，法院的应对能力是有限的。甚至可以说，中国司法在当下遇到的诸多困境和难题，在一定程度上也是当前阶段难以完全避免的。这些困境和难题并不是依靠设计出"完美的"司法制度就可以避免的。实际上，司法制度更为健全的设计和运行，恰恰是在回应这些层面治理难题的过程中逐渐实现的。在这个意义上，司法应当面向大国治理，是"治理"塑造"司法"，而非"司法"决定"治理"。

就对应然状态的讨论来看，在这里主要涉及如何改善基层法院的运行机制。探究改善方案的前提是，要对存在的实际问题作出恰当的判断。然而，正如前面所追问的：诊断"是否存在问题"的标准是什么？尽管在"要不要实行法治"这个问题上已经达成广泛共识，但是理论界、实务界对于何为法治应然状态依然存在争论，远未达成共识，呈现出"普世主义"法治观和"国情主义"法治观[1]，抑或所谓理想主义法治观与实用主义法治观[2]对峙的基本格局。"普世主义"（或理想主义）法治观暗含了司法在政治架构和法治图景中的核心作用，强调分权制衡。这种主张与我国体制架构存在一定的张力，背后涉及的一个根本性问题是中国实践是否具有历史和现实正当性，亦即是否可能存在"中国模式"。面对这样的根本性问题，在县域治理的视域中探究基层法院运行机制的改进路径就并非易事。在探寻应然状态时，本书秉持比较审慎的态度，尽可能在分析中将实践层面问题的复杂性揭示出来，结合"普世主义"（或理想主义）与"国情主义"（或实用主义）之间的适度张力，探析相对可行的评判标准和改革路径。当然，这并不意味着笔者没有在"普世主义"（或理想主义）与"国情主义"（或实用主义）之间作出自己的选择。笔者认同的是"国情主义"（或实用主义）法治观，力图立足于大国治理实践展开讨论。探寻中国法治的应然状态，并不是要追求一种融通并毫无矛盾的"理想状态"，而是要能够兼顾国情和所谓"理想"，正视法治运行中可能存在的张力。这种张力的存在，一方面意味着特定的法治状态可能存在局限性，另一方面意味着新的活力可能由此而生。

---

[1] 张志铭，于浩．共和国法治认识的逻辑展开．法学研究，2013（3）.
[2] 顾培东．当代中国法治共识的形成及法治再启蒙．法学研究，2017（1）.

附 录

附录1 人民法院实施诉源治理的理念与进路[*]

一、"诉源治理"的相关概念辨析

作为一种创新探索,"诉源治理"的概念以及相关实践由地方法院率先提出并具体实施。在最初的改革实践中,"诉源治理"是指"社会个体及各种机构对纠纷的预防及化解所采取的各项措施、方式和方法,使潜在的纠纷和已出现纠纷的当事人的相关利益和冲突得以调和,进而减少诉讼性纠纷,并且采取联合行动所持续的过程"[①]。从发生学的角度分析,诉源治理起初由法院开始探索并积极推进,直接动因在于纾解法院"案多人少"的人案矛盾;在进一步的发展中,诉源治理演变

---

[*] 修改稿刊发于《法治参阅》(《人民日报》内刊)2022年第2期,收录进本书时采用原文。

[①] 四川省成都市中级人民法院. 诉源治理:新时代"枫桥经验"的成都实践. 北京:人民法院出版社,2019:前言1.

为以"司法供应链"为线索,以适时、高效、恰当化解矛盾纠纷为导向,贯穿社会治理全过程的综合性实践。

就形式层面而言,诉源治理与此前早已存在的多元纠纷解决机制、"大调解"有着诸多相似或共性之处,均并未将诉讼作为纠纷解决的主要甚或唯一方式,而是注重多元主体参与解纷过程。但进一步的探究表明,诉源治理的提出以及相应实践的普遍展开,是对多元纠纷解决机制、"大调解"的提升,在很大程度上意味着我国司法理念的重要更新或转变。如果以司法改革历程为线索,可以发现多元纠纷解决机制、"大调解"以及诉源治理的提出,蕴含着我国司法理念乃至社会治理理念的发展。早在人民法院第一个五年改革期间(1999—2003),理想主义改革进路居于主导地位,司法被置于纠纷化解的中心环节,司法资源、司法能力的局限性尚未引起广泛关注。在此后的实践中,最高人民法院逐步纠正这种取向,"二五改革纲要"首次提出"建立健全多元化的纠纷解决机制",强调司法之外纠纷解决机制的作用。然而,在纠纷解决过程中,诉讼方式与非诉方式分别如何发挥作用、相互之间是何种关系,这是有待进一步回答的问题。伴随着对"司法中心主义"的审视,调解的作用渐趋凸显,特别是党委和政府统一领导下的人民调解、行政调解、行业调解、商事调解、司法调解有机结合的"大调解"格局不断得到决策层肯定,并且为此后的历次人民法院改革所沿袭。一方面,"大调解"保持了多元纠纷解决机制的一般特性；另一方面，"大调解"更加注重调解在化解纠纷中相较于司法方式的重要性。然而在"大调解"的具体实施中，部分地方对司法方式与调解方式之间关系的把握不恰当，存在过于偏重调解而忽视判决，甚至片面追求调解率的倾向。

与前述两者相比，诉源治理延续了多元纠纷解决机制以及"大调解"的主要方面，在理念与方法的层面又有新的发展。一是更加重视"消存量"和"降增量"相结合，即不仅以已发生纠纷的有效化解为导向，同时也强调防患于未然，将更多纠纷消除在萌芽阶段，特别是防止大量纠纷转化为诉讼案件。就此而言，诉源治理同时体现出司法的积极性与消极性：积极性在于将司法职能向前延伸、向内细化；消极性则表现在充分考虑司法的局限性，尽可能将纠纷消解于诉讼之外，引导社会成员减少诉讼。二是更加重视司法方式对其他解纷方式的示范或引导，通过司法力量的介入为其他解纷方式确立法治标准。诉源治理并非指向于弱化司法职能，而是更为全面地理解和把握司法职能，通过司法的示范作用促成矛盾消除、纠纷化解。三是更加重视以整体思维处理矛盾或纠纷。在诉源治理的视域下，基层治理以及法院工作不能就矛盾消除矛盾、就纠纷处理纠纷，而是要以整体思维深入矛盾或纠纷的根源处探寻，不仅要化解矛盾或纠纷本身，还要通过机制建设促进对深层问题的研判与回应，从根源上减少社会生活失序现象，促进实现良序善治。

二、"诉源治理"的时代意涵阐释

诉源治理起初源自法院化解人案矛盾现实压力而展开的探索。正因如此，较之于其他国家机关，法院有推动诉源治理以减少诉讼案件的直接动力。在进一步的推行中，诉源治理逐渐由法院主导的专门领域探索转变为党委、政府统筹的综合实践，由地方探索上升并扩展为全国实践。2019年2月27日发布的"五五改革纲要"明确将"诉源治理"列入其中；2021年2月19日中央全面深化改革委员会第十八次会议审议通过《关于加强诉源治理推动矛盾纠纷源头化解的意见》，将诉源治理纳入顶层决策，为深化诉源治理指明了总体方向。在诉源治理进入顶层设计的现阶段，我们更需要阐释并把握诉源治理的时代意涵，为相关工作的积极展开提供理念启示。

首先，诉源治理是对纠纷化解规律、社会治理规律认识的深化。在社会发展过程中，社会主体之间的利益关系不断调适，矛盾纠纷的产生是利益关系调适的集中体现，诉讼案件有其产生的必然性，有着促进利益格局调节的功效。然而，我们也应当认识到，诉讼案件往往是诸多矛盾纠纷中较为激烈、对抗性突出的部分，诉讼案件的减少总体上有助于社会关系的维系和修复。基于此，诉源治理并不以消除诉讼案件为目标，而是以准确把握社会治理状况为基础，使大量矛盾隐患化解在萌芽状态，多数纠纷以非诉方式及时就地解决，少量纠纷通过诉讼过程的调解、和解快速解决,重大、疑难、复杂、敏感案件得以精细化审判。在此之中,诉源治理的深层追求在于减少诉讼程序和司法裁判在观念意识、仪式场景、制裁方式等方面的刚性约束所产生的冲击,在当事人个体乃至社会整体层面降低纠纷解决的成本和风险,从而保持社会治理的活力与秩序。

其次,诉源治理是贯穿司法运行全过程的重要主线。从各级法院在此方面展开的工作部署看,诉源治理已涵括法院司法运行各主要阶段与环节。基于全过程视角,法院不仅要将司法职能置放于多元纠纷解决机制的层面加以把握,还要在审判运行以及内部管理各环节注重防止因行权不及时、不规范、不正确而滋生矛盾隐患,甚至诱发衍生性诉讼案件。"五五改革纲要"将诉源治理作为"深化多元化纠纷解决机制改革"的重要内容,但诉源治理实际上已经涉及审前、审理、执行等阶段,从一审到二审、再审的各环节,包括源头预防、纠纷共治、诉非协同、内部治理等诸多方面。可以认为,诉源治理的提出进一步将司法权行使、审判监督管理的目标予以明确化和整体化,有助于及时发现并治理诉讼案件的衍生源头、"衍生案件"的发生源头,成为贯穿法院各方面工作的一条主线,形塑着法院审判运行机制的更新构造。

最后,诉源治理是对"枫桥经验"的坚持与发展。"小事不出村,大事不出镇,矛盾不上交,就地化解"是"枫桥经验"的内核;新时代的"枫桥经验"又将自治、法治、德治融入其中。诉源治理重视形成综合治理的解纷格局,以"三治融合"作为基本理念和方法,积极促成矛盾纠纷的就地化解,这些都是对"枫桥经验"的坚持和延续。与此同时,诉源治理也是对"枫桥经验"的发展,或者说进一步扩展了"枫桥经验"。"枫桥经验"的重点在于纠纷产生之后的有效化解。诉源治理将司法的引导、推动和保障作用贯穿矛盾纠纷治理全过程,强调对纠纷根源、萌发、产生、转变、化解、衍生等环节实施全方位预防。如果说"枫桥经验"是当代中国基层治理经验的经典总结,则诉源治理可以被视为"枫桥经验"在司法及其延伸领域的集中体现与发展。

三、"诉源治理"的法院探索定位

从各地法院的实践探索来看,法院在诉源治理中的作用体现在以下四个阶段。在每个阶段,法院的角色定位各有侧重,要结合司法运行规律把握法院在其中的功能及边界。在前两个阶段,法院处于辅助地位,主要以参与者、引导者的角色发挥作用;在后两个阶段,法院则处于主导地位,主要发挥积极协同和统筹管理作用。

第一,在矛盾潜伏阶段,参与基层治理过程,防患于未然。客观地来讲,防止矛盾隐患产生主要是基层治理范畴的工作,村庄或社区是矛盾预防的基本单元,因此要着力提升基层组织体系预防矛盾的实际能力。在基层治理层面,防患于未然主要依靠充分发挥基层党组织领导核心作用，有效发挥基层政府主导作用，注重发挥基层群众性自治组织基础作用，统筹发挥社会力量协同作用，广泛调动群众积极参与，融合自治、法治、德治于一体，构建和完善基层治理体系。在这个阶段，法院主要体现为参与者的角色定位，侧重以宣讲典型案例、发送司法建议等方式，开展面向基层治理的法律普及宣传，为基层治理体系注入源自司法职能的辅助指引。

第二，在纠纷初发阶段，引导构建多元解纷体系，促进纠纷及时化解。在纠纷已经产生的情况下，优先发挥多元力量化解纠纷，让多元解纷工作走在矛盾激化前，避免小纠纷演变为大纠纷，减少非诉讼性纠纷转化为诉讼性纠纷。对于已经出现的纠纷，按照属地或归口原则，相应的主体均有积极解纷的职责，各级党委和政府应统筹安排人民调解、行政调解、行业调解、律师调解等力量及时介入。在此过程中，法院主要扮演引导者角色，从理念与方法层面为参与解纷主体提示纠纷隐患，提供解纷建议。需要注意的是，在纠纷初发阶段，法院总体上应当恪守司法权边界，在适度延伸职能的同时，避免主导甚至过度介入纠纷解决过程。

第三，在纠纷起诉阶段，协同非诉解纷渠道，疏导纠纷非诉解决。法院应着力完善诉讼与非诉纠纷解决机制的衔接协同程序，在尊重当事人真实意愿、保障当事人诉讼权利的基础上，在立案登记环节积极引导纠纷向诉外分流。具体而言，如下方面尤为重要：（1）完善法院与人民调解、行政调解、行业调解、商事调解等调解组织的协同，健全诉调对接中心平台。（2）健全诉讼与仲裁协同机制，在民商事争议中向当事人普及仲裁知识，引入仲裁机构，引导当事人自愿达成仲裁协议，着力及时办理仲裁机构的保全申请。

第四，在诉讼审执阶段，畅通司法流程管理，防止衍生案件滋生。对于已经进入审理或执行阶段的案件，仍然要以诉源治理理念贯穿各个环节，力争实现进入诉讼环节的纠纷尽可能得到一次性解决。在这个阶段有三点十分关键：（1）深化立案后的繁简分流，按照案件难易程度、专业化程度，准确匹配适宜的审判主体，特别是加强"四类案件"监管，确保汇集法院整体司法智识审理重大、疑难、复杂、敏感案件。（2）在同一法院的内部环节中，加强立案、审理、执行之间的有效衔接，特别是注重提升财产保全的及时性、裁判文书的可执行性。（3）上级法院要更加重视以类案审判指导、典型案例示范等方式，"以点带面"引导下级法院统一法律适用，提升一审裁判质量，减少二审、再审案件。

附录2　从整体经验出发认识中国法院[*]

一、走进经验研究

　　法学研究方法总体上有价值分析、规范研究和实证研究三类。一开始学习法学时，接触的是前两种方法，对许多问题侧重于从价值偏好出发作出评判，关注的是"应当如何"，或者是从法律规范出发，分析是否有法律依据、能否在法律规范的逻辑和体系之内解决。这两种方法，尤其是规范研究，能够解决不少问题，但是在面对有些问题时，也会存在不足。20世纪80年代以来，受到法律全球化的影响，中国法学中的许多法理移植于西方法学理论。尽管西方法学理论有其历史和现实的经验基础，但是在法律制度以及法学理论移植的过程中，这些法理背后的经验基础往往被忽视，以至于许多人只是看到以理论形态呈现出的"法理"，却没有看到以经验形态为基础的"法理"。正是由于对一些"法理"背后经验基础的疏离和隔阂，不少人倾向于简单地用一些根据西方国家的历史和现实经验基础而产生的理论话语来评判中国的法治实践，而且往往会得出否定性的评判结论。

---

[*] 原文刊发于《中南财经政法大学研究生学报》2019年第3期，收录进本书时有所修改。

在读本科时我感受到了一些法学理论与中国实践经验之间的张力，但是不知道该如何认识和评价这种张力。究竟是所学的一些法学理论错了，还是中国的实践经验错了？这是长期萦绕在脑海中的一个问题。直到认识陈柏峰老师，并跟着他读硕士研究生，才逐渐找到能够回应这种困惑的方法。陈老师接受的是华中村治研究的学术传统，注重调研，用经验研究的方法探究中国基层社会以及基层法治问题，强调要从"事理"中总结"法理"，提炼出符合实践经验的法学理论[①]。读研之后，沿着这一学术传统进行研究。华中村治研究带有明显的社会学的特点。在这样的学术氛围中，自己大多数时间里做的调研都不太像是法学的，而是关注基层社会本身，尤其是村庄社会基础层面的问题，例如代际关系、婚姻家庭、人情面子、私人生活、村庄公共空间、集体行动能力等。起初参加这样的调研总会感到不太适应，很难一下子把法学的知识框架放下，以"社会学的想象力"来考察和分析村庄中的各种现象。但是在这样的学术氛围中浸泡一段时间之后，渐渐明白了这种学术训练是非常有意义的。

华中乡土派倡导的经验研究是以机制分析方法为灵魂的研究。机制分析强调经验不是现象描述，也不是材料整理，而是

---

① 陈柏峰．事理、法理与社科法学．武汉大学学报（哲学社会科学版），2017（1）．

通过材料充实和呈现现象，探寻和阐释现象背后的链式联系，特别是现象与现象之间的因果关系。如果仅仅是整理材料，或者仅仅是描述现象，而没有分析机制，都不能称为经验研究。也可以用更为精练的话来概括，那就是"村庄之中提问题、现象之间找关联"。就研究方法而言，"村庄之中提问题"中的"村庄"所指的不仅仅是村庄，实际上是对经验场域的概括，是指要在真实的、丰富的经验场域中提炼问题，并且这个问题应当是由经验生发出来的，而不只是由理论前见预设出来的。这样的经验场域可以是村庄，可以是城市社区，也可以是学校，还可以是企业或者是政府，等等。从经验场域中提出的问题至少来自两个方面：一方面是不同经验感知之间的比较所产生的差异，另一方面是在特定场域中得出的经验感知与既有理论解释之间的不融贯性或者悖论。这两个方面的比较所产生的张力，都会促使研究者去多问几个为什么。

经验研究方法并不是一下子就能掌握的，而是需要经过专门的训练。人对事物的经验认知有直接经验和间接经验两种。直接经验主要有个人的生活、工作经验和调研经验。如果能够直接参与许多事情，有大量的、各种各样的直接经验，就会非常有助于我们认识世界。不过对于绝大多数人而言，个人生活和工作所处的环境相对简单，不大可能有那么多机会对许多方面的问题获得直接经验。一个人往往习惯于自己在生活或者工作中获取的直接经验，甚至会认为自己的这些经验是理所当然的。如果缺乏一定的反思性，就会形成对个人既有经验的路径依赖，久而久之，生活和工作中原本鲜活的、丰富的经验也会变成各种条条框框，排斥其他不同的经验，束缚自己的思考和行为。对于经验研究而言，个人实际获取的生活和工作经验是一笔非常宝贵的财富，不过同时也要注意这种经验可能造成的束缚。而且，个人的生活和工作经验具有极大的个殊性，往往不是通过学术训练可以获取的。所以，对于大多数的学术训练而言，更为重要的是通过调研获取经验。

我所在的研究团队每年暑假都会安排大规模集体调研，每个学期也会安排一两次调研，每次调研20天左右，吃住都是在农村。这种调研有两个重要特点：一是暂时"悬置"理论和既有经验，二是关注整体经验。调研不是为了印证理论学说，也不是为了强化既有经验的"正确性"，而是要以"无知者"的状态来获取各种经验，特别是"经验中的意外"。我们尽管也会做专题调研，不过更多的是不事先预设专题的调研：对村庄里面什么问题都好奇、什么现象都关注，努力获取村庄场域中方方面面的经验。这种调研看起来好像毫无目的，但是能够让参与者有很多收获。之所以要采取这样的调研方法，是因为村庄里的任何现象都是发生在整体的经验场域之中。若要很好地把握某一现象的内在机理，需要研究者对村庄场域的其他现象也有深入的了解，这样才能在现象之间建立起关联，进而探求其中的因果关系。整体经验不仅指一个村庄的整体经验，还指中国村庄的整体经验。当然,中国很大,我们不可能每一个村庄都去,也不可能完全掌握整体经验,不过可以尽可能地接近对中国村庄的整体把握。把握这种意义上的整体经验,一个很重要的方法是类型化。例如,贺雪峰教授概括提炼出团结型村庄、分裂型村庄、分散型村庄等理念类型[1]。除此之外,还有城郊农村、沿海发达地区农村、边疆少数民族地区农村。即便同样是沿海发达地区农村,长三角地区的农村与珠三角地区的农村在经济形态、村庄结构、村民价值观念等层面也会存在很大差别。对于任何类型的村庄,我们都尽可能找机会去调研,在对不同类型村庄的反复了解和比较中,可以逐步把握中国村庄的整体经验。

之所以选择在农村开展经验研究训练,一方面是因为每个村庄都是一个相对完整的生活和治理单元,村庄场域中的许多现象之间存在非常复杂的联系,这对于训练经验研究思维很有帮助;另一方面是因为与其他场域相比,村庄的进入门槛比较低,与农民打交道也更容易(实际上会遇到形形色色的人,学会与各种人打交道也是一种能力)。在农村研究中获得的经验研究方法是可以适用于研究其他问题的。近几年,"华中乡土派"在社区治理、街头治理、县域治理、党政体制等方面都进

---

[1] 贺雪峰. 论中国农村的区域差异:村庄社会结构的视角. 开放时代, 2012 (10).

行了探索。我在做博士论文时，得到了华中乡土派关于县域治理、党政体制的一系列研究提供的许多启发。

在做博士论文之前，除了研究农村问题之外，我也关注基层执法问题，硕士论文研究的便是城管执法。在做城管执法研究时，我感觉到关于城管执法的既有研究总体上太单薄了，不仅经验基础薄弱，理论视角也较为单一。当时城管执法的研究基本上在两种进路或范式下展开：一种是"行政执法化"进路，另一种是"支配-反抗"范式。"行政执法化"进路试图用严格规则主义的形式法治思维来解释和应对城管执法中的困境。一方面，许多人认为要完善法律规定、规范执法程序、约束城管执法者的权力；另一方面，也有许多人，特别是执法者，认为要加强立法，赋予执法者更为有力的执法权力。尽管出发点不一样，但这两种思路的共通之处是都认为政策和法律如果制定得完善，就能够实现。然而，这样的思路忽视了基层执法实践的复杂性，没有深入考察影响执法的多方面因素。在"支配-反抗"范式的影响下，许多研究者往往只是看到城管执法中出现的暴力冲突，认为这是普遍现象，是城管在压迫执法对象，执法对象是城管执法暴力下的受害者。但是我在调研时观察到的现象并不完全如此，甚至可以说绝大多数现象都不是这样的。这促使我想在更为经验的层面研究城管执法，揭示现实经验的复杂性，在此基础上再做进一步的理论提炼，而不是一下子就接受以上两种进路或范式。在研究城管执法时我感觉到自己所接受的农村经验研究训练有助于在观察到的现象之间建立起链式的因果关系。硕士论文中的几章经修改后发表在《政治学研究》《法学家》等期刊上。

在做基层执法研究的过程中，我逐渐体会到对于研究者而言，需要储备一定的法律知识，但是更重要的是要对执法者所面对的社会问题、所处的社会形态和体制机制条件等有深入细致的经验把握。特别是，许多基层事务的规则化程度比较低，这样的特点在很多一线的执法活动中体现得尤为明显，研究者不能简单地以规则化的思维来看待基层执法。在研究基层法院时采取的也是这样的研究进路。

二、认识中国司法

之所以要研究基层法院，缘于我对基层法院运行状况的经验感受与一些既有司法理论之间的张力。我在做博士论文研究时，人民法院"四五改革"已经开展了快两年，改革纲要中的一些设想在具体实施中并没有顺利地实现。"四五改革"将司法权定位为"中央事权"，更加强调"去行政化"，着力构建预防领导干部干预司法的体制机制，许多学者还倡导"去地方化"。"四五改革"的思路是进一步突出司法的独立性，尤其是法官的独立地位，试图在法官与外部政治架构以及社会环境之间构建隔离带。然而，与此同时，最高人民法院的一些文件或者最高人民法院领导人的一些讲话也强调司法要服务大局。从改革的实际效果看,"四五改革"中的一些设想与既有体制架构之间存在一定的张力,在实践中带来了不少具体的管理难题。

面对这种张力,不少研究者认为改革方案所持的理念没有错,应当进一步增强司法权独立,最终要实现法官独立。但是不少论者在倡导"法官独立"时,并不是在经验的层面上讨论法官独立的具体意涵、如何实现法官独立、所欲追求的法官独立会带来怎样的影响(正面的、负面的),而是主要从理念和原则出发。例如,支撑司法改革的重要口号是"让审理者裁判,由裁判者负责""尊重司法规律"。然而,许多人在使用这样的口号来论证改革措施时,没有细致地检视这些口号的经验内涵究竟是什么,如现实经验层面的"审理者"是谁、"负责"的"责"是指什么、"司法规律"又是什么。带着这样的问题意识,我开始关注司法问题,具体的切入点是研究基层法院与外部体制架构之间的关系。

从这样的角度研究基层法院,除了因为感受到经验与理论之间的张力之外,还缘于导师顾培东教授的启发。顾老师在20世纪80年代末90年代初主要做的是经济体制改革研究,90年代末以来陆续写了一些关于司法改革的文章。顾老师经常和我们说,研究经济体制改革问题的这段经历让自己的思维更加务实,更加贴近问题的经验本原。在研究司法问题时,顾老师不会单纯地依据现有的诉讼法学理论,而是强调将司法放置在中国整体的社会形态和政治结构中来理解。这样的研究更加契合实际,而不会有虚夸。在平日的交流中,顾老师经常谈到中国法治自主型进路所要处理好的首要问题是,以保证执政党的核心领导地位为前提,界定司法在我国政治结构中的地位①。这也是意在强调要从中国的实际情况出发,诠释保持司法机关独立性的具体意涵。

博士论文的核心关切点在于试图更为经验性地认识司法机关或者法官的独立性,而不是从理念和原则出发。毕竟,"原则不是研究的出发点,而是它的最终结果"②。从学术脉络上看,此前不少学者有关中国司法的经验研究为博士论文的写作提供了很多启发。苏力教授的《送法下乡:中国基层司法制度研究》(中国政法大学出版社2000年版)从现代民族国家建设的角度审视司法制度以及"送法下乡""巡回审判"等实践,比较早地讨论到司法权在国家权力向基层社会延伸中的运作逻辑和具体功能。强世功教授的《惩罚与法治:当代法治的兴起(1976—1981)》(法律出版社2009年版)揭示了在中国国家治理转型过程中,现代司法在治理策略转化上发挥着精致的治理术的作用。除此之外,侯猛教授的《中国最高人民法院研究:以司法的影响力切入》(法律出版社2007年版)、

---

① 顾培东. 中国法治的自主型进路. 法学研究,2010(1).
② 恩格斯. 反杜林论//马克思,恩格斯. 马克思恩格斯选集:第3卷.3版. 北京:人民出版社,2012:410.

黄韬教授的《公共政策法院：中国金融法制变迁的司法维度》（法律出版社2013年版）以及刘忠教授关于中国法院组织架构、运作形态方面的一系列研究，为我了解中国法院的实然状态提供了很多线索和引导。在国外研究中，马丁·夏皮罗的《法院：比较法上和政治学上的分析》（张生、李彤译，中国政法大学出版社2005年版）、米尔伊安·达玛什卡的《司法和国家权力的多种面孔：比较视野中的法律程序》（郑戈译，中国政法大学出版社2015年版）也为我提供了许多启示。

在这里尤其需要提及的是于明教授的《司法治国：英国法庭的政治史（1154—1701）》（法律出版社2015年版）。在打算做博士论文研究时，这本书正好刚出版，我就赶忙买了一本。尽管这本书是从法律史的角度研究英国法庭的，但是其中的研究进路给了我很多启示。于明老师运用法律社会史的方法对1154年到1701年的英国法庭的政治史进行了仔细的梳理和分析，将"司法"问题置于"国家治理"的视域中考察，重点关注司法在国家治理中的功能与技术以及司法与政治权力之间的复杂关系。这样的研究进路或视角恰恰是目前中国司法问题研究中比较缺乏的。在对中国司法问题的研究中，陈柏峰老师也将国家或地方治理的视角纳入进来。陈老师在一篇文章中提出了"治理性干预"与"腐败性干预"两种类型，前者指的是地方党委、政府基于地方经济发展和社会稳定而"干预"司法①。对这种类型的"干预",就不能简单地作出否定性评价。近几年,随着多学科理论方法的引入,学术界有关司法问题的研究出现了一些更为经验性的成果。不过总体上看,基于特定历史经验而形成的,以立法权、行政权、司法权分立和竞争性政党政治为政治基础的司法理论,依然是许多人认识和评判中国司法的重要标准,而从中国体制架构基本逻辑以及国家和社会治理实践出发的研究还非常少。

研究基层法院,这与自己所接受的学术训练有关。最近这些年我主要在做基层治理方面的研究,在这方面有一些积累,做博士论文研究时就很自然地想到把基层治理与司法制度两个领域结合起来,所以最后研究的就是基层法院。中国不同层级的法院存在同构性,不过也有不少差别,不同层级法院面临的问题、承担的功能都会有所不同。在研究规划中,研究基层法院是探究中国司法的一个开端,今后还要对不同层级的法院展开研究。

实际上我对自己的博士论文是不满意的,毕业之后一直在修改。总体感觉是,博士论文写得过于结构化,很多地方只见制度不见人。尽管博士论文试图遵循的是经验研究进路,但是

---

① 陈柏峰.领导干部干预司法的制度预防及其挑战.法学,2015(7).

不少章节的具体内容还是论断多于经验，或者说许多论断不是通过细致的经验叙述和分析自然而然地"流淌出来"。在我看来，更有学术贡献的并不是具体论断，而是生动的经验细节。正如一句英语俗语说的那样："魔鬼在细节之中"（The devil is in the detail）。对于研究中国司法问题而言，目前最成问题的是大家对法院实际运作的具体细节普遍不了解，存在很多想象和猜测，而这些想象和猜测往往与实际状况并不契合。在写作博士论文的过程中，我一直在想究竟以什么样的方式来写才能更为深入地把握基层法院的实际运行机理，才能打动读者。然而遗憾的是，最后的成文还是忽视了对经验细节的自然呈现，过于追求齐整的阐释，对细节不够敏感，对经验现象的书写不够细致。

现在再来看当时写的文稿，我在想如果重新写博士论文，一定会换一种方式——更为注重通过经验细节来说服读者，用丰富的经验细节来提炼理论，同时要让读者在丰富的经验叙述和分析中获得阅读的愉悦感。一旦更加注重细节，就意味着对基层法院的研究不仅要关注制度，更要关注制度中的人，注重展示基层法院这个场域中的一个个具体的管理者、办案法官、审判辅助人员等主体是如何思考和行动的，这些思考和行动体现出怎样的逻辑，这些思考和行动又产生了什么样的结果。人在一定的制度下思考和行动，然而人的思考和行动也会反作用于制度，甚至会重塑制度。历次司法改革中的不少理念和制度设计，看起来都不错，但是一到实践中往往就不是原先预设的样子。之所以如此，很重要的原因也正是在于，一些改革设计者或者文本上的"改革家"注重的多是自己认可的理念，认为制度设计能改变一切，而没有从"人"的角度来审视制度的制定和运行，忽视了人的观念和行为对制度的影响。若要深入把握法院的运行状态，需要揭示制度规定和人的思考及行动之间的逻辑，毕竟制度并不会自然而然地体现为法院中个体的行动。

三、研究的延续与扩展

在我国的法学研究中，引起最大关注度的毫无疑问是司法问题，甚至不少人都认为"中国法治看司法"。在这个意义上，司法已经成为中国法治的标志——司法改革和司法公正情况直接影响着很多人对中国法治建设的总体评价。那么，如何认识和评判中国司法？这是一个非常重要的问题。但是恰恰在这个问题上，存在诸多分歧，而且还有不少意识形态纷争。如果暂且悬置意识形态，从认识问题的视角来看，长期以来围绕中国司法产生的许多讨论存在两种不同的视角：一是个体本位视角，二是整体本位视角。目前，个体本位视角是学术界认识和评判中国司法的主要视角。这里说的两种视角，是借鉴顾培东教授的观点。顾老师在文章中提出法官个体本位与法院整体本位是法院建构与运行的两种基本模式，中国法院改革的方向不是从法院整体本位转向法官个体本位，而应从以院庭长为主导的法院整体本位转向以法官为主导的法院整体本位①。与此不同的是，学术界的主流观点是以法官个体本位来设定中国法院建构与运行的模式。"法官个体本位"与"法院整体本位"的提出，有助于明晰研究中国司法的视角或进路，甚至可能会带动中国司法研究范式的转变。如果从法院整体本位来认识中国司法，会看到许多在法官个体本位模式下看不到的问题。

我们也可以将"法官个体本位"与"法院整体本位"这种划分进一步扩展，从两个层面来看个体本位视角和整体本位视角。就法院内部管理而言，个体本位视角强调的是独任法官或合议庭独立审判，整体本位视角则是强调法院独立审判。就法院与外部关系看，个体本位视角总体上会倾向于强调在法官及法院与外部环境之间建立隔离带，将法官及法院与外部环境之间的许多联系视为可能对司法公正产生不利影响的因素。整体本位视角并不事先设定司法权行使主体与外部因素之间的联系是"好的"还是"不好的"，而是会注重研究这种联系的实然状态是怎样的，进而探究这样的联系会产生哪些方面的影响。换言之，整体本位视角强调对司法与外部关系采取整体性的研究进路，将司法作为整体社会形态、政治架构中的一个重要构

---

① 顾培东.法官个体本位抑或法院整体本位：我国法院建构与运行的基本模式选择.法学研究，2019（1）.

成部分来研究。从经验层面看,无论是内部管理,还是与外部的联系互动方式,中国法院都具有明显的整体本位的特点。以内部管理为例,经过历次改革,我国法院内部管理发生了显著的变化,然而在一些方面依然保持一定的稳定性。这表明,中国法院内部管理存在较为稳定的深层结构。若要进一步推进法院内部管理改革,就要把握其中的深层机理,系统总结历次改革的效果,构建符合司法规律的法院内部管理机制。如果要认识中国法院内部管理的深层结构,只有以整体本位视角来切入才可能做到。

总体而言,个体本位视角更倾向于价值分析和规范分析,而整体本位视角则更注重实证分析。个体本位尽管也是对英美法系、大陆法系主要国家的法院运行模式的提炼,是有其经验基础的,然而在被用于认识中国司法时,由于西方法治话语的强势影响,个体本位就主要不是经验性的提炼,而是具有明显的规范分析和价值评判的意涵,这就不利于深入细致地把握中国司法的实然状态。如果能够有更多的学者从整体本位视角出发,以经验研究的方式来细致地呈现中国司法的实然状态,就会有助于贴近认识真实的"中国司法",而不是想象中的"中国司法"。

写作博士论文时模模糊糊感觉到应当从整体的角度来写,但是当时还没有想到"整体本位"与"个体本位"。现在想来,明确了这两种视角,可以在更为自觉的层面上拓展相关研究。

接下来的中期研究计划是从"整体本位"的角度研究中国法院,既包括外部关系的处理,也包括内部管理的展开。在这些研究中,最难的问题可能还是法院与政制架构之间的关系。目前学术界主要是从个体本位视角来认识和评判中国法官以及法院与政制架构之间的关系,但是如果从整体本位视角来看,会有很多不同的认识。英美法系和大陆法系主要国家的司法之所以总体上呈现法官个体本位,很重要的政治前提是竞争型政党体制。与之不同的是,中国实行的是领导型政党体制,这使得中国司法的政治前提与西方司法的政治前提不一样。在这里,我们可以暂且悬置对这两种体制的价值评判,因为两种体制都有其特点,各自的有效运行都依赖一些社会基础与条件。可以说在法学研究中,之所以在这个问题上还有许多分歧,理论根源在于政治学未能深入阐释在不同的政党体制中司法与主导政治力量之间的关系以及互动机制的异同,以至于不少人在讨论这一问题时并未清晰地意识到各自所坚持的政治学理论有着明显的差别。司法公正是普遍性的追求,然而在不同的政治前提下,实现司法公正的具体路径会存在一些差异。特别是,领导型政党体制中的正义观与竞争型政党体制中的正义观会存在许多不同,由此还可以扩展的是,社会成员与国家(以及主导政治力量)之间的关系也会有很多差别。这些差别都会进一步影响到包括司法制度在内的诸多领域制度的建构和运行。所以在接下来的研究中,中长期计划是在法学与政治学之间做一些交叉学科研究。

　　写到这里，想起马克斯·韦伯的两句话："在现实政治中采取某种立场，是一回事；而对政治结构与政党立场进行学术分析，则是另一回事。""在今天，学问是一种按照专业原则来经营的'志业'，其目的，在于获得自我的清明及认识事态之间的相互关联。"① 写上这两句话，意在提醒自己要以学术的进路切入，要通过这样的研究努力作出知识增量上的贡献。同时，也以这两句话与诸位学术同人共勉。

2019年1月记于武汉南湖畔

---

　　① 韦伯. 学术与政治. 钱永祥，等译. 桂林：广西师范大学出版社，2004：176，185.

附录3　迈向大国治理的中国法律社会学[*]

法学是经验之学，无论法学知识以何种形态呈现，无论这种形态是抽象化表达抑或具体性描述，法学知识的背后均会有相应的经验基础。特别是，在法治已然成为中国这样的大国的基本治理方式的情况下，对法治抑或法律的准确把握，离不开对其赖以存在以及所要回应的经验性问题和实践基础的细致考察和理解。在此意义上可以认为，从经验的角度开展法学研究抑或提炼法学知识，乃是法学研究日渐自主且成熟的重要表征之一。尽管法律的制定带有一定的建构性特质，但从根本上而言仍然是对已然生成的经验秩序的规范性提炼，或者是对处于萌发状态但走向不确定之事物的运行与发展所施加的某种规范性引导。正因如此，在有关法律的研究中，"事理"先于"法理"而存在，"法理"是对"事理"的进一步提炼和总结[①]。

早在20世纪90年代，苏力在当时出版的《法治及其本土资源》一书中就追问"什么是你的贡献"。苏力批评了当时中国法学的研究状况，认为"法学研究的方法也相当落后，从应

---

[*] 原文刊发于《法律和政治科学》2021年第1期。
[①] 陈柏峰．事理、法理与社科法学．武汉大学学报（哲学社会科学版），2017（1）．

然命题到应然命题，缺少对社会的其他学科的了解，缺乏对支撑法学研究发展的理论的研究和包容，缺乏对司法问题的综合性研究，往往从某个部门法出发把活生生的案件简单地归纳为民法案件或刑法案件""中国的法学的成熟还有漫长的道路要走"[1]。针对苏力的"本土资源论"，我国开展了以研究法治的社会基础为基本导向的法律社会学研究[2]。时至今日，至少从政治表达的角度看，中国的法律体系已经形成。然而，"中国的法学的成熟"似乎仍然还有很长的道路要走，中国法学的成熟度与大国法治的现实需要之间仍存在一定的距离，其中一个关键问题在于大量研究对中国法治实践的疏离与隔阂。在苏力的影响以及许多学者的自觉努力下，法学领域中兴起法律社会学研究潮流，以法律社会学或经验研究为主题的研究层出不穷，关注中国法治经验的成果不断增多。尽管如此，从法律社会学的现有研究状况以及与这些研究相关的制度实践看，既有研究所作出的贡献与大国法治对法学研究产生的需求之间还有着明显的距离。从另一侧面看，这种距离的存在恰恰在很大程度上意味着中国这样的大国的法治实践对法律社会学研究有了更多的期待，也意味着中国法律社会学有更大的学术契机。基

---

[1] 苏力. 法治及其本土资源. 北京：中国政法大学出版社，1996：自序Ⅸ.

[2] 王启梁. 法治的社会基础：兼对"本土资源论"的新阐释. 学术月刊，2019（10）.

于此，本文将通过对20世纪80年代以来中国法律社会学发展脉络的梳理，检视现有研究路径的贡献及不足，进而讨论法律社会学研究可能拓展的领域或方向。

一、走进"乡土中国"的法律社会学

从我国法律社会学研究的发展历程来看，自20世纪90年代初期开始，在经历80年代学科初建时期以译介西方论著为主的阶段之后①，一些学者有意识地走进法律的"田野"，针对中国法治实践开展调查研究。这些研究极大地丰富了人们对中国法治实践的认知，并且深刻地影响到当前法律社会学的研究进路。在当时，以夏勇主编的《走向权利的时代：中国公民权利发展研究》，郑永流所著的《当代中国农村法律发展道路探索》，郑永流等人所著的《农民法律意识与农村法律发展》以及苏力所著的《法治及其本土资源》《送法下乡：中国基层司法制度研究》为代表的著述陆续出版，逐渐改变此前以译介域外理论为主的法律社会学研究状况。

在《走向权利的时代：中国公民权利发展研究》这部文集

---

① 许多产生广泛学术影响的译著译介于这一时期，例如韦伯、庞德、布莱克、塞尔兹尼克、科特威尔等西方学者的法律社会学著作均在此时期被大量翻译。在这一时期，也有学者尝试对西方社会科学理论做系统梳理，并将之引入对法治实践问题的分析之中，例如顾培东于1991年出版的《社会冲突与诉讼机制》即是这方面著述的典型代表。

中，夏勇、高鸿钧、张志铭、陈甦等十余名学者将研究目光投向对中国公民权利和义务观念及现实状况的关注，在北京、吉林、河南、广东、贵州、甘肃等六省市发放问卷，试图了解和解释中国公民权利发展状况。这一系列研究的主题既涉及城市中国，也包括农村中国，涵盖中国法治发展的多个领域①。郑永流等人则以农村为研究场域，试图通过对中国农村的法治状况，尤其是农民对法律意识的认知，来把握中国法治发展的方向及道路②。在当时偏重于理论译介的学术潮流中，这几部学术著作显得独具特色，为了解法治实践状况提供了有益的视角和启示。客观地看，当时以这几部著作为代表的法律社会学研究对于中国法律发展中各个领域问题的把握，总体仍处于现象层面或者是对现象较为浅层的解读，尚未把握和阐述现象背后的深层机理。之所以如此，一方面是由于研究者秉持着很强的价值预设，"为权利而斗争""提升法律意识"是内在于研究者心中的鲜明的价值取向，以至于许多研究会忽视或轻视与这种价值取向不符甚或悖异的现实经验；另一方面，很重要的，还由于当时的研究者较为缺乏基于"田野"调研灵活运用西方社

---

① 夏勇.走向权利的时代：中国公民权利发展研究.北京：中国政法大学出版社，1995.

② 郑永流.当代中国农村法律发展道路探索.上海：上海社会科学院出版社，1991；郑永流，等.农民法律意识与农村法律发展.武汉：武汉出版社，1993.

会科学理论的意识，译介而来的许多理论资源并未真正成为助益于认知和把握中国法律现象的分析工具，理论与实践呈现出隔离状态。

　　促成改变这种状况并显著提升法律社会学研究学术旨趣及分析水准的是苏力。他的研究在很大程度上影响了中国法律社会学在较长一段时间内的关注焦点甚至走向。苏力在《法治及其本土资源》中的分析并非基于调研产生，而是结合社会理论资源以及个人丰富的生活经验体会，细致且精彩地分析了诸多法律现象，其中，费孝通先生的《乡土中国》所呈现的"乡土社会"是苏力讨论许多问题时的基本背景①。在此之后，借助在湖北省的授课机会，苏力开始走进"田野"，通过与基层法院法官访谈交流，以"送法下乡"为主题探究中国基层司法制度②。与此前许多研究者主要基于略带意识形态特点的"司法独立"宏大话语讨论中国司法问题不同的是，苏力将基层法院以及法官置放于特定的时空场景，尤其是带有乡土特色、熟人社会特点的基层场域中加以理解，并且从民族国家建构的高度讨论相应的制度逻辑以及法官的行为选择。在当时，王铭铭、王斯福主编的《乡土社会的秩序、公正与权威》也是研究乡土

---

　　①　苏力.法治及其本土资源.北京：中国政法大学出版社，1996.
　　②　苏力.送法下乡：中国基层司法制度研究.北京：中国政法大学出版社，2000.

社会法律现象的集大成之作，引导着此后不少研究者的学术旨趣①。

一阵学术发展潮流的兴起不仅受研究者个体志趣影响，也深受大的时代背景或者时势牵引。在20世纪90年代和21世纪初，中国社会经历了深刻的变化。一方面，中国从"乡土中国"走向"城市中国"，但农村问题仍然是中国的主要问题。正如苏力在《送法下乡：中国基层司法制度研究》中所说："中国最广大的人口仍然居住在农村，中国社会的现代化的最重要的任务之一就是农村社会的现代化。因此，一个真正关心中国人（而不仅仅是中国知识分子）喜怒哀乐的人就不能不关心中国最基层社会的人的生活。"② 在当时，由于"三农"危机出现，在历经改革之初全社会对市场经济、改革前沿地带（如经济特区）的高度关注和热切期盼之后，农村又一次进入公共舆论以及决策层的视野③。正是在这样的背景下，进入21

---

① 王铭铭，王斯福. 乡土社会的秩序、公正与权威. 北京：中国政法大学出版社，1997.

② 苏力. 送法下乡：中国基层司法制度研究. 北京：中国政法大学出版社，2000：7.

③ 在当时，有两部著作集中且强烈地反映出"三农"问题的严重性，分别是温铁军所著的《中国农村基本经济制度研究——"三农"问题的世纪反思》（中国经济出版社2000年版）和李昌平所著的《我向总理说实话》（光明日报出版社2002年版）。此外，《读书》杂志也以"三农"问题作为主题，组织了多篇文章展开专题讨论，陆学艺、温铁军、李昌平、贺雪峰、严海蓉等多个领域的学者参与了这场讨论。

世纪之初，中央决定取消农业税，中国乡村社会治理也由此开始转型。深刻的社会危机必定会触发相当部分知识分子的内心情怀，引导着他们将研究的目光及热情投向农村。另一方面，随着中国逐渐"走向世界"，中国在世界格局中究竟如何定位、以何种方式回应既有格局带来的问题和挑战，成为中国需要面临的问题，而这一问题在学术研究层面则集中地体现为围绕学术是否应当"本土化"而展开的争论。在当时的时势背景以及知识惯性影响下，知识分子倾向于从农村寻找中国的"本土"要素，认为农村的才是中国的，在潜意识中甚至会将"城市中国"视为西方法律的"殖民地"[1]。不仅如此，有研究者还在"文化自觉"[2] 的层面讨论中国农村研究的重要意义。由此，"西方"与"中国"的分殊及比较在很大程度上演变为中国的城乡之别，在农村探寻有别于深受西方影响的国家制定法的"民间法"则成为把握中国法治本土特质的重要方面。对于赞成"本土化"的研究者而言，"城市中国"是现代的，这种现代感与在西方社会所获得的感知似乎并无太大差异，如若将目光投向城市，就会很难探究中国法治的"本土化"因素。与这两个方面变化密切相连的是，自 21 世纪初开始，我国法律社

---

[1] 陈虎. 刑事程序的深层结构. 北京：中国政法大学出版社，2018：318-322.

[2] 黄平. 乡土中国与文化自觉. 北京：生活·读书·新知三联书店，2007.

会学研究在较长一段时间内以"乡土中国"作为主要研究对象。例如，喻中对中国乡村司法实态的呈现[1]，强世功、赵晓力等在华北、西北等地完成的关于乡土社会纠纷解决及治理秩序的考察[2]，陈柏峰在华中村治研究传统下对乡村"混混"、乡村司法、信访、地权等问题的研究[3]，王启梁在边疆少数民族地区对法律与多元社会控制的探析[4]，赵旭东对乡村纠纷与权威体系的刻画与讨论[5]，等等。在此之后，随着参与者兴趣的转变，以"乡土中国"为主要研究对象的法律社会学研究群体开始分化，一些核心成员的研究兴趣发生转移，但注重研究乡村社会的法律社会学传统延续至今，直到现在仍然有相当部分研究者行走在"乡土中国"的道路上。这一传统也成为不少研究者（尤其是青年研究者）进入法律社会学领域的一个切入口或起点。

---

[1] 喻中. 乡土中国的司法图景. 北京：中国法制出版社，2007.

[2] 赵晓力. 通过法律的治理：农村基层法院研究. 北京：北京大学，1999；强世功. 调解、法制与现代性：中国调解制度研究. 北京：中国法制出版社，2001.

[3] 陈柏峰. 乡村江湖：两湖平原"混混"研究. 北京：中国政法大学出版社，2011；陈柏峰. 乡村司法. 西安：陕西人民出版社，2012；陈柏峰. 农民上访的分类治理研究. 政治学研究，2012（1）；陈柏峰. 土地发展权的理论基础与制度前景. 法学研究，2012（4）.

[4] 王启梁. 迈向深嵌在社会与文化中的法律. 北京：中国法制出版社，2010.

[5] 赵旭东. 权力与公正：乡土社会的纠纷解决与权威多元. 天津：天津古籍出版社，2003.

在有关乡村社会的法律社会学研究方面，尤其值得一提的是受华中村治研究传统影响的研究群体。这些研究者十分强调"田野的灵感"以及基于长期浸泡"田野"所形成的"饱和经验"和"经验质感"，重视驻村调研训练，每年开展多次集体调研，每个村庄调研15～30天不等，对村庄经济、政治、法律、社会、文化和宗教等各方面现象做全面观察与深度访谈①。在受华中村治研究传统影响的研究者看来，之所以要重视在农村开展法律社会学研究，除了前已述及的农村本身的重要性之外，还有基于方法可行度方面的考量：一方面，农村的人际互动极为紧密，研究者可以在复杂的互动中把握现象之间的关联，亦即"村庄之中提问题、现象之间找关联"，这是训练经验感的一种有效方法；另一方面，在农村开展调研的成本相对较低，这种成本不仅体现在物质层面，还包括与访谈对象（主要是农民）互动时的知识门槛、精神压力层面的成本。正因如此，在农村场域开展法律社会学研究，既具有本体性意义，亦即把握农民的生活世界以及相应的秩序结构、价值体系，也具有方法性意义，在此过程中形成的研究能力可以迁移于对其他方面问题的把握——"有了田野工作积累起来的经验

---

① 陈柏峰. 法律经验研究的机制分析方法. 法商研究，2016（4）；杨子潇. 经验研究可能提炼法理吗？. 法制与社会发展，2020（3）.

质感，理解其他经验性法律现象就可以熟能生巧"[1]。从该研究团体的后续研究看，也有一些研究者开始尝试走出农村的"田野"，进入其他研究领域[2]，但此前所受的乡土社会法律社会学训练在问题意识、研究进路、行文方式等方面仍产生明显影响，构成研究的深层"底色"。

围绕"乡土中国"展开的法律社会学研究产生不少成果，然而不可忽视的一个问题是，研究者多倾向于从个案纠纷解决的角度考察并讨论，但许多案件其实很少算是真正意义上的法律案件。正如有学者在对此进行反思时所指出的："不如说只是一起在法律背景之中发生的普通纠纷，法律没有明显地至少没有直接地发生作用。"[3] 即便是一些受此传统影响的研究者试图在乡土社会之外的领域展开研究，但其潜在的问题意识也多疏离于法律逻辑。正因对法律逻辑的疏离，相关研究基于对基层治理逻辑的把握所阐述的"事理"并未能实现与法律逻辑

---

[1] 陈柏峰. 法律经验研究的机制分析方法. 法商研究，2016（4）：52.

[2] 刘杨. 执法能力的损耗与重建：以基层食药监执法为经验样本. 法学研究，2019（1）；于龙刚. 基层法院的执行生态与非均衡执行. 法学研究，2020（3）；印子. 突破执法合作困境的治理模式辨析：基于"三非两违"治理经验样本的分析. 法商研究，2020（2）；梁永成. 论基层执法衍射效应：基于生态学视角的考察. 法学家，2020（6）；刘磊. 城管执法的困境与出路. 北京：法律出版社，2020.

[3] 陈虎. 刑事程序的深层结构. 北京：中国政法大学出版社，2018：319.

的紧密联结和深层嵌入。如果说在法律尚未普遍渗透乡村社会的情况下,将法律作为背景展开乡土社会的法律社会学研究有其必要性,那么,在法律已深度嵌入乡土社会秩序的维系和建构之中、"法律逻辑"与"乡土逻辑"紧密交织的情况下,过于偏重"乡土逻辑"自身而忽视"法律逻辑"以及基于对"法律逻辑"的深度把握所体察到的"法律逻辑"与"乡土逻辑"之间的复杂关系,这种法律社会学研究的意义就会趋向于弱化。体现更为明显的是社会学的知识传统,法学特点则相对薄弱;因其所关注议题总体处于法治边缘地带,研究所生成的知识亦难以广泛进入法学知识体系之中成为可以并且需要传授的"法律知识",进而难以基于对"活法"或"行动中的法"的提炼与总结来有效地回应当前以及今后中国法治进程中的诸多现实关切。

二、走向"城市中国"的法律社会学

随着中国城市化进程不断推进,尤其是"三农"危机日渐缓解,道路还是会"通向城市"①,"城市中国"越来越成为社会科学研究者的关注重点。与 20 世纪 90 年代末以及 21 世纪之初相比,现在的中国仍然处于急遽变化之中:不仅城市在迅

---

① 此处借用苏力的书名,参见苏力.道路通向城市:转型中国的法治.北京:法律出版社,2004。

速变化,此时城市的形态与十年前、二十年前相比有着显著的差异,而且农村的乡土性本身也并非一成不变,农村正在经受着市场化主导的现代性的冲击和洗礼。如果说在21世纪之前,城市与农村这两极中更具基础性的是农村,那么现今,对于中国长远发展而言,更具基础性、根本性的则是城市这一极。在农村治理危机逐渐褪去(当然,并不能说农村不存在治理难题)、农村主要承担中国社会"稳定器"和"蓄水池"功能的情况下[①],农村秩序更多的不是一种内生性秩序,而是深受城市发展以及市场经济等外生性因素影响,城市中的急遽变化深刻地影响农村秩序的建构与运行。如果说此前是理解了中国农村才能理解中国城市,那么现在则更可能是理解了中国城市才可能理解中国农村。正如邓正来教授在批评苏力时指出:"由于缺失了中国制度转型和社会变迁的结构性关照,苏力的'基层'和'乡村'实际上成了一种'抽象的''概念的'简单中国,而非'具体的''真实的'复杂中国。"[②] 亦如顾培东教授所认为:"虽然苏力视野中的'乡村社会'在当代中国仍然是一种实际存在,但其已经远远不能反映中国社会的整体面貌,以此作为分析中国法治现实的背景,势必不能形成涵括当代中

---

① 贺雪峰.城市化的中国道路.北京:东方出版社,2014:33-57.

② 邓正来.中国法学向何处去:建构"中国法律理想图景"时代的论纲.北京:商务印书馆,2006:249.

国社会的正确结论。"① 这样的反思或批评其实同样适用于当前围绕乡村社会开展的一些法律社会学研究。

一旦面向"复杂中国"或"中国社会的整体面貌",我们可以发现"城市中国"是当代中国极为重要的构成部分,而且是一个极为复杂的体系结构,法律在中国城市的实践形态极为丰富甚至驳杂:一方面,中国的城市有着诸多与西方发达国家城市相近的特征、治理机制与方法;另一方面,中国的城市又深受中国特定的政制建构、国家与民众的关系以及一系列具有特点的具体制度与机制影响。对于恰切地理解和把握"城市中国"的秩序以及与之相匹配的法治体系而言,既需要广泛借鉴发达国家城市化进程中的某些经验,也需要立足于中国城市的特质开展研究和探索。在当前以及今后较长一段时间,"城市中国"对于我们理解中国的法治秩序更具根本性。较之于农村社会人际之间的"初级关系"② 所衍生出的对法律的较低需求和依赖度,城市社会对法律的需求和依赖度更高——城市中每天发生的海量般的交往行为需要法律予以规范和引导,为城市的有序运行提供稳定的行为预期。与法律在乡村社会并不处于中心地带不同的是,城市大量治理活动的开展以及秩序建构和

---

① 顾培东."苏力问题"中的问题.武汉大学学报(哲学社会科学版),2017(1):27.

② 帕克,等.城市:有关城市环境中人类行为研究的建议.杭苏红,译.北京:商务印书馆,2016:52.

维系都需要依靠法治体系推动和保障。然而，在高密度、紧凑型、拥挤化的城市空间中，城市风险的普遍存在给整个社会带来了极大的挑战，这又在很大程度上使得城市社会的秩序以及交往行为有着更高的不确定性。在这种背景下，城市俨然成为国家治理的基本单元[1]，国家治理重心亦需要向城市调整。如果从历时性的角度看，国家在不同时期对城市的定位及由此展开的治理活动不尽一致。在工业化建设阶段，城市的功能主要体现在区别于农村而成为农村剩余劳动力的聚集地。如何通过相应的制度建构保障城乡之间生产和生活资源有效互通，尤其是在确保农村稳定的情况下，促进人口、土地等资源向城市汇聚，成为法治建构与运行的重要内容。而在城市化发展到较高阶段，城乡之间的关系也会调整并重新设定，城市的功能主要体现在成为资本扩张和消费主义的主要场域，大量法律的制定和实施需要围绕这两个主要方面展开。在不同规模的城市中，大城市治理秩序构成国家治理秩序的重要基石，尤其是超大规模城市的法治状况会产生广泛的辐射效应，需要兼顾社会安定与创新[2]，一旦出现治理困境就会带来严重的社会矛盾和政治隐患，因而更是需要从经验性层面对大城市的法治化展开细致

---

[1] 何艳玲，赵俊源．国家城市：转型城市风险的制度性起源．开放时代，2020（4）：182．

[2] 泮伟江．中国超大规模城市法律治理．国家检察官学院学报，2020（6）：21-25．

考察与研究。

如果回顾过往采取法律社会学进路的研究，可以发现也有一些研究者逐渐聚焦于"城市中国"。例如，王亚新等人对民事审判中法律运行的实证分析[1]，左卫民在司法领域开展的实证研究[2]，刘思达以律师业为基础对中国法律服务市场生态的考察[3]，贺欣对北京工商户经营执照中"法律合谋"问题的讨论[4]，侯猛从司法影响力的角度对最高人民法院展开的探析[5]，程金华、吴晓刚、李学尧等关于不同社会阶层对民事诉讼所持态度之差异性的探究、基于律师职业的发展对我国法律变迁的深度考察[6]，黄韬从司法的角度对中国金融法制变迁的分析[7]，

---

[1] 王亚新，等．法律程序运作的实证分析．北京：法律出版社，2005．

[2] 左卫民．实证研究：中国法学的范式转型．北京：法律出版社，2019．

[3] 刘思达．割据的逻辑：中国法律服务市场的生态分析．上海：上海三联书店，2011．

[4] 贺欣．在法律的边缘：部分外地来京工商户经营执照中的"法律合谋"．中国社会科学，2005（3）．

[5] 侯猛．中国最高人民法院研究：以司法的影响力切入．北京：法律出版社，2007．

[6] 程金华，吴晓刚．社会阶层与民事纠纷的解决：转型时期中国的社会分化与法治发展．社会学研究，2010（2）；程金华，李学尧．法律变迁的结构性制约：国家、市场与社会互动中的中国律师职业．中国社会科学，2012（7）．

[7] 黄韬．公共政策法院：中国金融法制变迁的司法维度．北京：法律出版社，2013．

冉井富对中国民事诉讼率变迁的探讨[1]，刘宝坤对中国劳动合同法实施效果的研究[2]以及朱景文对晚近以来出现的以法治指标为导向的法律社会学研究[3]，均在很大程度上主要以中国的城市作为问题研究的经验背景。但是，总体而言，法律社会学在细致深入地理解中国城市法治秩序建构及运行方面的成果明显不足，尚未恰切地把握法治在"城市中国"的社会基础，尤其是与基于"乡土中国"所涌现出的大量法律社会学研究对法治的乡村社会基础的深度刻画相比，更是凸显出法律社会学在此方面的缺失。

基于城市之于中国的重要性，可以预见并且也值得追求的是，经验性地认知和把握"城市中国"的法治会成为而且也更应成为法律社会学的研究重点。然而，若要在"城市中国"开展法律社会学研究，在很大程度上会折射或体现出以"乡土中国"为经验背景所做研究及其具体方法之不足，同时也反映出正在开展法律社会学研究的主要研究群体所具有的局限性。概括地看，这种不足或局限性突出地体现在如下三点。

首先，相当部分从事或者热心于法律社会学研究的学者较

---

[1] 冉井富. 当代中国民事诉讼率变迁研究：一个比较法社会学的视角. 北京：中国人民大学出版社，2005.
[2] 刘宝坤. 劳动合同法实施效果研究：法律的表达与实践. 北京：中国工人出版社，2014.
[3] 朱景文. 回顾与反思：法社会学研究的不同导向. 法治现代化研究，2020（6）：5-8.

为缺乏精细的法律知识。需要指出的是，此处是从反思的角度讨论，但并不意味着对研究者知识结构及学术趣味的批评，而是站在客观立场上作出的审慎思考，毕竟术业有专攻，而且这部分研究者也确实为推动中国法律社会学的发展作出了突出的贡献，提供了"知识生产的另一种可能"①。在乡村社会中开展法律社会学研究不具备精细的法律知识（尤其是部门法知识）并不会对研究成果的产出造成明显不利影响，甚至在很多情况下过于精细的法律知识反而会因其教义体系的相对封闭性，对把握乡村治理问题构成思维约束。但在面对城市中诸多法治现象或问题时，缺乏精细的法律知识（尤其是部门法知识）就会成为研究者非常明显的知识短板。在城市的社会生活及治理活动中，法律并不仅仅是作为背景而存在，而是深入细致地嵌入许多行为以及纠纷化解过程。研究者如果在很大程度上脱离以法律部门为基础的法律知识，就会无法精到并恰切地理解和把握许多问题处理中的深层逻辑及法律技术运用的微妙之处。对此，强世功就曾提出这样的反思："在法学部门法化或专业化的背景下，许多法理学者也很难深入到部门法的内部，用法律社会学方法研究部门法中的问题，其结果，法理专业的法律社会学往往自觉不自觉地选择部门法领域之外的剩余

---

① 孙少石. 知识生产的另一种可能：对社科法学的述评. 交大法学，2016（1）.

范畴，而很少运用法律社会学方法研究诸多部门法问题。"①实际上，如果法律社会学研究只是关注经验层面的"事理"，而未能将这种"事理"上升为有一定的价值判断和规范指引的"法理"或"法律之理"，就可能难以避免在法学研究乃至国家治理法治化进程中被边缘化的处境。从知识受众对法律社会学的需求或期待来看，规范性视角对于法律社会学研究的精细化展开十分重要。对此，正如荷兰学者扬·斯密茨（Jan M. Smits）所言："法学研究的发展态势——法学的外部研究方法占据上风——乃是一种危险的趋势。毋庸讳言，法学可以从其他学科的视角中获益。尽管如此，这并不意味着法学的规范性研究方法就应该被抛弃。恰恰相反，核心问题不应当是其他学科如何能够帮助我们使得法律学术研究变得更加'科学'，而应当是法学研究方法本身如何能够更好地满足人们对于一门学术科目之预期。"②

其次，以驻点调研为基础的研究方法在对问题把握的精深度上存在一定的局限性。前已述及，从农村场域中开展经验性研究更易进入"田野"：知识门槛、物质代价、心理成本等均较低；农村场域具有显著的开放性，便于研究者随时、多次、

---

① 强世功. 中国法律社会学的困境与出路. 文化纵横，2013（5）：117.

② 斯密茨. 法学的观念与方法. 魏磊杰，吴雅婷，译. 北京：法律出版社，2017：7.

反复进入；而且乡村社会中的不少问题可以根据从日常生活习得的常情、常识和常理加以把握。然而，一旦进入"城市中国"场域，研究者不但要面对城市基层社区，还要面对各色各样的职业群体以及相应的行业，同时也要面对极为精致复杂的国家官僚体系。在认识和把握城市社会法治秩序时，尽管仍然需要调研，而且调研也非常重要，但又显然无法简单照搬在乡村社会的具体调研方式。一方面，在城市驻点调研的物质成本更高，长期调研对于许多研究者而言是一项并不十分经济的选择；另一方面，也许更重要的是，城市社会生活和治理中的许多领域有着非常复杂的组织体系和技术方式，与之相关的法律知识体系亦十分繁杂，研究者如果未能在相应法律部门领域或者相应职业之中有深刻体验，只是以旁观者的角色观察，实际上很难细致、深刻地体察和把握其中具体运行及操作的精细之处。这种知识层面的门槛会在很大程度上构成影响研究者与研究对象有效互动的知识壁垒甚至心理门槛。当然，以旁观者的角色进行参与式观察也能获致对相应问题的一些经验性感知，但这种感知无论是在广度上还是在深度上，均会存在明显的缺失。也许正因如此，在以城市为主要经验背景的法律社会学研究中，越来越多的成果来自部门法学者而非法理学者，即便是法理学者也至少是在某个领域有较为充实的部门法知识乃至法律实务经验的研究者。

最后，同样不可忽视的是，有关城市中国法治的法律社会学研究对研究者的整体性、系统化思维和视野有着更高的要求。在以乡村社会为主要经验背景的法律社会学研究中，研究者可以大致以村庄作为基本考察和分析单元，基于村庄内部多种因素以及村庄与外部世界较为有限的关联性要素开展讨论，从而探析村庄秩序的生成及变化。然而，在有关城市的法律社会学研究中，即便具体研究主题有较为明确的限定，但对任何一个具体主题的把握都很难恰切、精细地设定基本研究单元；在具体研究过程中，研究单元会呈现出较为明显的伸缩性，研究者需要不断地回应具体研究问题在城市复杂、精细的体系中的定位及变化，探究其与城市中大量要素之间的复杂关联[1]。不仅如此，还需要将中国的城市与乡村作为整体加以考察，将二者视为存在紧密内在联系的完整体系。因此，这就要求研究者能够对中国社会转型变迁过程及其内在机理有整体性把握和判断，进而在此基础上对特定领域的具体问题展开精细化研究。实际上，现代西方的法律社会学也以城市作为主要的经验背景展开，只不过这种经验背景在很多时候并未进行明确的告知或传达，而是被作为不言自明的经验性共识、前提和预设。然而，目前即便是有关中国城市或者以中国城市作为经验背景

---

[1] 关于城市治理的复杂性及精细化的讨论，参见韩志明. 从粗放式管理到精细化治理：迈向复杂社会的治理转型. 云南大学学报（社会科学版），2019（1）；何艳玲，周寒. 全球体系下的城市治理风险：基于城市性的再反思. 治理研究，2020（4）。

的法律社会学研究，也普遍存在囿于特定法律部门视野而对中国城市乃至中国整体经验的系统性和复杂性缺乏妥帖、全面的体察和理解的问题，往往只是基于某个方面的局部性经验作出判断，而并未探索对整体经验的恰当把握。

三、回应"国际法治"的法律社会学

如果从更为广泛的视角来看，法律社会学能够为中国这样的大国法治作出的智识贡献并不仅限于在"城乡中国"[①] 呈现"真实的法律"或"行动中的法律"，而是会在中国走向世界舞台的过程中，为中国提供当今世界的"真实的法律"，使得中国得以依凭对国际法治真实的经验性逻辑的把握，提升对国际法的解释和运用能力，从而助益在复杂且变动的国际格局中恰切地选择中国的行动方案和应对策略。正如有的国际法学者所言："国际法归根结底是战略问题的战术解决，是宏观整体思路的微观工程化设计和实施。"[②] 对于法律社会学研究来说，在国际法领域开展的研究无疑要把握好"战略"和"战术"、道义和现实利益，促使对国际法治的思考与实践回到经验性

---

① 此处借用经济学家周其仁的书名，参见周其仁．城乡中国．北京：中信出版社，2017。

② 何志鹏．国际法在新时代中国的重要性探究．清华法学，2018（1）：29.

的、"道义现实主义"的层面[1]。从实然状态言之，西方主导的既有国际法治体系很大程度上成为其建构全球垄断和宰制性权威的工具与修辞，所谓"法治"亦常处于"非法时"[2]。但是，在既有的权力格局下，此种国际法治体系又并不能够弃之不用，而且也并不全是西方霸权的产物，其中也有许多方面的规则体现了各国在经济、文化、政治等方面的一些共通性需求。正因如此，对于中国而言，十分有必要深入地梳理和理解国际法治复杂的实然状态。

总体而言，我国法律社会学研究尚未延展至国际法治领域。从近些年兴起的社科法学与法教义学的争论来看，亦鲜有在国际法治层面展开讨论，而多局限于国内部门法领域以及国内法治层面。不得不说这是这场争论中存在的一个重要缺失。在从经验性层面参与法律社会学研究的学者中，强世功教授较早具有了这方面的直觉和意识，认为应当基于对全球视野、大国崛起以及中国经验的把握探讨中国法治道路[3]。在晚近的讨论中，强世功将法律技艺的运用以及法律治理能力作为国家能

---

[1] 国际关系学者阎学通等人提出"道义现实主义"，试图将"道义"与"利益"相结合，参见阎学通，张旗.道义现实主义与中国的崛起战略.北京：中国社会科学出版社，2018。

[2] 马太，纳德.西方的掠夺：当法治非法时.苟海莹，译.北京：社会科学文献出版社，2012。

[3] 强世功.立法者的法理学.北京：生活·读书·新知三联书店，2007：363-385.

力重要构成部分加以探究，认为"国家的军事能力和财政能力固然重要，但要将这些能力从原始的、初级的能力，提升到高级的、复杂精妙的能力，就必须要具有法律技术的建构"①。这种能力在国际舞台上能够放大一个国家在军事和财政方面的力量，从而使其更加占据国际交往的主导权。这样的认知无疑为在国际法治方面的经验性研究提供了有益的视角和启示。然而，强世功在此方面以断言方式呈现的深刻思考，同样需要针对思考指向的具体问题展开细致的经验性研究，从而透过政治哲学把握哲学背后的实践。

对于正在走向世界舞台更重要位置的中国而言，一方面中国的国内发展以及对国际格局的参与会更加依赖国际法治，另一方面中国在国际法治方面的介入甚或议题设置所发挥的影响力也会逐渐提升。在这样的背景下，中国不仅要了解国际法治的文本，更要了解并深刻把握国际法治的实践。例如，在共建"一带一路"的背景下，中国与沿线国家在政治、经济、文化、宗教等方面关系的恰当处理十分需要对特定国家国内法以及相应的国际法规则有深度的研究和理解，否则会引起诸多纠纷，甚至诱发一些不必要的警惕和紧张。值得指出的是，这种对他国以及国际领域规则的理解和运用并不应当只是基于对文本本

---

① 强世功. 国家法治能力建构：法律治理能力和法治技艺. 经济导刊，2019（8）：29.

身的把握，而是需要进入"文本上的法"的实践层面，尤其需要关注规则文本的"表达"与"实践"之间的差距，否则中国就仍然只是国际规则的被动接受者，因而很容易在解释和运用这些规则时被深刻洞察规则背后复杂经验基础的主体利用或诱导，以至于不能在国际法律框架内探寻出符合国家战略利益且能够保持各国、各主体之间重叠利益的法律适用方案。不仅如此，如若不能恰当把握这一点，还可能会由于对相关规则之经验背景缺乏准确的理解而损伤他国或其他国际交往主体权益，进而引发国际交往主体之间的紧张及冲突。

从法学研究方法的角度看，对于理解和把握实践而言，以社会科学的方法介入会较为有效，有助于避免对国际主流的实证主义路径的简单信奉和解释，而真正面向国际法治的实践形态。基于经验性进路细致深入地把握国际法治的实践尤其是策略性、技巧性操作细节，更能有助于国际交往主体（尤其是国家与国家）之间开展理性且富有策略性的对话与互动，为国家战略利益的维护提供有效而精致的国际法治"防护服"。在此方面，中国的国际法学研究以及教育仍存较为明显的不足或缺失。例如，一个直观的表征便是中国的国际法学教材中少有涉及本国的案例材料而多是国际案例或国外案例，这与美国等西方国家的国际法学教材中有大量与本国相关的案例材料形成鲜明对比。不仅如此，无论是在体例结构方面，还是对一些问题的具体阐述，都难以在许多教材的行文中找到基于中国的主体性立场所形成的中国问题意识以及对中国面临现实问题的探究①。需要指出的是，对于中国有效回应国际法治而言，有意义的并不只是对相关案例的简单陈列，还有从经验性角度深入探究案例之中复杂的国际法治实践。然而，到目前为止，国际法领域的跨学科研究，尤其是将以政治学、社会学、经济学为代表的社会科学理论资源引入并加以运用的研究尚不多见。

在此方面，以学院派进路展开的经验性研究存在诸多短板，而且这种短板并非在短期内就能得到解决。之所以如此，原因至少有如下四点：其一，现有相关理论与实践的互动主要体现在国际民商事交往方面，在此方面的主要参与者一般有着较强的商业性内在驱动，活跃在这些活动之中更多的是从事国际商务法律服务的律师等法律职业人，而法学院校的研究者较少有人深度参与其中并且获得大量的经验性感知。其二，在国际公法方面，受制于国家之间交往的政治性以及一定程度上的涉密性，理论界与实务部门之间的沟通缺乏常规性的渠道和纽带，研究者较难获得参与相关国际公法实践的机会，亦较难通过其他方式获得丰富的经验性体会及材料。其三，现有的法律社会学知识群体在国际法治方面的智识储备较为缺乏，这种智

---

① 马忠法．挑战与应对：世界新格局下的中国国际法学研究．安徽师范大学学报（人文社会科学版），2016（5）：617；魏磊杰．我国国际法研究的主体性缺失问题：反思与祛魅．学术月刊，2020（8）：154－155．

识状况既源自既有法学学科专业划分造成的学科壁垒，也受到许多研究者自身智识偏好或志趣影响。其四，现有的国际法学教育仍以实证主义法律观为主，偏重于对规则文本的解释，而较为缺乏跨学科（尤其是政治学、社会学、经济学等社会科学）的知识训练。这在很大程度上使得法学院校讲授的国际法仍然主要是文本上的法，而与国际法治实践相去甚远。对此，有国际法学者指出："中国法学界缺乏充足的跨学科人才，是包括以国际关系理论分析国际法在内的有关法学之交叉学科在中国无以发达的一个根本原因。"[1] 上述几个方面是从客观上看在国家法治领域开展法律社会学研究面临的一些不利因素，但是这并不意味着法律社会学进路的研究不能在国际法治领域实现。法律社会学与其说是一个领域或学科，不如说是一种方法。这种方法既可以用于探究国内法律秩序，亦可以用于分析国际法律秩序。对于中国这样的有国际影响力的大国而言，影响力的发挥和扩展并非依靠立场式的宣告就能实现，而是需要在实力政治基础之上能够对国际法治的精细之处有细致入微的经验性感知和洞察，并基于此富有策略性且战略性地构建和运用国际法治话语及工具。

---

[1] 徐崇利. 国际关系理论与国际法学之跨学科研究：历史与现状. 世界经济与政治, 2010 (11)：112.

四、余 论

对于中国这样的大国而言,"乡土中国""城市中国""国际法治"均是中国国家治理法治化的重要面向,而细致深入地理解这些面向的复杂性,正是中国法学需要予以回应的时代命题。当然,在当代中国法治进程中,许多问题并非可以依据乡村与城市、国内与国外而作出二元划分,有些问题会横跨城乡(例如,立法活动的开展、司法改革的推进、《中华人民共和国民法典》的实施等)、连通内外(例如反恐怖主义等),还有些问题不仅涉及微观层面,更涉及宏观架构。但无论怎样,这些问题的解决均需要以对实践经验的准确把握为基础,在此方面,基于法律社会学的研究应作出更多的思考和贡献。正因如此,在我国既有的法学研究格局中,法律社会学更需要以综合性、整体性、全局性的视角将注意力回归于对中国法治理论和实践的主流性问题之中[1],从而作出对于妥切把握和理解大国治理之复杂性的智识启示甚至理论贡献。苏力早已对法律社会学偏重于研究司法问题的研究格局作出反思并认为:"法律社会学仅引入到司法制度研究中还不够,应该适当地转向,即研究对象不应限于司法,而是整个中国的政治—社会问题;研究

---

[1] 顾培东. 法学研究中问题意识的问题化思考. 探索与争鸣,2017(4):48-49.

方法也不应限于法律社会学,也要引入社会理论、政治学的方法。这些转向应当有助于立法、公共决策和公共舆论的形成。"[1] 若要作出与大国治理定位及需求相匹配的学术贡献,法律社会学研究尤其需要注意的是应当以中国的主体性为立足点,以经验为本位,深入考察和理解中国法治各方面的实践经验,进而形成认识中国法治的"饱和经验",在不断变动的且驳杂的现象中寻找到影响事物变化发展的关键要素,进而展开机理性、规律性分析,为认识大国治理的复杂性提供来自法学的角度和有效的分析概念体系。之所以要秉持主体性和经验本位,原因在于在西方社会科学理论的强势影响下,如果不能持守这样的态度及方法,就很容易简单地以西方法律社会学理论作为剪裁性认知中国法治实践的工具,或者是因过于偏重与西方法律社会学研究对话并从中探寻有关中国问题的研究所处的学术性定位而忽视研究本身对中国法治实践的意义和价值。

"饱和经验法"是社会学者基于乡村研究提出的方法,实际上在任何领域展开的法律社会学研究也需要以经验的饱和为基础。唯有获致饱和的经验感知,才能防止只见树木不见森林,才不会忽视实践本身的丰富性甚至矛盾性,在经过"经验—理论—经验"的大循环之后开展"理论—经验—理论"的小循

---

[1] 苏力. 法律和社会科学:第3卷. 北京:法律出版社,2008:255.

环①，从而构建出有深刻智识贡献的本土化的中国法律社会学。值得指出的是，在不同的领域，研究者达致"饱和经验"状态的途径会有所差别。较之于在"乡土中国"对"饱和经验"的获致，在"城市中国"以及"国际法治"领域，学院研究者以"他者"的方式进入"田野"并获得"饱和经验"尽管也是一种重要的方式，但未必是唯一的方式，甚至未必是最为有效的方式。之所以如此，原因在于这些领域中不少问题的经验进入门槛较高，对这些方面实践经验的把握更有优势的也许是长期浸泡其中的职业人，尤其是法律职业人。而学院派研究者若要介入其中并形成"饱和经验"，单靠纯粹的学者身份和经历未必能够获得此种经验质感。以适当的方式成为相应领域的深度参与者尤其是实践者，才能细致地在经验层面感知并体悟到其中的精到与微妙之处。如果这种观点有一定的道理，也许在不久的未来，精彩的法律社会学研究并不限于学院派，而是会在学院之外的"无形学院"之中开展，法学理论界与法律实务界可能就不再是"各行其是"②。

---

① 贺雪峰．在野之学．北京：北京大学出版社，2020：43-48.
② 在波斯纳看来，在今天的美国，司法界与法学界"各行其是"，两者曾经休戚相关、相互依赖，如今却渐行渐远，很难理解对方。特别是，法学人的学术事实上已不大依赖法官的司法实践，自然也就不大在意法官和司法的体制性需求。波斯纳．各行其是：法学与司法．苏力，邱遥堃，译．北京：中国政法大学出版社，2017.

致　谢

　　本书的写作与两座城市密不可分，这两座城市分别是武汉和成都。书中许多章节的初稿是在成都写出的，脱胎于博士论文，最终定稿则是在武汉完成，几乎每一章都相当于重写。整理书稿时，我又在成都重新修改各个章节。

　　近年来，我围绕法院展开的调研并未停止，尤其是在四川省、湖北省多地的法院调研多次，博士论文完成之后，不少素材已结合最新情况予以更新。对于近年来仍然有较强延续性或稳定性的方面，出于对调研地法院的尊重，部分章节则仍然使用调研当时获取的材料。

　　除了故乡之外，在自己的学术生涯以及生活中，成都和武汉都打下了极为深刻的烙印。成都的很多朋友以为我是武汉人，而武汉的不少朋友又以为我是成都人。从出生地来看，自己既不是武汉人，也不是成都人，但是从个人的成长来看，则既是武汉人，也是成都人。从上大学开始算，我在武汉求学七年，在成都求学三年，之后在成都工作一年，又到武汉工作三年半，接着是回到成都工作。在这十多年中，绝大多数时间我都是在这两座城市度过的，其中有几年频繁地往返于成都与武汉，寒暑假主要是在成都度过。在成都的时候，我经常会对成都的朋友们说"欢迎来武汉"，而在武汉期间，我又时不时对武汉的朋友们说"欢迎来成都"。一个"来"字，仿佛道尽了自己与这两座城市的不解之缘。

现在依然清晰地记得，我来成都求学的那天是2014年9月12日，从汉口站出发，到成都东站下车。临行之前的那一夜，我辗转反侧，毫无睡意，彻夜未眠。2018年9月1日的清晨，我在成都东站乘坐动车去武汉工作。这是一个令自己十分难忘的清晨。临行之前，我同样思绪万千，难以入睡。2019年末，疫情突发，我庆幸在"封城"之前数日即已回到成都。在起初疫情最严重的两三个月里，我虽身在成都，但心里依然会惦记着武汉，时常想到在武汉的师友们。对于自己而言，成都和武汉，都既是熟悉的城市，也是陌生的城市。之所以熟悉，是因为在这两座城市都待了许多年。之所以陌生，是因为对这两座城市的许多方面都还不了解，还未在精神深处融入它们。2022年1月，我回到成都，到新的单位工作，时间好像又重新开始，这也给我重新认识这两座城市提供了契机。对于成都，距离的缩短让自己得以重新认识它，也重新认识自己想追求的人生；对于武汉，距离的拉长同样让自己有机会去重新感受它，也得以重新回顾过去三年多在武汉的许多个难眠的深夜。

著作付梓，虽难说满意，但我心中充满感激。我这一路走来，得益于许多师友的关心和帮助。恩情莫大于知遇。

我首先要感谢我的导师顾培东教授。我最早是2008年上半年研读顾老师的著作。有一天晚上，我在中南财经政法大学逸夫图书馆看到一本书——《从经济改革到司法改革》，这是顾老师于2003年出版的一部文集。这是我第一次了解到顾老师的学术思想，读了这部文集中的一些文章后我还详细地摘抄，做了笔记。之后每当在期刊上看到顾老师有新的文章发表，我都会第一时间找来研读，从中真切地感受学术的魅力。当时拜读这些文章，肯定没有想到以后竟然有机会跟随顾老师做学问。顾老师常说，做学问一定要将经验性的感受和思维带入其中，一定要明白文章是写给谁看的，最好能让实务界的人士看了有启发。起初我还不太理解，但现在越来越能明白什么是经验性思维、为何要将经验感受带进研究。研读顾老师的文章，可以发现字字句句都有确切的经验指向，即便是理论化的阐述，实际上也提供了开展经验对话的具体场景。这种研究旨趣和研究态度，无疑是一笔值得终身体悟的精神财富。这么多年以来，无论是在研究上还是在生活上，恩师一直对我照顾有加。一纸方寸之间，感激之情难以言尽，唯有潜心研究，多出成果。

我还要特别感谢陈柏峰教授。陈老师是我的学术启蒙老师和学术道路的引路人。十年来陈老师一直带领我们从事法律经验研究的学术训练，经常和我们一起在田间地头开展调研；陈老师始终关心我的成长，对我的学术研究提出许多宝贵意见，提供了多方面的帮助。每念及此，感激之情难以言尽。我至今仍然记得2010年春季学期开学之初，在"法律与电影"课堂上我第一次见到陈老师的情景。正是那一次课，我近距离感受到陈老师在授课中传递出的学术热情和魅力。可以说，如果那个学期我没有选修这门课，也许自己之后所选择的学术道路乃至人生道路，都会与现在非常不同。一路走来，陈老师对我的影响非常大，有些影响甚至要拉长时间跨度才能体会。很多话我无以言表，只能放在心底，希望能用这些年来写的文字，表达对陈老师的敬意与谢意。

一路走来，除了两位导师之外，我还要感谢许多师友：

感谢鲁篱教授。本书的出版直接源于鲁老师的关心和勉励。如果没有鲁老师支持，可能我也没有勇气下定决心修改书稿，给自己定下拿出书稿的最后期限。鲁老师仁爱宽厚，让年轻人在工作中静得下心、提得起劲。

感谢贺雪峰教授。之所以会从治理的角度研究基层司法，很重要的原因是早些年我阅读了贺老师的著作，接受了"华中乡土派"的学术训练。贺老师极富学术热情和感染力，他对"社会科学本土化"的孜孜追求，总能给年轻人以许多精神激励。

感谢张继成教授。无论是在武汉还是在成都，不少成果完成初稿之后，我都会找张老师请教。张老师从来都是热情相助、耐心长谈，每次都语重心长地提出许多有益建议。现在仍然记得张老师在成都讲学期间和我谈的许多人生哲理。多年以来，张老师对学术的求真态度一直感染着年轻人。

感谢刘忠教授。虽至今我仅在武汉见过刘老师一面，但研究中的大量灵感来自研读刘老师的论文。每当写作遇到瓶颈，我都会重新找来这些文章反复研读，总能从中获得细致的经验认知和丰富的理论启示。部分文章的发表也受益于刘老师的启发和指导。

感谢郭倍倍副教授。在中南财经政法大学工作的三年多时间里，我真切地感受到郭老师诲人不倦、知行合一的为学、为教态度。郭老师为我打开了重新认识法学教育、探索了解法律实务的窗户，甚至触发我以新的态度认识生活、理解人生。

感谢杨华教授。杨老师对中国基层社会治理有着非常好的经验质感。早在多年前我就受过杨老师的指导与帮助，近年来更是从杨老师出版的多本著作中受益颇多。杨老师从来都是以平和的姿态和我们交谈，总能给大家带来富有深刻洞见的启发。

感谢田雷教授。早在读研究生期间，田老师有关宪法学的著作就已经成为我的必备读物。毫不夸张地说，田老师深刻地影响甚至重塑了我的宪法观，引导我以更加贴近国情的方式思考宪法问题。

本书最终能顺利出版，还要感谢任晓霞编辑。我与任师姐至今未曾谋面，我们只是在微信群中添加了好友，后来通过一次电话，但任师姐始终关心本书的出版，为此付出大量精力。

本书各部分的写作和修改，还离不开巢容华、陈爱武、戴昕、方乐、付文广、侯猛、胡章成、宾凯、万毅、王丽惠、王启梁、尤陈俊、张光云、支振锋、周尚君等老师的启发与指导。在并不容易的学术道路上，艾佳慧、常安、陈寒非、陈虎、冯象、甘霆浩、高山、龚春霞、郭俊霞、郭松、韩宝、韩玉亭、何良彬、何鹏、侯学兵、胡东海、胡凌、柯贵福、柯华庆、兰荣杰、李北方、李成、李娜、李培锋、李少波、李晟、刘炳辉、刘龙、刘伟、罗鑫、吕德文、马剑银、泮伟江、祁春轶、滕威、田飞龙、童德华、王德福、王会、王鑫、魏磊杰、吴红艳、吴欢、夏柱智、徐菁菁、阎天、于明、余盛峰、袁方、翟国强、张德淼、张家勇、张云鹏、章永乐、赵耀彤、周伟、朱政、资琳、邹奕、左亦鲁等师友以各种方式对我进行鼓励和支持。当然这份名单无疑可以列得更长。

青年人在学术成长过程中，尤其需要一个积极的朋友圈，感谢包金运、陈明辉、丁轶、范继增、郭兵、郭栋、郭彦君、郭永良、黄泽敏、蒋鹿夏、焦长权、孔德王、李广德、李雷、李梦侠、李双君、李文军、李鑫、李云新、李振贤、林辉煌、梁永成、刘超、刘杰、刘明、刘锐、刘杨、吕健俊、莫红、尚海明、邵六益、石建、孙冲、孙海波、孙少石、唐冬平、汪广龙、王理万、王裕根、王向阳、肖梦黎、谢靖、谢小芹、徐凯、杨丹、杨光、杨继文、杨颖、杨子潇、姚璐、印子、于浩、于龙刚、袁凯华、吴景键、昝强龙、张洪亮、张雪娇、张瑞、张文波、周奥杰、朱林方、朱明宝等学友，他们的优秀成果或者关心和勉励，无时无刻不在激励着我继续前行。

十多年来，在各个阶段我还遇到许多给予我关心和帮助的老师，特别是在中南财经政法大学、四川大学、西南财经大学求学或工作期间认识的师长，都是自己人生道路上的良师益友。这份名单很长，在此难以将各位师长的名字一一列出，但内心的感谢之意永远不会淡去。独学而无友，则孤陋而寡闻。多年来在各个求学和工作阶段结识的许多朋友，帮助我勾勒出学术生涯多姿多彩的画面，感谢朋友们不断给我鼓励和支持。

行文至此，需要特别提及的是为调研提供大力支持的各法院的法官、法官助理、书记员、人民陪审员、法警以及其他工作人员，接受访谈的党政机关干部、检察官、律师、法律援助工作者等，你们也给了我许多启发。没有你们的支持，本书就无法成稿。

当然，需要感谢的还有家人。一个人在外求学、工作这么多年，父母每时每刻都在牵挂远在他乡的儿子。现在我已过而立之年，希望能尽快地尽好儿子对父母的责任。还要感谢我的爱人，正是由于她的理解和支持，繁重的研究工作才有了更多的乐趣与意义。

刘 磊

农历壬寅年腊月三十除夕夜，改于甲辰年三月初一

图书在版编目（CIP）数据

县域政制中的基层法院 / 刘磊著 . -- 北京：中国人民大学出版社，2024.5
ISBN 978-7-300-32852-2

Ⅰ. ①县… Ⅱ. ①刘… Ⅲ. ①法院－研究－中国 Ⅳ. ①D926.2

中国国家版本馆 CIP 数据核字（2024）第 103216 号

县域政制中的基层法院
刘 磊 著
Xianyu Zhengzhi Zhongde Jiceng Fayuan

出版发行	中国人民大学出版社		
社　　址	北京中关村大街 31 号	邮政编码	100080
电　　话	010-62511242（总编室）	010-62511770（质管部）	
	010-82501766（邮购部）	010-62514148（门市部）	
	010-62515195（发行公司）	010-62515275（盗版举报）	
网　　址	http://www.crup.com.cn		
经　　销	新华书店		
印　　刷	天津中印联印务有限公司		
开　　本	890 mm×1240 mm　1/32	版　次	2024 年 5 月第 1 版
印　　张	11.125 插页 2	印　次	2024 年 5 月第 1 次印刷
字　　数	208 000	定　价	69.00 元

版权所有　侵权必究　　印装差错　负责调换